APOCALIPSE
2012

Lawrence E. Joseph

APOCALIPSE 2012

As Provas Científicas sobre o Fim da Nossa Civilização

Tradução:
GILSON CÉSAR CARDOSO DE SOUSA

Editora Pensamento
SÃO PAULO

Título original: *Apocalypse 2012.*

Dados Internacionais de Catalogação na Publicação (CIP)
(Câmara Brasileira do Livro, SP, Brasil)

Joseph, Lawrence E.
Apocalipse 2012 : as provas científicas sobre o fim da nossa civilização / Lawrence E. Joseph ; tradução Gilson César Cardoso de Sousa. – São Paulo : Pensamento, 2007.

Título original: Apocalypse 2012.
Bibliografia.
ISBN 978-85-315-1512-5

1. O catastrófico 2. Ciência e civilização 3. Dois mil e doze, A. D. 4. Profecia 5. Século 21 – Previsões I. Título.

07-8643 CDD-303.490905

Índices para catálogo sistemático:

1. Século 21 : Mudanças : Previsões : Sociologia 303.490905
2. Previsões : Século 21 : Mudanças : Sociologia 303.490905

O primeiro número à esquerda indica a edição, ou reedição, desta obra. A primeira dezena à direita indica o ano em que esta edição, ou reedição, foi publicada.

Edição	Ano
3-4-5-6-7-8-9-10-11	09-10-11-12-13

Direitos de tradução para o Brasil
adquiridos com exclusividade pela
EDITORA PENSAMENTO-CULTRIX LTDA.
Rua Dr. Mário Vicente, 368 — 04270-000 — São Paulo, SP
Fone: 2066-9000 — Fax: 2066-9008
E-mail: pensamento@cultrix.com.br
http://www.pensamento-cultrix.com.br
que se reserva a propriedade literária desta tradução.

Para Phoebe e Milo.

Amo vocês.

Sumário

Agradecimentos

Como este livro examina a possibilidade de a vida, tal qual a conhecemos, mudar radicalmente num futuro muito próximo, eu seria omisso se não reconhecesse que Alguém ou alguma coisa nos deu tudo aquilo que valorizamos tanto. Quer você seja Deus, como creio que seja, Gaia, o Big Bang ou qualquer outra entidade ou conceito inteiramente diverso, obrigado por toda a alegria, excitação, orgulho, deslumbramento e amor. Obrigado também pelas coisas ruins. A existência vale mais que o vazio.

Muitas pessoas me ajudaram na elaboração deste livro e merecem minha gratidão. Carlos e Gerardo Barrios, xamãs maias da Guatemala, partilharam comigo sua sabedoria e argúcia, abrindo para mim muitas portas. Sou grato também ao Saq Be Institute of Santa Fe, Novo México, que me apresentou aos irmãos Barrios. Anne Stander, de Johannesburgo, África do Sul, também abriu meus horizontes e tornou-se uma boa amiga.

Em Akademgorodok, Sibéria, Alexey Dmitriev esclareceu-me a respeito do espaço interestelar. Alexander Trofimov, do ISRICA (International Scientific-Research Institute of Cosmic Anthropoecology), ajudou-me a entender o tempo como, em parte, fluxo de energia, e, em parte, dimensão. Obrigado também a Olga Luckashenko, a brilhante intérprete que me orientou em momentos dos mais difíceis.

Embora eu não tenha trabalhado com eles neste livro, James Lovelock, da Cornualha, Inglaterra, e Lynn Margulis, de Amherst, Massachusetts, são sempre fontes de inspiração. David A. Weiss, da Packaged Facts Inc., Nova York, ensinou-me mais do que eu poderia imaginar sobre manejo de dados. Não sei bem a quem agradecer na Internet, mas sem ela o livro jamais tomaria forma.

John e Andrea, Scott e Terry, Chris, Brent, Jack, Jay, Larry e Marilyn, Ed e Carol, Mitch, Frances e Hans Eric são gente fina. Salve, Mirabitos. Susan e companhia foram uma verdadeira bênção para a minha família. Arthur e Jessica, também. Erica, nem se fala. Dr. Jon, Jason e Jose são meus novos e bons amigos. Sherry: não há ninguém como você.

Eternos agradecimentos à minha mãe, Yvonne Joseph, que sempre me encorajou sem esmorecimento. A mãe dela, Hasiba Shehab Haddad, contou-me as histórias da família, preparando o contexto e a trajetória de minha vida. Quanto a você, papai, ainda sinto o seu calor humano.

Andrew Stuart, meu agente literário, tem faro, boas maneiras e audácia.

Amy Hertz, organizadora e editora deste livro, é um fenômeno. Todo comentário que ela fez melhorou o texto — e fez muitos, das duras reprimendas sobre gramática, sintaxe e clareza ao gentil conselho para que eu "gritasse a plenos pulmões e depois chorasse à vontade", coisa que nós, moleques do Brooklin, não costumamos fazer. Amy, você é única. Trabalhar a seu lado é ganhar experiência para toda a vida.

Introdução

Na primeira aula de redação, o professor nos ensinou que escrever é lidar com emoções — retratá-las, evocá-las, decifrá-las, ser fiel a elas. Levantei a mão e gaguejei que, para mim, as emoções eram apenas detalhes e que o importante para as pessoas era continuarem vivas para poder senti-las. Alegria, tristeza, raiva, desconfiança, profundidade ou superficialidade, amor compartilhado ou calado no fundo da alma — tudo isso é muito interessante, mas de importância secundária se comparado, digamos, à circunstância de sermos envenenados ou queimados vivos.

Assim, quando pela primeira vez ouvi dizer que o mundo pode acabar em 2012, a idéia me subjugou logo. Certo, ninguém em sã consciência acha que o mundo vai acabar mesmo. É coisa para pregadores malucos de rua, com seus panfletos cheios de pontos de exclamação. Sem dúvida, teoricamente, o mundo poderá arder, congelar-se, desmoronar ou surtar algum dia — mas isso daqui a alguns bilhões de anos, certo? E, quem sabe, até lá já teremos nos mudado para outro planeta ou mesmo descoberto a cura para o tempo. Mas, para finalidades práticas, o conceito insondável de fim do mundo é usado principalmente para colocar as coisas em perspectiva, como quando dizemos "o mundo não vai acabar por causa disso" ao saber que nossas calças só voltarão da lavanderia na segunda-feira.

Há diversas maneiras de o mundo acabar, desde Hitler/bin Laden/Pol Pot apertando um botão até um asteróide do tamanho do Everest esmigalhando a Terra como se fosse uma maçã ou, mesmo, o Senhor Deus Todo-Poderoso dizendo "já basta". Entretanto, nosso planeta não precisa desintegrar-se literalmente nem todos os seus habitantes perecerem para que o mundo acabe ou chegue perto disso. Se a civilização tal qual a conhecemos — essa florescente e magnífica entidade social, política e cultural — for prejudicada a ponto de sua evolução retardar-se, de as relações normais entre nações se romperem, de uma percentagem significativa da população sucumbir e o resto se encontrar diante de um futuro de dificuldades e horrores —, isso já significará muita coisa.

Desde o início dos anos 1990, trabalho numa empresa que tenta ajudar a impedir que o mundo a si próprio se envenene. A Aerospace Consulting Corporation (AC2), da qual sou atualmente diretor, pediu, tomou emprestados e, verdadeiramente tirando leite de pedra, conseguiu 10 milhões de dólares para desenvolver o Vulcan Plasma Desintegrator, patente americana nº 7.026.570 B2, uma fornalha portátil de alta temperatura que conseguirá dissociar lixo perigosamente tóxico, inclusive (mas não só) armas químicas e biológicas letais, que de outro modo não se teria como fazer desaparecer. O Vulcan, quando passar a ser produzido, será um tubo de 50 m de comprimento com um braço mecânico em uma extremidade. O braço mergulha num barril de 200 litros de lixo não-nuclear de qualquer tipo, recolhe amostras e insere-as no tubo; este se aquece a 10 mil graus e transforma tudo, dispositivo de sucção, recipiente e o resto em nada: zero de resíduo tóxico.

Sempre houve muito espaço para escritórios no Inhalation Toxicology Laboratory da Base Aérea de Kirtland, Albuquerque, Novo México. Por uma ninharia, nossa empresa conseguiu um bom recinto e, de quebra, uma saleta para café no prédio em frente ao canil com seus cem animais perfeitamente idênticos. Bem, a entrada e a saída são ali uma provação. Depois de passar por vários pontos de checagem, é preciso contornar todo o Electromagnetic Pulse (EMP) Testing Center, uma gigantesca plataforma de madeira ajustada sem pregos nem parafusos metálicos onde, dizem, pode-se submeter a testes até um Jumbo 747 com blindagem especial, para ver se seus instrumentos não são afetados. Logo depois vem o Big Melt Laser Laboratory; ninguém jamais me disse o que se derrete ali. Em seguida, quilômetros e quilômetros de mísseis balísticos intercontinentais (ICBMs) em seus silos escavados na encosta. A tentação de passar por tudo aquilo em alta velocidade tem de ser contida porque, nessa parte da base, a ordem é atirar para matar nos motoristas que desobedecem ao limite de 50 km por hora ou qualquer outra lei de trânsito.

Nos últimos cinco anos temos recebido considerável apoio e incentivo da Base Aérea de Kirtland, subordinada ao Departamento de Defesa, e dos Sandia National Laboratories, pertencentes ao Departamento de Energia e responsáveis, entre outras coisas, pela construção e manutenção de cada ogiva nuclear nos Estados Unidos.

Vale lembrar que nem a AC2, nem a Base Aérea de Kirtland, nem os Sandia National Laboratories, nem os empregados e contratados dessas entidades tomam, ao que se sabe, qualquer posição relativamente às previsões para o ano 2012.

☲

Não precisamos de previsões horrendas sobre o Apocalipse 2012 para estremecer diante de tantas coisas temíveis que inventamos para destruir o planeta. Existem, estocadas pelo mundo afora, armas químicas mais que suficientes para manter o Vulcan trabalhando anos a fio: o gás mostarda, agente letal paralisante herdado da Primeira Guerra Mundial, o antraz, o sarin e inúmeros outros compostos secretos. E as boas/más notícias são que haverá muito mais material incrivelmente tóxico a ser incinerado no futuro, pelo menos no entender daqueles que compartilham os temores de Stephen Hawking, segundo o qual a humanidade será varrida da face da Terra pelo mau uso que ela própria fará das armas biológicas: "A menos que conquiste o espaço, não acho que a raça humana sobreviverá aos próximos mil anos. São muitos os acidentes que ameaçam a vida num único planeta", disse Hawking ao jornal britânico *Daily Telegraph*. Hawking, professor lucasiano de Matemática na University of Cambridge, é de opinião que a ameaça não vem tanto de um holocausto nuclear à moda da Guerra Fria quanto de uma forma mais insidiosa: "A longo prazo, minha preocupação é mais com a biologia. Armas nucleares exigem instalações imensas; a engenharia genética pode ser praticada num laboratório de fundo de quintal".

Que tipo de pestilência desastrosa irão disseminar os cientistas renegados com suas combinações de genes? Eles poderão "aperfeiçoar" o pior que a Natureza tem a oferecer. Por exemplo, algumas das mais novas variantes de superbactérias possuem uma enzima, chamada VIM-2, que anula o efeito dos antibióticos. Reforçar geneticamente a VIM-2 poderá dar ao superorganismo resultante uma imunidade que os antibióticos não conseguirão romper. Talvez os sociopatas manipuladores de genes cheguem a criar "priobôs". Fortalecendo a já formidável capacidade auto-reprodutora dos príons, essas novas proteínas predadoras poderão transformar nossos cérebros em esponjas imprestáveis graças ao mal de Creutzfeldt-Jakob, mais conhecido como "doença da vaca louca". Também é provável que os priobôs provoquem uma epidemia de kuru, um distúrbio cerebral que já levou canibais a rir até a morte. Eis um bom motivo para despertar a gargalhada de um gênio do mal.

Podemos deter esses bandidos antes que consigam nos prejudicar, mas os venenos que eles já cozinharam precisam ser eliminados. Infelizmente, não há fornalha quente o bastante para incinerar essas porcarias sem deixar resíduos tóxicos. É aí que entra o Vulcan. Ele pode salvar o mundo — isto é, se o mundo não explodir antes. Uma vez que foi planejado para ser a fornalha mais quente possível, cheia de lixo letal, devemos fazer de tudo para torná-lo estável e seguro. De fato, a tecnologia de contenção de plasma do Vulcan tem inúmeras aplicações: como lançador de foguetes, por exemplo. Basta retirar uma das extremidades do tubo e — zás! — a unidade sai voando. Sob controle, presumivelmente.

Pulverizador de átomos

Para funcionar, a fornalha Vulcan requer um megawatt de energia elétrica direta, carga suficiente para alimentar 25 casas modernas de três quartos, comuns, ou duzentos apartamentos de aluguel no Park Slope, Brooklin, onde Victor Simuoli e eu planejamos construir nosso pulverizador de átomos para a feira de ciências anual do Colégio 51. A Comissão de Energia Atômica nos enviou gentilmente os diagramas para a construção de um acelerador linear, aparelho que empurra partículas subatômicas das extremidades para o meio e esmigalha-as umas contra as outras a uma velocidade incrível. Percebendo que o projeto era complicado demais e que manipular um aparelho talvez provocasse um curto-circuito na vizinhança, Victor e eu, lembro-me bem, resolvemos nos contentar com a montagem de um rádio-receptor de cristal numa caixa de charutos.

Mas provavelmente não teríamos desistido com tanta facilidade se soubéssemos que nosso pulverizador de átomos poderia criar um pequeno buraco negro capaz de destruir o mundo. Não, é bom lembrar, que fôssemos selvagens ou coisa parecida; mas, como dois calouros adolescentes, a tentação de liberar forças em escala *Viagem nas Estrelas* teria sido irresistível.

Nossa máquina seria muito pequena para abrir um buraco negro no espaço-tempo; mas o mesmo não se pode dizer do Grande Colisor de Hádrons (*Large Hadron Collider, LHC*), um círculo de 27 km na fronteira da França com a Suíça. Quando ele começar a funcionar, em 2008, armazenará nada menos que 14 trilhões de eletrovolts. Um trilhão de eletrovolts equivale à energia que o mosquito gasta para voar. O que é notável no LHC é que ele concentrará seu raio de energia num espaço equivalente a um trilionésimo do tamanho de um mosquito, pulverizando prótons em dez mil pedaços ou mais.

Segundo o físico Michio Kaku, o incrível poder de focalização do LHC criará "todo um zoológico de partículas subatômicas nunca vistas desde o Big Bang", inclusive miniburacos negros. Miniburacos negros? Por mais fascinante que essa pulverização seja aos olhos do intelecto, é preciso inquirir a respeito das possíveis calamidades que tais experiências poderão provocar. Pois buracos negros, grandes ou pequenos, não tendem a sugar tudo o que está à sua volta?

Martin Rees, colega de Hawking na University of Cambridge, ostenta o título de Astrônomo Real do Reino Unido. Ele adverte que a chuva de quarks resultante das colisões próton-antipróton pode criar minúsculos buracos negros, chamados *strangelets*, que têm a capacidade de, por contágio, converter tudo à sua frente em uma forma nova e hiperdensa de matéria. Os átomos são constituídos principalmente de espaço vazio; e esse espaço seria eliminado pelo *strangelet*, que acabaria por comprimir a Terra numa esfera inerte do tamanho de uma cúpula de estádio de futebol.

Um fim inglório, esse.

Gray Goo

Em se tratando de novas invenções, sempre se deve contar com imprevistos — por exemplo, o cenário do "*gray goo*" sobre o qual as pessoas não gostam de falar muito, na estrada para o Los Alamos National Laboratory, famoso por ter sido o berço da bomba atômica. O Los Alamos é líder em nanotecnologia, que procura criar máquinas em nanoescala (bilionésimo de metro) destinadas a comportar-se como os ribossomos das células de nosso corpo, os quais juntam estruturas complexas — as proteínas, por exemplo — a partir de compostos simples como o nitrogênio, um componente-chave. Os nanotecnólogos descobriram que, em circunstâncias apropriadas, os átomos de certos elementos se reúnem naturalmente em estruturas complexas. Os átomos de germânio podem, como as líderes de torcida durante um jogo de futebol americano, subir aos ombros uns dos outros e formar uma pirâmide, desafiando a tendência da maioria dos átomos (e das líderes de torcida), que é a de respeitar a gravidade e ficar no chão. A propriedade de associação espontânea é muito conveniente para todos os tipos de empreendimento em nanoescala, desde a fabricação de poderosíssimos chips de computador a partir de bactérias até a criação de máquinas infinitesimais que podem ser injetadas na corrente sanguínea a fim de devorar células cancerosas ou agentes infecciosos.

Mas, e se o apetite das nanomáquinas escapasse ao controle? O resultado seria o *gray goo*, expressão cunhada pelo pioneiro em nanotecnologia Eric Drexler no livro *Engines of Creation*. O *gray goo* é uma nano-substância hipotética que continua a reproduzir-se até devorar todo o carbono, hidrogênio e quaisquer outros elementos que lhe apetecerem na face da Terra. Imagine as peças de um brinquedo inofensivo que de repente começassem a se juntar por si mesmas para formar, digamos, um robô. Fantástico! Mas agora suponha que o processo continue, com o Robô 1 fabricando o Robô 2, os dois fabricando mais dois, os quatro fabricando mais quatro e assim por diante, com os números dobrando até chegar a milhares, milhões, bilhões, numa progressão que só cessará quando toda a matéria-prima do mundo for consumida.

Segundo Drexler, nanomáquinas que se auto-reproduzem rapidamente podem superar o peso da Terra em menos de dois dias. A boa notícia é que, sem dúvida, apareceria alguma coisa para devorar o *gray goo*. A má é que então precisaríamos nos haver também com essa tal coisa.

Salvar o mundo. Destruir o mundo. É quase a mesma ambição: provar, sem sombra de dúvida, o absurdo da tese segundo a qual a vida se divide em duas partes mais ou menos iguais — eu e o resto do Universo.

Os *strangelets* dissolvem a Terra. Os priobôs infestam nosso cérebro. O *gray goo* engole a vida tal qual a conhecemos. É de perder o sono; mas o homem precisa sonhar. Desde os tempos de jardim-da-infância, quando Marty Raichalk e eu passávamos horas no quintal da casa que nossas famílias dividiam numa estrada poeirenta de Danbury, Connecticut, protegendo nossas namoradas imaginárias, Betty e Sue, de assassinos psicopatas e marimbondos, venho aguardando a oportunidade de exibir minhas habilidades. No primário, estava pronto para surpreender marcianos empenhados em planejar o roubo de meu cérebro. É preciso proteger nossos valores para o bem da gente honesta. E quem sabe quantos males se espalhariam por aí caso Victor e eu houvéssemos acionado o pulverizador de átomos?

Quanto ao Vulcan, se conseguirmos mesmo terminá-lo e pô-lo a funcionar, talvez não se mostre lucrativo. Mas isso não é nada; estamos falando aqui de algo muito mais importante: impedir que o mundo se envenene, destruindo a natureza e as pessoas. Isso sim, mereceria aplausos.

Indigestão solar

Descendente de libaneses e portanto moreno, sempre assumi uma atitude arrogante perante o Sol: os problemas que ele causa são assunto para branquelos. Por isso não me preocupei muito, a princípio, quando Roger Remy, principal cientista e fundador de nossa empresa, anunciou que o Sol estava "fazendo maionese", o que em seu jargão significa "sofrendo um colapso". Roger é uma espécie de Indiana Jones do Marrocos francês que fala muito sobre operações secretas ("*skunk projects*") e viagens espaciais. Mas sua especialidade é a manipulação de plasmas, esses gases ionizados extremamente quentes que formam a imensa bola do Sol, de modo que eu não podia ignorar de todo sua afirmação.

Quaisquer que fossem, os problemas do Sol estavam a 150 milhões de quilômetros de distância, ao contrário do Natal, que na ocasião (novembro de 2004) se aproximava como um trem expresso. Assim, com dois filhos, uma esposa exausta e inúmeros projetos de férias, deixei o assunto de lado.

"O Sol não pode ficar doente, seu bobo", explicou minha filha de 4 anos, Phoebe, que deve ter apanhado alguma coisa da conversa. Concordei com gosto.

Um dia depois do Natal uma amiga da família morreu de overdose de narcóticos e antidepressivos. A overdose fora intencional, mas não o suicídio dela resultante, ao que parecia. O dia 26 de dezembro de 2004 foi também aquele em que o tsunami sacudiu o oceano Índico. Durante toda a semana seguinte minha esposa se mostrou profundamente abalada pela morte da amiga, uma jovem de 18 anos que ela conhecia desde menina.

Quanto a mim, estava inquieto pelas conseqüências do tsunami. Lamento informar que nenhum de nós se entristeceu muito com o sofrimento do outro. A foto de que jamais me esquecerei, na primeira página do *New York Times*, mostrava uma dezena de pessoas numa bonita praia — Phuket, na Tailândia, pelo que sei — pasmando para a gigantesca onda prestes a desabar sobre elas. Pareciam totalmente indefesas em seus minúsculos trajes de banho. Algumas corriam, mas a maioria estava como que plantada ao solo. Todas morreram, com certeza. Por que me compadeci mais de algumas figuras numa foto do que da jovem amiga de minha esposa e por que minha esposa lamentou mais a morte de uma adolescente perturbada do que a tragédia de 250 mil pessoas de onze nações, isso talvez só se explique por sermos diferentes.

Embora a conexão entre o comportamento do Sol e o tsunami do oceano Índico seja discutível, a enormidade do desastre, vindo do nada, fez com que parecesse prudente examinar mais de perto a hipótese da maionese proposta por Roger. Assim, depois das férias, comecei a estudar o caso e, com os diabos, o Sol parecia mesmo ter comido maionese estragada! Estava coalhado de manchas, que são tempestades magnéticas maiores que a Terra, capazes de emitir energia equivalente a nada menos que dez bilhões de bombas de hidrogênio, segundo Tony Phillips, editor do excelente website science.nasa.gov. As manchas estavam espalhando bilhões de toneladas de rajadas de prótons e trilhões de eletrovolts por todo o sistema solar. Fascinante, sem dúvida — mas não é assim que o Sol se comporta normalmente?

Na verdade, não. Desde que Galileu inventou o telescópio, em 1610, a atividade solar vem sendo observada para se determinar o que acontece em ciclos de mais ou menos onze anos. Avalia-se essa atividade pelo número de manchas que aparecem na superfície do Sol. Quando iniciei minha pesquisa, em janeiro de 2005, o ciclo de manchas estava, segundo o consenso científico, próximo ao mínimo solar, ou seja, ao período de atividade menos intensa, que atingiu o ponto mais baixo em 2006. No entanto, por alguma razão desconhecida, o Sol vinha fazendo um barulhão desde o Dia das Bruxas de 2003, quando as mais fortes tempestades radioativas de que se tem notícia varreram o Sistema Solar. Felizmente, poucas emissões do Dia das Bruxas atingiram a Terra — e eram duas vezes mais violentas que a tempestade radioativa de março de 1989, responsável pelo colapso da distribuidora de energia Hydro-Quebec, o qual deixou no escuro seis milhões de canadenses que de nada desconfiaram. A atividade solar permaneceu anormalmente alta e atingiu o pico com as gigantescas manchas de 20 de janeiro de 2005, que fustigaram a atmosfera terrestre com a maior tempestade de prótons em quinze anos. O mais espantoso de tudo é que isso ocorreu perto do mínimo solar, o ponto no ciclo de manchas de onze anos no qual se supõe que haja pouca ou nenhuma atividade no Sol. Assustador, mas não tanto quanto em setembro, quando o Sol, antes calmo e sem mácula, cobriu-se subitamente de bolhas e vomitou golfadas de radiação justamente na época dos furacões que geraram o Katrina, o Rita, o Wilma e muitos outros.

Não há nada na experiência humana, nem mesmo o conceito sagrado de um Deus Todo-poderoso, tão confiável quanto o Sol. Ele dá vida à Terra. Aquece os continentes e os oceanos, faz crescer plantas e animais, energiza a atmosfera, ajuda a produzir nuvens, orienta os ventos e as correntes marítimas, recicla o suprimento de água do planeta. Portanto, a noção de que o Sol possa de alguma maneira estar mudando é o supra-sumo do impensável — muito além do salto requerido, por exemplo, para apreender as conseqüências de um holocausto nuclear total, que Herman Kahn e outros filósofos apocalípticos tentaram há algum tempo descrever.

Um aumento de apenas 0,5% na produção de energia solar bastaria para destruir o sistema de satélites do qual dependem as telecomunicações globais, a segurança militar e as operações bancárias. Para não falar da nossa pele, que seria afetada pelo câncer e outras doenças provocadas pela radiação. Seriam inevitáveis o aquecimento global acelerado, a elevação do nível dos mares, as inundações, as tempestades gigantescas e, mesmo, os holocaustos sísmicos e vulcânicos.

Trabalhando com ciência e natureza há mais de vinte anos, eu naturalmente esperava que se pusessem obstáculos à pesquisa sobre esse comportamento bizarro do Sol. Instituições famosas não gostariam, é claro, de associar seus nomes a um tema potencialmente tão destrutivo quanto a mudança do Sol, pela simples razão de que seu sinete de autoridade poderia causar pânico em certos setores. Por isso me surpreendi ao saber que o Max Planck Institute, equivalente alemão do MIT e do CalTech, conduzira vários estudos segundo os quais o Sol nunca se mostrou tão turbulento nos últimos onze mil anos, pelo menos. Desde a década de 1940 e, principalmente, desde 2003, a atividade solar vinha passando dos limites. Poderíamos ser varridos a qualquer momento.

Danos colaterais

Talvez a imagem apocalíptica mais assustadora seja o que está acontecendo no espaço. Falar em mudança a respeito dele parece tolice. Pois, afora um ou outro asteróide aqui e ali, o espaço está lá, certo? Não se altera. Mas o fato é que, no entender de uma nova escola russa de geofísica planetária, todo o Sistema Solar vai ficando cada vez mais agitado à medida que nos aproximamos de uma nuvem de energia interestelar. Os cientistas russos, que baseiam seus achados em décadas de estudo de dados fornecidos por satélites, descobriram que as atmosferas dos planetas, sem excluir a da Terra, já começam a exibir os efeitos dessa absorção maciça, tanto diretamente, da nuvem de energia, quanto indiretamente, dos distúrbios gerados no Sol em conseqüência de seu choque com aquela nuvem.

Nada a temer. A atmosfera da Terra nos protegerá, certo? Talvez no passado ela nos protegesse realmente, mas agora, segundo cientistas de Harvard e da NASA, fraturas do tamanho da Califórnia abriram-se inexplicavelmente no campo magnético terrestre, nosso escudo contra a radiação solar, as formas letais de câncer e as perturbações climáticas conseqüentes. Alguns estudiosos estão até prevendo que é iminente uma inversão polar, em que os pólos Norte e Sul magnéticos trocarão de posto. Esse processo, que costuma levar milênios, faz brotar pelo globo inúmeros pólos magnéticos que confundem e às vezes extinguem milhares de espécies de aves, peixes e mamíferos que dependem do magnetismo para se orientar. Durante esse período de confusão, a proteção magnética da Terra cai a zero, o equivalente cósmico de uma pessoa muito branca apanhada numa praia de Miami sem chapéu, sem guarda-sol, sem protetor solar e descalça.

Outra fonte de proteção contra o excesso de radiação solar nos vem de mais uma forma pela qual o mundo pode acabar. O céu pode encher-se de cinzas que absorvem raios, mas essa é praticamente a única notícia boa que encontrei num documentário da BBC onde se via que o Yellowstone, sem dúvida o maior supervulcão do mundo, está se preparando para entrar em erupção. A última vez que ele vomitou lava, há 600.000 anos, expeliu poeira capaz de cobrir toda a América do Norte com uma camada de vários metros de espessura. Hoje, um fenômeno desses criaria um cenário de guerra nuclear que destruiria a economia e a agricultura do globo, matando centenas de milhões de pessoas.

E a maior razão para nos preocuparmos com o fim da vida é a predição da *Nature*, talvez a publicação científica mais respeitada em todo o mundo, de que pelo menos três quartos das espécies da Terra desaparecem a cada ciclo de 62 a 65 milhões de anos. Faz 65 milhões de anos que o desastre do período cretáceo-terciário acabou com os dinossauros; portanto, devemos estar às vésperas de um cataclismo que irá sem dúvida reduzir nossa população em pelo menos 50%, arruinar nossa infra-estrutura e sepultar o que ainda restar de nossa civilização.

Se o Yellowstone explodir ou as espinhas da face do Sol vazarem, problemas como os buracos na camada de ozônio e o aquecimento global se agravarão, do mesmo modo que na década de 1980 nos preocupávamos com o herpes simples e acabamos tendo de nos haver com a epidemia de AIDS. Mas, como o imbatível almirante Hyman Rickover gostava de dizer, não importa o que aconteça, "uma espécie nova e mais sábia se desenvolverá".

Na toca do coelho

Datas precisas são difíceis de estabelecer no jogo das predições apocalípticas e praticamente a única coisa sobre a qual os cientistas parecem concordar é que os acontecimentos de agora, enquanto nos aproximamos do mínimo solar, nada serão em comparação com a turbulência sem precedentes projetada para o próximo máximo solar, em 2012.

Obedecendo a um impulso súbito, procurei "2012" na Internet e imediatamente desci pela toca do coelho até uma assustadora subcultura apocalíptica. *Sites*, livros, músicas e obras de arte, em todos os continentes, profetizam o fim do mundo para esse ano. Expoentes de uma impressionante variedade de ideologias e filosofias — culturas indígenas, a Bíblia, o I Ching — apontam 2012 como a era do Apocalipse. Mera coincidência? Ou será mais razoável presumir que tradições divinamente inspiradas chegaram mesmo, afinal de contas, a conclusões acertadas sobre o destino da humanidade?

"Dois mil e doze! É quando tudo vai acontecer. Grandes tempos!", exclamou nossa babá Erica, quando mencionei minha descoberta na manhã seguinte. Uma tigela inteira de pipoca foi consumida enquanto Erica, surfadora da Internet até altas horas e fã dos programas radiofônicos de entrevistas, fazia suas medonhas previsões e assegurava que 2012 será mesmo o fim de tudo. Ela via esses fatos mais ou menos como um *reality show* ao estilo terror. Muitas de suas amigas também aguardam ansiosamente o juízo final de 2012 e ela conta, com gosto, algumas de suas sugestões para quando o "*The End*" aparecer na tela: "Jogar tudo para o alto. Construir uma espaçonave. Ir para debaixo da terra. Fazer muito sexo. Cometer suicídio. Correr mundo. Pôr em dia os negócios. Parar de tomar remédios. Tomar os remédios dos outros. Escrever aquele romance. Praticar eutanásia na família. Visitar Las Vegas. Dar graças a Alá. Vingar-se. Experimentar fazer uma projeção astral. Garantir um lugar na frente para o último espetáculo de fogos de artifício".

Mas por que 2012, especificamente? Não pelo fato de estar sendo projetado, para essa data, o próximo máximo solar no ciclo das manchas do Sol. Na verdade, quase não se fala do Sol ou de tópicos científicos entre os profetas do fim. O que galvanizou o movimento foi uma antiqüíssima predição da mitologia maia, segundo a qual o Tempo terminará ou começará no solstício de inverno, 21 de dezembro de 2012.

Nessa altura, quase pus de lado o problema, pois como trabalhar com uma coisa tão... Não sou da Nova Era. Sou um típico sujeito esperto do Brooklin que vagueia por Beverly Hills. Nem toda essa conversa velha carece necessariamente de sentido, mas em sua maioria não me interessa.

As profecias maias

A antiga astronomia maia é tudo, menos papo-furado. Trata-se de uma impressionante realização intelectual equivalente, em magnitude, à geometria egípcia ou à filosofia grega. Sem telescópios ou qualquer outro aparelho do gênero, os astrônomos maias calcularam a extensão do mês lunar em 29,53020 dias, errando por apenas 34 segundos (sabemos hoje que o mês lunar tem 29,53059 dias). De um modo geral, o calendário maia de dois mil anos é tido por muitos como mais exato que o gregoriano, de quinhentos anos, usado por nós.

Os maias eram obcecados pelo tempo. Ao longo dos séculos, elaboraram pelo menos vinte calendários sintonizados com os ciclos de tudo, desde a gravidez até a colheita, desde a Lua até Vênus — cuja órbita, aliás, calcularam com precisão em 1 dia a cada 1.000 anos. Após séculos de observação, seus astrônomos concluíram que no solstício de inverno de 2012, 21/12/12 ou 13.0.0.0.0, segundo o que se convencionou chamar seu calendário de Longa Contagem, uma nova era na história humana começará. Essa "batida da meia-noite" de 21/12/12 iniciará uma nova era assim como a completude da órbita da Terra em torno do Sol traz um ano novo quando soa a meia-noite a cada 1º de janeiro. Mas, e daí? Afora a mudança da data e o feriado, não há nenhuma diferença inerente, palpável, entre 31 de dezembro e 1º de janeiro — não é como se saíssemos de um dia frio e escuro para um dia quente e ensolarado. Nesses termos, não existe diferença intrínseca entre um ano e o seguinte; a diferença é apenas exterior: a passagem de 1999 para 2000 foi apenas a transição de um número digitalmente insípido para um algarismo redondo e bonito. Na esfera espiritual, teve tanta importância quanto o giro de um odômetro.

A data 21/12/12 é bem mais significativa que o mero acontecimento numérico. Equivale ao solstício de inverno anual, quando o Hemisfério Norte está mais distanciado do Sol e, conseqüentemente, os dias são mais curtos e as noites, mais longas. Nessa data o Sistema Solar eclipsará — interpondo-se de modo a bloquear a vista da Terra — o centro da Via-Láctea. O buraco negro no meio da espiral galáctica era considerado o útero da Via-Láctea pelos antigos e agora também pelos modernos astrônomos: é ali que se criam as estrelas de nossa galáxia. De fato, há um vasto buraco negro bem no centro, lembrando um umbigo.

Os anciãos maias ensinavam que o 21/12/12 iniciaria uma nova era, tanto em fatos importantes quanto nos aspectos técnicos de calendário. A data, portanto, prenuncia o momento mais sagrado, propício e perigoso de nossa história, destinado, acreditavam eles, a trazer ao mesmo tempo catástrofe e revelação. Os anos que conduzem até lá pressagiam esse potencial assustador de maneiras terríveis e maravilhosas.

Fui à Guatemala para estudar as crenças e predições ligadas ao 21/12/12, e concluí sem demora que os maias tinham uma história que não se podia ignorar. Dê sempre aos gênios o benefício da dúvida; e os antigos astrônomos maias eram realmente gênios. Suas profecias referentes ao ano 2012 parecem, pois, conter uma sabedoria não necessariamente além da ciência, mas, o que é mais provável, além de tudo o que a moderna metodologia científica possa provar, ou negar, no curto espaço de tempo até o prazo final apocalíptico.

O que levava os maias a empenhar-se num estudo tão bizarro quanto a astronomia, sem nunca sequer chegar perto, por exemplo, da invenção da roda ou mesmo de ferramentas metálicas simples, isso não sei dizer. Mas seria extremamente insensato ignorar sua conclusão fundamental de que o dia 21 de dezembro de 2012 será uma data decisiva na história humana — sobretudo levando-se em conta o conjunto assombroso de circunstâncias que envolvem essa data, em campos que vão da física solar à filosofia oriental.

Esclarecimentos

Alguns esclarecimentos são necessários aqui:

Não represento nenhuma ideologia religiosa ou política nem sucumbi jamais, pelo que sei, à influência da visão de qualquer pessoa ou grupo relativamente ao ano 2012. Ao contrário dos muitos que se preocupam com o final dos tempos, o Apocalipse ou o Armagedom, nunca tive revelações divinas, nunca recebi instruções de inteligências alienígenas, nunca servi de canal para sábios antigos e nunca me envolvi com epifanias numerológicas.

Também não sou desses céticos que desautorizam qualquer noção não-apoiada 100% nas evidências físicas disponíveis. Deus nos livre da penúria de arte e criatividade que inevitavelmente resultaria se esses desmancha-prazeres um dia conquistassem o poder de sempre ter razão com seus raciocínios lógicos.

Muito menos sou um entusiasta das catástrofes. Digo com orgulho que não gastei um centavo nem um minuto para me defender da possibilidade do *bug* do milênio. Também nunca me preparei, nem à minha família, para holocaustos nucleares, choques de cometas, inversões da convergência harmônica e outras fatalidades. Vivendo na zona sísmica do sul da Califórnia, contento-me com deixar uma lanterna ao lado da cama e uma garrafa de água a mais no armário. Mais: não espero, não advogo, não proclamo nem invoco catástrofes, a do ano 2012 ou outra qualquer, por mais edificante que o desfecho possa ser.

Minhas conclusões a respeito da natureza potencialmente cataclísmica de 2012 baseiam-se em cerca de quinze meses de pesquisa, levada a cabo com a proficiência adquirida em mais de vinte anos como autor de livros de não-ficção e contribuições jornalísticas na área de ciência, natureza, religião e política para diversos periódicos, principalmente o *New York Times*.

Escrever este livro será um ato irresponsável, tendo em vista o pânico que poderá causar? O direito do público à informação não é absoluto, mas absoluto também não é o das oligarquias globais de agir paternalisticamente. Acredito que os poderes estabelecidos, valendo-se de seu melhor tirocínio, devam mesmo controlar as informações capazes de provocar instabilidade social; mas é obrigação de pessoas, grupos e organizações sinceras trabalhar para trazer à luz fatos vitais. Em última análise, as melhores soluções nascem do intercâmbio sensato entre as pessoas que buscam a verdade e as estruturas de poder montadas para nos dar proteção.

A marca do destino

O mundo acabará em 2012? O inferno escancarará suas portas sob a forma de uma Terceira Guerra Mundial em escala nuclear ou do impacto de um meteoro como o que teria levado os dinossauros à extinção? Não o creio, embora isso possa ser em parte o reflexo de minhas limitações emocionais: como pai de dois filhos jovens e maravilhosos não consigo, pura e simplesmente, alimentar essa convicção. Não sou capaz de encarar a possibilidade de todos e tudo quanto as pessoas valorizam serem destruídos.

Só o que me permito é reunir os fatos e apresentar a evidência necessária para investigar a realidade de 2012. Descobri que a perspectiva de um apocalipse nesse ano deve ser tratada com respeito e medo.

Este livro apresentará um cenário que considero de gravidade média. Ou seja, 2012 será um ano de tribulações e catástrofes sem precedentes. Quer se trate do nascimento doloroso de uma Nova Era ou, simplesmente, da agonia final de nosso tempo, a perturbadora confluência de tendências científicas, religiosas e históricas indica que uma série de desastres e revelações, provocados pelo homem, pela natureza ou até por forças sobrenaturais, culminará num acontecimento tumultuário.

O ano de 2012 traz em si a marca do destino. A julgar pelos fatos aqui reunidos, existe ao menos uma possibilidade concreta de que alguma tragédia considerável e/ou um grande despertar ocorra ou comece a ocorrer nesse ano. A questão, em última análise, não é "se", mas "quando"; não é a data precisa e sim se esse acontecimento transformador ocorrerá enquanto nós ou os nossos entes queridos ainda estivermos vivos. O valor do prazo final de 2012 é que, estando tão perto, obriga-nos a encarar as incontáveis possibilidades de catástrofe global, avaliar sua probabilidade e potencial destrutivo, e decidir se estamos preparados para reagir a ela, individualmente ou como civilização.

Todos reagimos a prazos finais, de maneira construtiva ou não. Sobretudo se somos pressionados. É da natureza humana. Os dois últimos minutos de cada tempo de um jogo de futebol, ou seja, menos de 7% do tempo total da partida, proporcionam no mínimo metade da ação. Adoro prazos finais. Quase todos adoramos. Com a improvável exceção da passagem do milênio, aquele decepcionante ensaio geral, 2012 é o primeiro prazo definitivo da história moderna em que tanto está em jogo para tantos.

O bom de um prazo final é que se sabe com antecedência a necessidade de conjugar corpo, mente e alma no esforço de tomar as devidas precauções para si mesmo e a família. Em certo sentido, sem incluir obrigatoriamente a sobrevivência física, temos a chance de, como nunca antes, nos associarmos para construir o Eu coletivo superior. Eis o desafio estimulante de

2012. Ele nos obriga a eleger um objetivo consensual. E ter um objetivo na vida é o meio mais seguro que conheço de nos prevenir.

Apocalipse no tribunal: Acusações a 2012

A tese do presente livro é que o ano 2012 será decisivo, talvez catastrófico, possivelmente revelador num grau nunca visto em toda a história humana.

1. As antigas profecias maias, baseadas em dois milênios de meticulosas observações astronômicas, indicam que 21/12/12 assinalará o começo de uma nova era, acompanhado, como todos os nascimentos, de sangue e agonia, mas também de esperança e promessa.

2. A partir dos anos 1940, e particularmente de 2003, o Sol vem se comportando de maneira mais tumultuária que em qualquer outra época desde o rápido aquecimento global conseqüente ao derretimento dos gelos na última Era Glacial, há 11 mil anos. Os físicos concordam em que a atividade solar atingirá o próximo pico, em níveis nunca antes registrados, no ano de 2012.

3. As tempestades no Sol relacionam-se às tempestades na Terra. Em 2005, a grande onda dos furacões Katrina, Rita e Wilma coincidiu com uma das semanas mais tormentosas da história conhecida do Sol.

4. O campo magnético da Terra, nossa primeira defesa contra a radiação solar prejudicial, começou a ser rompido com fraturas do tamanho da Califórnia, que se abriram aleatoriamente. Talvez esteja a caminho também uma inversão polar, em conseqüência da qual a proteção cairá a quase zero, quando os pólos Norte e Sul mudarem de posição.

5. Geofísicos russos acreditam que o Sistema Solar penetrou numa nuvem de energia interestelar. Essa nuvem vem energizando e desestabilizando o Sol e as atmosferas de todos os planetas. Suas previsões de uma catástrofe resultante do encontro da Terra com essa nuvem de energia vão de 2010 a 2020.

6. Físicos da University of California, Berkeley, responsáveis pela descoberta de que os dinossauros e 70% de todas as outras espécies da Terra foram extintos pelo impacto de um cometa ou asteróide há 65 mil anos, afirmam, com 99% de certeza, que estamos às vésperas de outra catástrofe semelhante.
7. O supervulcão Yellowstone, que entra em erupção violenta a cada 600 ou 700 mil anos, prepara-se para explodir. A erupção comparável mais recente, no lago Toba, Indonésia, há 74 mil anos, levou à extinção mais de 90% da vida do globo na época.
8. Filosofias orientais, como o I Ching, o Livro Chinês das Mutações e a teologia hindu, podem, segundo uma interpretação plausível, indicar 2012 como a data final, à semelhança de inúmeros sistemas de crença indígenas.
9. Pelo menos uma interpretação erudita da Bíblia prediz que a Terra será aniquilada em 2012. O ativo movimento "armagedonista" dos cristãos, muçulmanos e judeus tenta por todos os modos precipitar a batalha final.
10. Tenha um bom dia.

SEÇÃO I

Tempo

Que o motorista rastafári cantasse preces em ritmo de reggae ao Todo-poderoso Jah durante todo o percurso para o aeroporto, baixando reverentemente a cabeça sobre o volante pelo menos cinqüenta vezes enquanto costurava pela 1405, a rodovia mais movimentada do sul da Califórnia, não me preocupou em absoluto. O homem, muito seguro, era um excelente motorista. Problema nenhum também com o interior de seu táxi, coberto com cartazes 8 X 10 de leões de boca escancarada, rabiscados de mensagens religiosas sobre amor, morte e o Leão de Judá. Sou de Nova York, onde não faltam taxistas malucos. O que impressionava, porém, era a maneira impecável com que, ao toque do celular, o rastafári se transformava em James Earl Jones, dizendo: "Transporte West Side, posso ajudá-lo?" E após concluir o negócio, voltava a Jah e aos leões, às reverências e às preces.

Eu estava de partida para a Guatemala, a fim de encontrar alguns xamãs maias que me explicariam as profecias para 2012. Ao mencionar isso a Elia, minha empregada, natural de El Salvador, ela bradara: "No te vayas! Gangas! *Pense em seus filhos. E se você não voltar?" e saíra correndo da sala. Talvez a prece dançante do rastafári fosse uma espécie de bênção propiciatória de uma viagem tranqüila. Glória a... Jah.*

De repente, ao entrarmos no estacionamento, ocorreu-me perguntar ao rastafári se ele já ouvira falar no ano de 2012.

"Ensine-me", respondeu ele, retirando minha bagagem do porta-malas.

"Bem, as pessoas dizem que grandes coisas acontecerão em 2012. Talvez o fim de tudo."

"Sempre dizem isso. Eu esperava que fosse acontecer em 2000", murmurou, abanando tristemente a cabeça. Mas o tempo corria e o rastafári desejava encerrar o papo com uma nota positiva. "Continuemos esperando. Talvez o ano seja mesmo esse de que você falou."

1

Por que 2012, precisamente?

Duas horas por entre a floresta cheia de aranhas e jacarés, onde há pouco fora rodada a série *Survivor*, depois uma antiga quadra de esportes maia onde ganhadores e perdedores eram igualmente sacrificados (isso sem dúvida melhoraria ainda mais a audiência de *Survivor*) e finalmente os cem degraus inclinados e maltratados da ruína de 1.800 anos conhecida como a Grande Pirâmide, o centro do Mundo Perdido, a parte mais antiga das ruínas de Tikal, saudada com as palavras: "Problemas com o seu servidor. Chame a assistência técnica e peça reconfiguração...", disse um rapazola a outro.

Arranquem-lhes os corações pulsantes, empurrem-lhes as carcaças degraus abaixo e transformem tudo em sacrifício a Bill Gates. Bem no âmago da selva guatemalteca, no alto de um templo sagrado, aqueles pivetes ainda não conseguiam desviar o pensamento de seus computadores.

Eu fora a Tikal, onde se originaram algumas das mais antigas profecias maias, para sentir de perto o que, até então, não passara de uma massa de factóides — por exemplo, que no calendário maia a era atual, conhecida como a Quarta, começou em 13 de agosto de 3114 a.C., data que naquele calendário é representada por 0.0.0.0.1 (Dia Um), e terminará em 21 de dezembro de 2012 d.C., ou 13.0.0.0.0 (Último Dia). Eu podia repetir esse e muitos outros fatos de cor, como o cálculo de décimo segundo grau (a derivada de *n* elevado ao cubo é 3*n* ao quadrado, mas o que vem a ser exatamente uma derivada?). Não, eu não sabia o que estava dizendo.

O problema eram os calendários, a meu ver um grande embaraço da existência moderna. Sem eles a vida seria impensável, é claro, mas a coisa não vai acontecer — então, para que se preocupar com ela? Aparentemente, tempo houve em que os papas brigaram para determinar quantos dias fevereiro e agosto deveriam ter; isso, porém, já foi resolvido há quinhentos anos. E ao toque da meia-noite de 2006, o vigia do relógio atômico, em alguma parte, acrescentou um segundo pela primeira vez desde 1999, pois a rotação da Terra vem ficando mais lenta por causa da crescente força gravitacional da Lua — fato que talvez fosse muito interessante se tivéssemos vagar suficiente em nossa vida agitada para indagar por que isso ocorre.

Os fundamentalistas garantem que tudo está escrito em seus livros sagrados, mas durante minha visita à Guatemala maia ouvi pela primeira vez que nada está em seus livros e sim no calendário, que é quanto me bastaria. Os maias amam os seus calendários, consideram-nos uma imagem visual da passagem do tempo, ou seja, da maneira como a vida se desdobra. Mapearam esse desdobramento não com um, mas com vinte calendários, dos quais só quinze chegaram até o mundo moderno: os outros continuam sob a guarda dos anciãos maias. Os calendários maias ligam-se aos movimentos do Sol, da Lua e dos planetas visíveis, às colheitas e aos ciclos de vida dos insetos, e, em extensão, vão de 260 dias a 5.200 anos ou até mais.

No Cholqij, o calendário de 260 dias que cobre o ciclo de gravidez da mulher e também o número de dias em que o planeta Vênus se ergue no céu todas as manhãs, cada dia é ilustrado por um dos vinte símbolos que representam guias espirituais ou divindades, chamados Ajau. O número 20 é sagrado para os maias porque as pessoas têm vinte dedos: dez para alcançar o céu e dez para agarrar a terra. Os maias acham o número 10, tão significativo em nossa matemática, uma simples metade, na melhor das hipóteses.

Segundo Gerardo Kanek Barrios e Mercedes Barrios Longfellow em *The Maya Cholqij: Gateway to Aligning with the Energies of the Earth*, 2005, treze forças influenciam as vinte divindades Ajau. O número 13 deriva do fato de haver treze grandes articulações (um pescoço, dois ombros, dois cotovelos, dois pulsos, dois quadris, dois joelhos e dois tornozelos) que servem de pontos de concentração de energia corporal e cósmica. Treze forças vezes vinte divindades é igual a 260 dias específicos.

As profecias maias para 2012 são o núcleo do calendário de Longa Contagem, também conhecido como Winaq May Kin, que cobre aproximadamente 5.200 anos solares, período chamado de um Sol pelos maias. Na curiosa contagem maia, um ano tem 360 dias; os restantes 5,25 (4 x .25 = o dia 29 de fevereiro) são considerados "fora do tempo" e ficam reservados à ação de graças pelo ano anterior, tanto quanto à comemoração do próximo. Assim, 5.200 anos maias equivalem a aproximadamente 5.125 anos gregorianos. Desde o advento da civilização, passamos por três Sóis e agora estamos completando o quarto, que terminará em 21/12/12.

O sistema de contagem maia é basicamente vigesimal, ou seja, adota potências de 20 e não de 10. Nele, a primeira casa à direita é reservada a unidades de um dia; a segunda, a unidades de vinte dias; a terceira, a unidades de 360 dias ou um ano solar maia; a quarta, a unidades de 7.200 anos ou vinte anos solares maias; e a quinta, a unidades de 144 mil dias ou quatrocentos anos solares maias. Fato interessante, o número 144 figura com destaque no Livro do Apocalipse, embora ali se refira à quantidade de pessoas que serão salvas para servir ao Senhor durante a Tribulação, o período de tumulto que precederá o Segundo Advento de Cristo.

Em 13.0.0.0.0, a expressão maia para 21/12/12, o algarismo 13 se refere ao número de *baktuns*, períodos de quatrocentos anos solares maias/144 mil períodos de dias. Como vimos, o algarismo 13 é sagrado em sua cosmologia. Um Sol equivale a 13 vezes 144 mil dias, ou 1.872.000 dias, 5.200 dos anos solares maias de 360 dias. Um dia depois de se completar um Sol, o calendário de Longa Contagem recomeça. Assim, 22 de dezembro de 2012, um dia após o apocalipse, caso este ocorra, será novamente a data maia de 0.0.0.0.1.

As flechas e ciclos do tempo

Por que esse povo, perdido nas selvas e montanhas, ficou tão obcecado pelo tempo? Essa atitude, para os maias, era mais importante que elaborar projetos arquitetônicos, redigir mensagens ou mesmo viajar para longe.

"À primeira vista, parece um exagero atribuir tanta importância ao calendário [maia] sagrado. No entanto, quem está ciente do papel que ele desempenhou na vida da América Central pré-colombiana sabe que, ligados ao calendário, estão muitos ou a maioria dos aspectos mais sofisticados da antiga fermentação intelectual da região: a percepção do movimento cíclico dos corpos celestes, a evolução das habilidades matemáticas graças às quais os maias eram capazes de manipular os números derivados desses ciclos e o aperfeiçoamento de um sistema de hieróglifos para registrar os achados... daí devem advir diversos elementos de civilização — astronomia, matemática, escrita, planejamento urbano", explica Vincent H. Malmstrom, do Dartmouth College.

Todos sabemos, intuitivamente, que o tempo se desloca tanto em linhas, como flechas disparadas, quanto em ciclos. A flecha do tempo representa o simples fato de que um minuto se segue a outro numa linha reta que avança pelo infinito ou até o ponto onde o Tempo termina. Um ciclo de tempo é uma sucessão eterna, como a do dia e da noite, a das estações ou a das fases da Lua. Os ciclos e flechas do tempo também podem ser considerados o reflexo das diferentes atitudes perante a história: "quem o ignorar está fadado a repeti-lo" (ciclo) *versus* "as notícias de ontem" (flecha). Sempre tendi para a última hipótese, a de que a história, embora nos conte boas narrativas, é passada. Porém, depois de me separar de minha esposa com mais ou menos a mesma idade, a mesma altura, o mesmo peso e os mesmos traços de meu pai quando se separou de minha mãe, a hipótese "fadado a repeti-lo" tocou um ponto sensível dentro de mim.

Certas culturas preferem a flecha, outras, o ciclo. A sociedade ocidental pós-industrial certamente enfatiza a passagem do tempo à maneira da flecha, cada vez mais rápida, registrada por relógios, fornos de microondas, telefones celulares e catracas. A afinidade com a flecha explica o gosto de uma sociedade pela mudança e o progresso, embora às vezes ao preço de ignorar valores recorrentes e eternos. Esse desequilíbrio talvez haja resultado da passagem de uma economia baseada na agricultura, que obviamente tem de estar meticulosamente sintonizada com os ciclos sazonais, para uma produção baseada na indústria e na informática, que depende menos dos ritmos da Natureza.

Os maias eram e são uma sociedade cíclica. Vêem ciclos em tudo e apreciam o que vêem. O progresso não é tão importante, em seu *ethos* cósmico, quanto a serenidade que sentem por estar em harmonia com os movimentos eternos da Natureza. O outro lado da moeda, obviamente, é que, fixando-se nos ciclos eternos, os maias talvez não reparassem nas mudanças diárias à sua volta, desdém que sem dúvida explica por que, conforme observaram inúmeros historiadores, a sociedade maia clássica degenerou e ruiu de súbito, sem sequer levar em consideração os sinais de advertência. As teorias vão desde o abandono voluntário de suas cidades e boa parte de seu estilo de vida por razões só deles conhecidas, passando por revoluções desastrosas, até suposições de que aquela civilização não ruiu, mas ocultou-se nos subterrâneos.

A moderna opinião dos estudiosos é que a degradação ambiental foi a responsável. Jared Diamond, no livro recente, *Collapse: How Societies Choose to Fail or Succeed*, mostra os antigos maias como exemplo típico daquilo que as sociedades não devem fazer ao meio ambiente. Metodicamente, ele desenvolve a tese de que os maias plantaram demais, desmataram demais, povoaram demais suas terras. Um estudo da NASA, de 2004, confirma o diagnóstico de Diamond. Pólen conservado em sedimentos recolhidos na área ao redor de Tikal, datando de aproximadamente 1.200 anos, ou seja, pouco antes do colapso da civilização maia, mostra que as árvores haviam praticamente desaparecido, sendo substituídas por vegetação rasteira.

Diamond acredita que a densidade populacional da civilização maia clássica chegou a 1.500 pessoas por 1,6 quilômetro quadrado. É o dobro, por exemplo, da atual densidade de Ruanda e Burundi, duas das mais populosas e problemáticas nações da África. A guerra pelos recursos cada vez mais escassos deve ter sem dúvida eclodido, levando aquela sociedade a um colapso total — o pico populacional de 5 a 14 milhões em 800 d.C. caiu de 80 a 90% em menos de um século.

"É de espantar que os reis e nobres não hajam detectado e resolvido esses problemas aparentemente óbvios que minavam sua sociedade. Sua atenção devia estar voltada para problemas imediatos como enriquecimento pessoal, guerras, construção de monumentos, competição e taxação dos camponeses, a fim de arrancar-lhes alimento suficiente para a manutenção dessas atividades. Como muitos líderes ao longo da história, os reis e nobres maias não ligavam para problemas de longo prazo, se é que os percebiam", escreve Diamond.

A ruína do poder, prosperidade e população dos maias é talvez a mais drástica que qualquer civilização haja experimentado. Isso invalida sua sabedoria? Pelo menos não a recomenda, exceto na esfera das calamidades, que historicamente conheciam melhor que ninguém.

Girando como um pião

A indignação ainda me sufocava quando me ocorreu que a conversa entre os dois fanáticos por computador, no alto da pirâmide de Tikal, talvez não fosse muito diferente em espírito das que antes eram travadas ali. De fato, aquela pirâmide foi construída especialmente para os astrônomos mapearem os céus e acompanharem o tempo cósmico.

Podemos imaginar dois antigos astrônomos maias, um velho e um jovem, discutindo sobre as estrelas às vésperas do equinócio de primavera. O primeiro nota que Poláris, a estrela polar do Hemisfério Norte, não está no mesmo lugar que ocupava durante o equinócio de primavera trinta e seis anos antes, quando ele começou suas observações. Durante esse tempo, Poláris se deslocou para leste, continua dizendo o velho, numa distância equivalente ao diâmetro da Lua cheia (mais ou menos meio grau).

O jovem astrônomo estremece diante de tanta heresia. Desde eras imemoriais, um artigo de fé celeste é que, em uma determinada data, as estrelas devem estar na mesma posição, de ano para ano. Afirmar o contrário significa que o grande relógio cósmico não está marcando corretamente o tempo.

Por fim a verdade se impõe e a descoberta do velho é incorporada à cosmologia maia. Talvez há dois mil e quinhentos anos os antigos astrônomos já houvessem deparado com o fato impressionante de que, lenta e inexoravelmente, os céus se movimentam para leste à razão de 1 grau a cada 72 anos, completando um ciclo a cada 26 mil anos solares maias, período igual a cinco Sóis. Os próximos cinco Sóis verão o papel de estrela polar se transferir de Poláris, também conhecida como Estrela do Norte, para Vega, e depois voltar.

Como sabemos muito bem desde Copérnico, não é o céu, mas a Terra que se move. Ela na verdade gira como um pião sobre seu eixo. Observe um pião girar: seu eixo descreve lentamente seu próprio círculo minúsculo. Esse processo se chama precessão e é inteiramente análogo ao que percebemos como rotação dos céus no firmamento.

A precessão parece ter sido descoberta mais ou menos ao mesmo tempo por diversas culturas. Tradicionalmente, a compreensão dos céus como um relógio gigante, que leva éons para descrever sua rota, remonta a Hiparco, um astrônomo grego do século II a. C. No entanto, hoje parece provável que os antigos egípcios, babilônios e sumérios já haviam chegado a essa conclusão muito antes.

Também os astrônomos persas e indianos conheciam a precessão, talvez por intermédio dos gregos, e ficaram tão impressionados com o fato de os céus se moverem lentamente num círculo gigantesco que o atribuíram a uma divindade, Mitra. Durante o século VI a.C., o mitraísmo se espalhou rapidamente pela Índia, Oriente Médio e Europa. Em seu auge, no século

II d.C., ele tinha mais adeptos que o cristianismo no Império Romano. Seu principal elemento doutrinário era o sacrifício de um touro sagrado, de cujo corpo provinham todos os bens. Embora o mitraísmo haja desaparecido quase por completo no século III d.C., com o islamismo dominando a Pérsia algum tempo depois, o ano-novo persa é ainda celebrado no equinócio de primavera, usualmente a 20 de março, lembrança festiva dos dias mitraicos.

Os ciclos de longo prazo da órbita e do giro da Terra têm mais que importância cosmética, segundo Milutin Milankovitch, o brilhante astrônomo sérvio. Ele examinou três ciclos, ora conhecidos como ciclos de Milankovitch, para avaliar-lhes o possível impacto catastrófico sobre o clima e catástrofes da Terra. O primeiro, conhecido como excentricidade, simplesmente explica o fato de a forma da órbita da Terra ao redor do Sol mudar de um círculo quase perfeito para uma elipse aproximada, num período que vai de 90 a 100 mil anos. Hoje, encontramo-nos na etapa mais circular da trajetória, havendo portanto apenas uns 3% de variação em distância e uns 6% de variação em recepção de energia solar entre o periélio (ponto em que nosso planeta se acha mais perto do Sol) e o afélio (ponto em que ele mais se distancia). No entanto, à medida que o ciclo de excentricidade da Terra avançar para o ponto em que nossa órbita se torna mais elíptica, a quantidade de radiação solar recebida no periélio aumentará de 20 a 30%. Isso explicará os contrastes sazonais mais acentuados e as drásticas mudanças climáticas. Milankovitch e seus discípulos acreditam que as eras glaciais anteriores deveram-se em larga medida ao ciclo de excentricidade da Terra.

Atualmente, o periélio ocorre na segunda semana de janeiro, pouco depois do solstício de inverno no Hemisfério Norte. Isso é ótimo ao menos para nós que vivemos na metade setentrional do mundo, pois recebemos os 6% de energia solar extra justamente no auge do inverno. Mas essa tepidez não durará para sempre, lamenta Milankovitch. Quando a estrela do norte não for mais Poláris e sim Vega, a orientação da Terra em relação ao Sol também mudará e o periélio ocorrerá durante o solstício de verão no Hemisfério Norte, ou seja, receberemos a energia extra justamente no pico da estação em que faz mais calor. Então, daqui a 13 mil anos, a intensidade dessa energia será duas ou três vezes mais forte que a atual, pois a órbita da Terra se tornará mais elíptica, provocando diferenças na quantidade de radiação solar recebida ao longo do ano. Em suma, os verões no Hemisfério

Norte serão mais quentes e os invernos, mais frios — valorizando, a longo prazo, os imóveis no Hemisfério Sul.

Todos aprendemos que o eixo da Terra é inclinado; mas por que não é vertical, isso ainda constitui matéria de conjectura. Segundo alguns, no passado, a Terra foi atingida por um asteróide ou outro planeta, o que nos deixou tortos. Outros acham que a atração do campo gravitacional solar, mais forte no equador da Terra, onde se concentra a maior parte de nossa massa, faz com que a "barriga" da Terra se incline ou aponte para o Sol.

A inclinação do eixo terrestre é o que provoca as estações, uma vez que, em diferentes períodos do ano, diferentes partes do planeta se aproximam ou se afastam da fonte de luz. Quando o Hemisfério Norte está recebendo a luz em cheio, ali é verão; os dias são mais longos que as noites. Por essa época, o Hemisfério Sul recebe luz indireta e ali é inverno; as noites são mais longas que os dias. Durante dois dias ao ano, nos equinócios de primavera e outono, todas as partes da Terra têm dias e noites iguais.

No ciclo conhecido como obliqüidade, conforme descobriu Milankovitch, a inclinação do eixo terrestre passa de 22,1 para 24,5 graus, ao longo de cerca de 41 mil anos. Hoje, a inclinação é de 23,5 graus. Quanto maior a inclinação, mais acentuado o contraste entre as estações. Imagine-se numa noite gelada de inverno, diante de uma fogueira. Incline o rosto para as chamas: ele ficará mais quente e seu traseiro continuará frio. É o que acontece com a Terra quando a inclinação axial fica mais pronunciada.

Embora alguns cientistas contemporâneos se mostrem céticos, a massa de provas colhidas em textos e artefatos arqueológicos indica claramente que os antigos possuíam uma noção rudimentar de ciclos astronômicos como precessão, excentricidade e obliqüidade. Esse conhecimento dava aos sacerdotes-astrônomos uma posição de relevo em sua sociedade, pois era de crer que se mantivessem em comunicação com os deuses. Saber, por exemplo, quando Vênus iria erguer-se impressionava não apenas como cálculo, mas também, e muito mais, como transmissão de informação da divindade para os sacerdotes e destes para o vulgo. Por isso, as revelações dos antigos maias relativamente ao ano 2012 eram consideradas de origem divina.

Durante milênios, o céu noturno foi para os homens a fonte mais próxima de notícias e divertimento. Os antigos contemplavam as estrelas e os planetas tão avidamente quanto nós vemos televisão. Os corpos celestes eram os corpos das divindades. Seus movimentos e mudanças indicavam acontecimentos divinos. Os sacerdotes-astrônomos levaram a arte e a ciência da observação do céu tão longe que podiam mesmo prever o futuro — por exemplo, os eclipses solares e lunares. Essa façanha exigia não apenas observação acurada como proficiência matemática para correlacionar os movimentos da Lua e do Sol. Sua sofisticação desmente a condescendência hollywoodiana do truque pelo qual o homem branco, sabendo que irá ocorrer um eclipse, finge poder dar sumiço ao Sol para embasbacar os nativos ignorantes. Os homens brancos não sabem metade do que os antigos e os indígenas sabiam sobre as estrelas.

Van Gogh olhava para o céu estrelado e via nele os turbilhões da imaginação de Deus. Três mil anos antes, Pitágoras ouvia a "música das esferas", silenciosa para os ouvidos, mas não para a alma imortal. Você já não vivenciou esses raros e maravilhosos momentos nos quais, embora identificando o compositor, não atina com a música que está sendo executada e, de algum modo, sabe para onde a melodia está indo e como terminará? Acontece isso com *As Quatro Estações* de Vivaldi e os *Concertos de Brandemburgo* de Bach. Ouvimos os primeiros movimentos — e os demais, posto que de modo algum repetitivos ou redundantes, apenas se desdobram em nossa mente antes que as notas sejam feridas. No curso de 24 séculos de audição extática, os sacerdotes-astrônomos maias apuraram o ouvido para o desenrolar da música das esferas, inclusive as passagens que cantavam a catástrofe.

> Antes do século XV, os Anciãos já sabiam, graças às profecias, que estava iminente a invasão espanhola, a qual começou no primeiro dia de um ciclo chamado Belejeb Bolum Tiku (a Nona Escuridão). Esse era um período de 468 anos formado por nove ciclos menores de 52 anos cada, que durou de 17 de agosto de 1519 até 16 de agosto de 1987 [o dia da Convergência Harmônica]. Dado que os Guardiães das Profecias sabiam com bastante antecedência que os invasores se aproximavam, tiveram muito tempo para preparar suas comunidades. Informaram o povo sobre as conseqüências que a invasão acarretaria para eles, sua terra sagrada e seu modo de vida tradicional. A preparação incluiu medidas para preservar todos os registros, inclusive os códices [textos sagrados].

A maioria dos códices maias originais, que se contavam aos milhares, foi incinerada já nas primeiras semanas da conquista espanhola, em 1519, por ordem da Igreja Católica Romana. O padre Diego de Landa, que supervisionou a incineração, recebeu depois ordem do rei e da rainha da Espanha para voltar à Guatemala e redigir um sumário das crenças maias. O texto resultante, *Relación de las cosas de Yucatán*, estava repleto de distorções culturais e factuais, não sendo a menor delas a declaração inicial de que todos os maias reverenciavam Jesus Cristo, do qual poucos até então tinham ouvido falar. Entretanto, esse foi o primeiro livro sobre os maias em língua ocidental e, como conseqüência, a base de quase toda a nossa erudição sobre os costumes e crenças daquele povo — equívocos que desde então foram se acumulando.

Divulgou-se amplamente que só quatro códices maias sobreviveram às fogueiras espanholas. Mas isso significa apenas que quatro códices se acham hoje em mãos de anglo-europeus. Muitos mais foram salvos pelos arquivistas e anciãos das diferentes tribos, que se refugiaram nas montanhas e outras áreas remotas. Durante uns vinte anos Gerardo Barrios visitou aldeias da Guatemala, El Salvador, Honduras e México em busca de descendentes daqueles anciãos, muitos dos quais ainda viviam nas mesmas cavernas onde seus ancestrais se ocultaram dos perseguidores. Conforme se lê em *The Maya Cholqij*, afora umas poucas variações de linguagem, "todos os calendários em uso nas comunidades maias tradicionais estão atualizados e dão seqüência ao registro exato (contagem) de dias que os maias vêm mantendo há milhares de anos". Esses textos foram salvos porque as estrelas advertiram os maias do desastre iminente. E agora o calendário maia nos informa sobre o que acontecerá ao mundo todo.

No dia 21/12/12, o Sistema Solar, com o Sol no centro, irá eclipsar para a Terra a visão do núcleo da Via-Láctea, conforme vêm dizendo os maias há milênios. Isso só acontece uma vez a cada 26 mil anos. Os antigos astrônomos maias consideravam esse núcleo o útero da Galáxia, crença hoje amparada por uma série de indícios que localizam ali o ponto onde nascem as estrelas. Atualmente, os astrônomos suspeitam que, bem no centro, haja um buraco negro a sugar toda a matéria, energia e tempo que servirão de matéria-prima para a criação de mundos futuros.

Em outras palavras, qualquer que seja a quantidade de energia que flua para a Terra do ponto central da Via-Láctea, esse fluxo será interrompido em 21/12/12 às 23h11, Tempo Universal, pela primeira vez em 26 mil anos. E tudo por causa de uma pequena alteração no giro da Terra.

Mas por que uma breve interrupção de fluxo numa fonte tão distante quanto o centro da Galáxia terá conseqüências reais para nosso planeta ou seu povo? Afinal, podemos ficar dias, semanas até, longe da luz do Sol ou da Lua sem grandes problemas. A melhor analogia é o modo como mesmo uma momentânea interrupção da corrente elétrica faz com que relógios, aparelhos de vídeo e microondas passem a piscar ao acaso até que suas funções sejam reajustadas manualmente. O fato de nos isolarmos por pouquíssimo tempo das emanações do centro da Galáxia irá, acreditam os maias, confundir mecanismos vitais de nosso corpo e da Terra.

Descendo cuidadosamente os degraus da Grande Pirâmide, senti uma certa aflição pelos rapazolas que tagarelavam sobre computadores. Havia no ar uma sensação de mau agouro. Todos podíamos perceber isso, até eles, que talvez procurassem afastar o pressentimento conversando sobre bagatelas. Uma antiga e misteriosa cultura vinha marcando, há dois milênios, a data do apocalipse para 2012. Há lógica e precisão interna no pensamento dos maias, que insistem nessa data. Negar o fato já não é tão fácil. Em verdade, é bem difícil.

2

A serpente e o jaguar

"Conte até cem e pergunte-me se sou Peter Pan."

Fiz esse joguinho na escola muitas vezes, tentando manter-me impassível enquanto o trouxa prosseguia na contagem. Depois, a pergunta ridícula. A resposta, obviamente, é não. Depois de gastar milhares de dólares e horas percorrendo a Guatemala, subindo e descendo escadarias de templos arruinados e procurando xamãs maias, perguntava-me agora se não era a minha vez de bancar o trouxa.

"O mundo vai acabar mesmo no dia 21 de dezembro de 2012?"

"Não. Não necessariamente. Pode não acontecer nada, ao menos em teoria", replicou Carlos Barrios, xamã bonachão e de barba branca dos Mam, uma das 26 tribos maias da Guatemala. Estávamos no "Arbol de Vita", um restaurante vegetariano da Cidade da Guatemala cujo dono era Tony Bono, irmão do falecido cantor e congressista Sonny Bono. A decoração do lugar pode ser apropriadamente descrita como zen/maia; na parede dos fundos, uma escultura abstrata contemporânea de uma serpente-pássaro distrai meu olhar da conversa. Trata-se de Kukulcán, a versão maia de Quetzlcoatl, divindade suprema da luz e do céu na América Central.

"As pessoas andam aterrorizadas. Vivemos numa era de armas nucleares, medo, pestes, catástrofes naturais. O ano 2012 tornou-se um ímã para todos esses receios. Vem sendo tirado de contexto por aqueles que querem brincar com as ansiedades das pessoas. Nós não o vemos como um tempo de destruição e sim de nascimento de um novo sistema", explica Gerardo num espanglês fluente.

O nascimento é acompanhado de sangue e agonia, observo.

"Já assisti a alguns partos", lembra-me delicadamente o xamã, que é um profissional da cura.

Carlos é xamã desde os 17 anos. Estava dirigindo o carro do pai pelas montanhas do interior, no meio da poeira, quando avistou várias pessoas com roupas esquisitas. Lamas tibetanos realizando uma cerimônia no meio de um campo. Carlos saltou do carro, correu até lá e perguntou o que se passava. Um xamã local, à frente dos estranhos, tentou expulsar Carlos, mas os lamas ficaram com pena dele. O rapaz olhou espantado quando os lamas apanharam quatro bastões fálicos chamados *lingams* — um de bronze, um de cobre, um de prata e um de ouro, com mais ou menos 12 cm de comprimento — e sepultaram-nos na terra.

O xamã local ficou com medo de que Carlos voltasse e roubasse os lingams, mas os tibetanos não se preocuparam nem um pouco.

"E, embora eu não possa explicar como aconteceu, minha memória se apagou. Posso recordar todos os detalhes da cerimônia, mas não o lugar onde aquelas coisas estão enterradas", declarou Carlos.

Conviveu com os tibetanos pelos dias seguintes e ficou sabendo que eles haviam viajado mais de 15 mil quilômetros, repetindo a cerimônia em pontos-chave geomagnéticos ao longo do caminho, a fim de transferir o campo sagrado de energia terrestre do Velho Mundo (situado no monte Kailas, conhecido também como Kang Rinpoche ou Jóia Preciosa da Neve, no Himalaia) para o lago Titicaca, na Bolívia.

"Minha imaginação se excitou a tal ponto que decidi ali mesmo ir ao Tibete. Mas o visto e a passagem eram caros demais — 10.000 dólares —, de modo que precisei escrever a meu pai pedindo-lhe o dinheiro. Ele me mandou um telegrama dizendo: "Ha, ha, ha!" Carlos ri, embora já se hajam passado quarenta anos.

Carlos é um Ajq'ij, um sacerdote maia. Foi adestrado no uso da terra, do ar, da água e do fogo, que, como na maioria das tradições indígenas, são os quatro elementos básicos. Os xamãs maias se especializam no uso de um desses elementos para curar, profetizar o futuro e harmonizar o espaço. A especialidade de Carlos é o fogo, que recria o poder do Sol. De novo Kukulcán, o deus empenachado, rouba minha atenção enquanto Carlos explica que o fogo é a porta para outras dimensões, o "umbral estelar" ou portal por onde os homens e mulheres sapientes do passado regressarão. Segundo a crença maia contemporânea, esses ancestrais já começam a voltar para misturar-se ao povo. Não lhes interessa, afirma Carlos, ser reconhecidos. Em 2012 já todos estarão aqui, prontos para cumprir a missão sagrada desse ano decisivo.

"A Ressurreição vem se realizando nas crianças que nascem hoje. Todos quantos outrora nasceram e morreram terão voltado em 2012", garante Carlos, concordando com um gesto de cabeça quando pergunto se a explosão populacional do mundo é indício dessa reencarnação em massa. Ele explica que há sempre um motivo para o ciclo de encarnação de uma alma chegar ao fim. Para certas almas, a pedra de tropeço é o amor; para outras, a coragem.

"De hoje até o ano 2012, todos teremos uma oportunidade para encarar e vencer os desafios de nossa evolução pessoal. Quem passar pela prova gozará uma nova era de luz." Carlos acrescenta que os reprovados ficarão presos nesta dimensão por milhares de anos, depois dos quais talvez tenham uma outra chance de fazer o teste.

O irmão de Carlos, Gerardo Barrios, co-autor de *The Maya Cholqij*, chega. Esse sensitivo das cavernas, de cabeleira e barba negra onde não se vê um fio branco apesar dos quase sessenta anos, senta-se e pede um suco de mamão com leite de soja. Carlos e eu encomendamos outra cerveja.

"Por que você está escrevendo um livro sobre 2012?", pergunta Gerardo, apanhando-me de surpresa. Os jornalistas, como quaisquer outros perseguidores, sempre aparecem para fazer perguntas, não para dar respostas.

"É a única coisa que posso fazer para me sentir melhor", disparei. Puro absurdo derramado sobre a mesa do almoço. Procurei então disfarçar: queria dizer que, tendo passado pela experiência do divórcio, o trabalho era para mim uma distração bem-vinda. "Sinto-me mal, por isso o resto do mundo tem de morrer", arrisquei.

Carlos sorriu da piada, mas Gerardo estava desconfiado do gringo maluco.

"O ano 2012 é uma sutura no tempo, a união de duas eras diferentes", explica Gerardo. "A morte, possivelmente em massa, fará parte da transição."

Será 2012 o equivalente do "equilíbrio interrompido", expressão com a qual Stephen Jay Gould descreve os saltos e transições abruptas da evolução? Ou, na linguagem da cibernética, daremos em 2012 o salto de um universo em expansão para o próximo? Gerardo concorda, mas com ressalvas.

"A mudança será gradual, mais como o escurecimento do crepúsculo do que como o toque num comutador."

O crepúsculo escurece depressa, portanto devemos estar bem preparados para o teste.

"Dizem os anciãos que, na nova era que se seguirá a 2012, dor e felicidade serão mais e mais compartilhadas. As comunicações de massa nos transformam em irmãos e irmãs, em uma família. Em 2012, haverá também testes coletivos de harmonia e compreensão", sustenta Gerardo.

Notei que Kukulcán, a serpente-pássaro, me fixava apenas quando Carlos falava — ele próprio, aliás, é muito parecido a uma serpente empenachada sobrenatural. Em contraste, Gerardo tem algo de sombrio que atrai bastante. É o tipo de homem que você gostaria de ter ao lado numa descida ao mundo subterrâneo, o reino de Balam, o deus-jaguar negro da mitologia maia.

Gerardo fora de fato adestrado nas sombras, metido num buraco estreito e escuro na terra por cerca de duas semanas. Depois de algum tempo, perdeu toda a noção de tempo e espaço, noite e dia. Começou a ter alucinações e logo visualizava, distinta e isoladamente, centenas de hieróglifos maias usados nos vários calendários desse povo. Em plena treva, ouviu também uma língua secreta que não conseguiu entender, embora pressentisse que, se prestasse atenção, aquelas palavras iriam um dia orientá-lo em seus prognósticos.

A imersão nas trevas é uma exigência do adestramento dos xamãs maias. Gerardo afirma que, às vezes, os anciãos identificam uma criança destinada a tornar-se um grande xamã ainda no ventre materno. Quando o bebê nasce, enrolam treze faixas em sua cabeça, cobrindo os olhos. Essas bandagens, afrouxadas à medida que o crânio cresce, só são removidas depois de nove ou treze anos. Isso se faz para aguçar os outros sentidos do jovem xamã e, também, para capacitá-lo a ler auras. No último ano da cegueira imposta, uma faixa é removida a cada mês lunar, de modo que os olhos vão aos poucos se acostumando à luz. A última é tirada dentro de uma caverna sagrada, à luz mortiça de velas. A primeira coisa em que o jovem xamã pousa os olhos é um códice, um velho livro sagrado feito de papel de casca de árvore e pele de animais, repleto de hieróglifos coloridos e complicados, do tipo que Gerardo visualizou.

Reza a lenda que alguns astrônomos antigos conheciam tão bem o céu que podiam ser mantidos na escuridão por semanas, até perder a noção de tempo e espaço; depois, na primeira noite em que eram trazidos para fora, miravam o firmamento, rebuscavam na memória e diziam o dia exato só pela posição das estrelas.

Faz só meio século ou pouco mais — fração insignificante da história humana — que a comunicação de massa nos possibilitou responder emocionalmente a situações como o tsunami no oceano Índico. Por isso Gerardo reconheceu que a humanidade está ainda na infância de sua capacidade de comungar com os sentimentos de pessoas distantes. No entanto, essa empatia é imprescindível para a sobrevivência e a transcendência das espécies, motivo pelo qual fará parte do ajuste de contas que vem por aí.

Ajuste de contas que vem por aí? Estamos falando então do Juízo Final?

Gerardo explica que, em diferentes épocas da história humana, diferentes messias aparecem. A nossa é uma época de multidões de pequenos guias, não de grandes, no dizer dos anciãos.

Gerardo abre seu ameaçador *laptop* HP e, na tela imensa, surgem imagens de guias, na maioria homens, na maioria velhos, todos de olhar penetrante. Ele e Carlos passaram vinte anos percorrendo aldeias do território maia na Guatemala, México, El Salvador e Honduras, em busca desses guias. Alguns ainda viviam nas mesmas cavernas para onde seus ancestrais se retiraram a fim de escapar à conquista espanhola do século XVI, que quase extinguiu a cultura local.

Gerardo viu com seus próprios olhos seis códices salvos das garras da Inquisição e sabe da existência de muitos mais. Porém, os guardiães maias desses textos sagrados não mostram nenhum interesse em partilhar seu conteúdo com estudiosos anglo-europeus. Gato escaldado tem medo de água fria.

"Ainda não é hora de revelar os segredos ali contidos", justifica Gerardo.

Imperialistas culturais

A certa altura do almoço com Carlos e Gerardo no "Arbol de Vita", perguntei-me se todo esse negócio de apocalipse em 2012 não seria algum tipo de vingança sorrateira dos maias contra o Norte. Deus sabe que eles têm lá suas razões. Sentado no mesmo restaurante onde Sonny e Cher jantaram outrora, ocorreu-me que quase todos os ganhadores de prêmios da Academia, Emmy, Globo de Ouro, Grammy, People's Choice e por aí afora tiveram seus filhos criados, suas casas arrumadas e seus jardins cuidados por trabalhadores mal pagos, legais ou ilegais, de origem maia ou indígena, vindos do México e da América Central, e nenhum dos quais recebeu sequer um "muito obrigado" desses que jorram como champanhe barato nos espetáculos de premiação. É macabra a dicotomia entre os astros de Hollywood, tão famosos, e essa gente, tão invisível, que cuida da vida deles (vida freqüentemente confusa).

Os irmãos Barrios não ligam para a ingratidão de Hollywood, mas irritam-se quando menciono os arqueólogos, eterno motivo de queixa por parte dos maias e outras culturas indígenas. Erros grosseiros, preconceitos culturais, auto-engrandecimento — a lista de reclamações contra os arqueólogos não tem fim, embora isso seja mais uma crítica da má arqueologia que da disciplina em si. Por exemplo, a imagem que brota de séculos de "erudição" sobre o antigo futebol maia, onde duas equipes chutavam uma bola de borracha tentando passá-la por uma argola, é a de que se tratava de um jogo sangrento, pois terminava pela execução de alguns participantes. Na verdade, era um esporte muito civilizado. Em vez de guerrear por rotas comerciais importantes, os adversários punham em campo suas melhores equipes: os perdedores eram sacrificados, evitando assim um derramamento de sangue maior no campo de batalha. Sem dúvida, havia ocasiões em que escravos se viam forçados a jogar e os derrotados morriam sem motivo; mas isso não passava de abuso de um substituto bastante razoável da guerra.

Também havia ocasiões em que até os vencedores sucumbiam. Durante as grandes celebrações, como o fim de um ciclo sagrado de 52 anos, não era raro que alguns maias se apresentassem voluntariamente para o sacrifício. Que espetáculo! Em Tikal, por exemplo, multidões de cidadãos com roupas exóticas enchiam a praça, sentando-se diante dos degraus da pirâmide do Grande Jaguar, onde sacerdotes vestidos como entidades animais e míticas realizavam cerimônias que ensinavam os preceitos básicos da cosmologia e da ética dos maias. A chance de serem sacrificados como parte da festa atraía mais candidatos do que se poderia admitir, de modo que eles eram divididos em equipes que iam jogar futebol. Os vencedores recebiam seu prêmio.

O que mais irrita é a presunção dos arqueólogos de estarem redescobrindo culturas "perdidas". Qualquer italiano não se sentiria ofendido se se presumisse que a queda do Império Romano acarretou o desaparecimento de todas as suas realizações culturais, lingüísticas e tecnológicas porque seus descendentes se mostraram ignorantes ou descuidados demais para preservar tão precioso legado? Os maias ficam indignados quando estudiosos arrogantes abrem caminho por entre sábios nativos, herdeiros de um conhecimento milenar, para impingir suas próprias interpretações das ruínas e hieróglifos.

É vexatória a ânsia dos imperialistas culturais de descobrir algo que, a seu ver, os sábios indígenas ignoram. Por exemplo, John Major Jenkins, autor de *Maya Cosmogenesis 2012*, um leigo cabeçudo que se meteu à força no debate sobre história e cultura maia, acredita que Izapa, uma ruína pouco conhecida na fronteira mexicana, foi o centro de um império que teria dado origem aos maias. Jenkins, em páginas e mais páginas de cálculos complicados que muitas vezes vão além do bom senso, exibe mapas, calendários e cartas celestes para explicar o legado pré-histórico de Izapa. Os irmãos Barrios respeitam polidamente o interesse dos estudiosos, mas aborrecem-se quando estranhos lhes vêm dizer que Izapa é o seu verdadeiro Vaticano.

Os arqueólogos são impertinentes. Comparam e classificam culturas: desenvolvimento tecnológico, códigos jurídicos, estruturas governamentais, sistemas sanitários e de saúde. Na coluna "maias", não há marca no quadrinho "inventaram a roda", um tema muitíssimo delicado. Embora os antigos maias apreendessem o conceito de círculo, ciclo e órbita de maneira mais profunda que qualquer de seus contemporâneos e, em certo sentido, que nós atualmente, nunca transferiram esse conceito para rodas tangíveis. Também não se viam arcos na arquitetura maia praticada entre 100 a.C. e 1000 d.C., quando há séculos outras culturas haviam descoberto a beleza e a utilidade da curva.

Muitas vezes, os arqueólogos se fazem de pára-raios para as inseguranças de uma cultura. O frágil argumento dos Barrios, de que rodas não funcionariam bem na mata, é facilmente contestado quando nos postamos diante dos gigantescos templos maias e nos perguntamos se aqueles magros escravos, cuja tarefa era carregar blocos de pedra de mais de 50 kg, não teriam apreciado manejar um carrinho de mão rampa acima. Mas, de novo, o tratamento dos escravos não é assunto que nós, americanos, gostamos de discutir.

Carlos balança a cabeça, enfadado, quando lhe pergunto sobre o grupo de maianistas que aponta 2011, e não 2012, como a data fatal. Liderados por Carl Johann Calleman, um pesquisador do câncer ligado à Organização Mundial da Saúde que por anos se dedicou ao estudo da cultura maia, esses sujeitos acham que os maias calcularam mal seu próprio calendário. Calleman é assim. A discussão lembra a do cálculo da passagem do milênio: ocorreria a 1º de janeiro de 2000 ou de 2001? Carlos, que gosta muito de Calleman, explica pacientemente que o Quarto Sol (a Quarta Era) terminará em 21/12/12, no solstício de inverno, às 11:11 UTC (Tempo Universal, antigamente chamado de Horário de Greenwich).

O Primeiro Sol, segundo Carlos, começou há aproximadamente 20 mil anos, era dominado pela energia feminina e relacionava-se ao elemento fogo. O Segundo Sol caracterizou-se pela energia masculina e relacionava-se ao elemento terra. O Terceiro Sol, governado pela energia feminina, relacionava-se ao elemento ar. O Quarto Sol, que agora está se completando, é dominado pela energia masculina e relaciona-se ao elemento água.

No dia 21/12/12 entraremos no Quinto Sol, quando a energia será, em partes iguais, masculina e feminina. Relacionado ao elemento éter, o Quinto Sol nos trará uma sabedoria mais sutil.

Fogo, terra, ar e água são elementos muito conhecidos: juntos, constituem quase a totalidade da vida física. Mas, e o éter, que será exatamente? Ar que não podemos respirar? Pensamentos? Embora eu não saiba muito bem o que ele é, a perspectiva de o éter ser o elemento temático da nova era em que estamos entrando parece-me uma boa notícia. Ao contrário, por exemplo, do fogo, responsável por holocaustos, ou da água, que às vezes traz gelos e inundações, o éter parece... bem, etéreo. Ele não pode ser matéria para apocalipses. No entanto, é a transição iminente para o nada que nos causa consternação.

A Serpente Emplumada e o Jaguar Negro (pois é assim que penso em Carlos e Gerardo) devotaram o melhor da vida deles à revitalização da rede cultural dos maias, à assistência aos anciãos necessitados, à recuperação de códices e outros artefatos. Por herança, treinamento e firme devoção, eles são hoje as maiores autoridades que escrevem e falam ao mundo exterior sobre cultura, ciência e profecias maias. Mas, quando Gerardo passa a lista "quem é quem" dos anciãos em seu *laptop*, noto que, embora ele e o irmão tenham posições bem-remuneradas e de muito prestígio junto a estranhos e jornalistas, dentro da hierarquia espiritual maia estão, na melhor das hipóteses, no meio. Bem ao contrário, digamos, da Igreja Católica Romana, onde salários e benefícios sobem regularmente de padre a papa, a estatura espiritual de um xamã maia tem pouco a ver com sua condição material. Seu reino, como dizia Jesus, não é deste mundo.

As profecias para 2012, porém, são em definitivo deste mundo, espaço e tempo. Apesar da prudência dos irmãos Barrios, que querem evitar espalhar o pânico e por isso adotaram uma tática de sobrevivência a fim de tranqüilizar-se e aos seus entes queridos, a aproximação de 2012 de fato prenuncia catástrofes e deslocamentos em escala global. Quanto mais converso com Carlos, mais ele se abre e confessa o medo que tem desse ano. O que mais o abalou foi ver um ancião a quem reverenciava de maneira muito especial recusar-se a dar sua palestra costumeira durante uma cerimônia sagrada anual. O silêncio significava que não havia mais nada a dizer sobre 2012 e os perigos que ele encerra.

Só nos últimos quarenta minutos de minha permanência na Guatemala é que Gerardo realmente se abriu por inteiro. Eram 5:30 da manhã no Aeroporto Internacional da Guatemala e lá estávamos nós sentados de pernas cruzadas, eu muito formal em minhas calças brancas bem passadas, no piso sujo sob uma escada de serviço. Gerardo, polidamente, aproximou-se para me dar uma consulta astrológica de despedida. Passou-me uma maleta de couro macio e pediu-me que lhe desse quatro pancadinhas, uma para cada ponto cardeal e cada elemento — terra, ar, fogo e água. Um guarda com seu fuzil ao ombro logo se interessou pelo que fazíamos; acho que queria saber se eu estava inspirando e não expirando. Gerardo não lhe deu bola, retomou a maleta e despejou seu conteúdo — favas vermelhas, dentes de jaguar, cristais de vários tipos — sobre o tapete de algodão multicolorido, no espaço entre nós, e observou-o atentamente por um momento. Assunto: meu divórcio. Resposta: filosófica.

Meus pais se separaram quando eu tinha 8 anos e, nos dois anos seguintes, lancei mão da diplomacia para reaproximá-los, mas então meu pai morreu num acidente automobilístico. Seu carro deslizou na pista gelada e foi de encontro a um caminhão. Acho que dirigia em alta velocidade, pois estava atrasado para vender a um homem asfalto para a entrada de sua casa. Assim, passei a identificar divórcio com morte. Agora, diante de minha própria separação, não conseguia impedir que minha vida se precipitasse para o fim. Nem queria, na verdade. A idéia até me agradava. Mas não é um sentimento permitido a quem tem dois filhos. Gerardo compreendera tudo isso e, com suas favas vermelhas, dentes de jaguar e cristais, de algum modo me mostrou que a serenidade verdadeira, não a resignação, que vem da aceitação da morte — a própria, a de um ente querido, a de um casamento, a do mundo — não está sob nosso controle.

"Vamos mesmo nos divorciar? Do Tempo, da Natureza, de nossas vidas civilizadas? As profecias para 2012 tratam disso?", perguntei de repente, apanhando-o desprevenido. Como os anciãos que ele tanto reverenciava, Gerardo não quis responder.

Os jaguares negros são os únicos felinos que nadam debaixo da água. Podem permanecer ali por muito tempo, mas cedo ou tarde sobem para respirar.

SEÇÃO II

Terra

Deixei de gostar do sr. Spock, a personagem supremamente lógica de Viagem nas Estrelas, *natural do planeta Vulcano, por causa de Barbara Wetzel, a garota mais versada em matemática que o Colégio 51, em Park Slope, Brooklin, jamais vira. Barbara, que morava com uma tia e uma irmã num apartamento acima de um salão de beleza e tinha sempre um cheiro doce e suave de formaldeído nos cabelos louros, informou-me que perdera todo o interesse por seres humanos.*

Continuei a ver Viagem nas Estrelas, *mas então da forma como meu pai costumava assistir aos jogos dos New York Yankees: torcendo por sua derrota. O sr. Spock, o capitão Kirk e o resto da equipe só poderiam se dar mal caso a espaçonave* Enterprise *sofresse um ataque feroz quando seus escudos protetores estivessem baixados. Isso acontecia às vezes, ante a fúria de klingons, romulanos e outras raças de alienígenas, mas invariavelmente, no fim do episódio, tripulação e espaçonave escapavam intactos. Isso, obviamente, porque espaçonaves voam. Nós, grudados na Terra, não temos escolha a não ser agüentar o que der e vier.*

3

A goela de 2012

O bafo do grande tubarão branco era tão forte que eu podia senti-lo debaixo da água. Ou talvez fossem os dois mergulhadores que me ladeavam na gaiola, pondo as tripas para fora. O bicho assustado, de duas toneladas de peso e quatro metros de comprimento, com sua dupla carreira de dentes afiados e manchados de sangue, tinha o olhar demente de um predador que não evoluía há quatrocentos mil anos, durante os quais vinha aterrorizando os mares. Ele metia o focinho agressivo pelas grades da gaiola, tentando mastigá-las. A imagem de Ulisses amarrado ao mastro e ouvindo o canto loucamente mavioso das sereias não me passou pela cabeça. Mas a situação era semelhante, um momento surrupiado aos deuses.

Bom exercício, pensei, para olhar dentro da goela de 2012.

Eu perambulava pela costa meridional da África do Sul e, no dia seguinte, devia visitar o Hermanus Magnetic Observatory, onde os geofísicos estão examinando as fraturas, do tamanho da Califórnia, abertas no campo magnético que protege a Terra. A próxima parada seria Johannesburgo, onde me encontraria com o 123Alert, um grupo de paranormais com um registro impressionante de previsões de terremotos, erupções vulcânicas e coisas assim. Minha pequena aventura a bordo do *Shark Lady* não fora nada até eu olhar aquelas enormes mandíbulas esbranquiçadas.

Pela primeira vez naquele ano desde que vinha pesquisando os horrores de 2012, parei e dei graças, no caso, pelas barras da gaiola. Minha vida era tão segura e saudável que achava poder chegar tranqüilamente a 2012, quando teria 58 anos, ou seja, a média de vida para homens na ex-União Soviética, significando isso que muita gente morreria antes. Em Beverly Hills, onde todos são jovens e vivem para sempre, a morte é assunto proibido. Mas na África do Sul, um em cada cinco adultos estará morto de qualquer maneira em 2012, ainda que o ano se escoe sem apocalipse nenhum.

"Thank you, India. Thank you, Providence."

De novo na segurança do *Shark Lady*, comecei a trautear mentalmente a elegia estimulante de Alanis Morissette à gratidão. Sua canção nos desafia a pensar em coisas novas que merecem agradecimento... gaiolas de metal, por exemplo. A raiva do grande tubarão branco por ver seu saboroso almoço, eu, permanecer inacessível diante de seu focinho trouxe-me à lembrança uma de minhas perguntas favoritas: se Deus ou qualquer outro Poder Superior em que você acredita lhe oferecesse exatamente o que você merece — nem mais, nem menos — pelo resto da vida, você aceitaria a proposta?

Essa pergunta toca de perto a idéia que as pessoas fazem de si mesmas. Muitas garantem em altas vozes que aceitariam. Mas é claro! Quem não? Elas acham que sua vida, ou a vida em geral, é muito dura e por isso acolhem a "justiça" de braços abertos. Outras, com pedantismo, alegam que por definição todos ganhamos exatamente aquilo que merecemos, pois merecemos aquilo que ganhamos. Deus é justo; portanto, a maneira como somos tratados deve ser justa também (um raciocínio em círculo vicioso, bem se vê).

Quanto a mim, recusaria a proposta sem pestanejar. Sei que me saí bem na vida. Talvez melhor do que deveria.

Mas, e se a proposta fosse feita à humanidade como um todo? E se os céus se abrissem e Deus/Poder Superior/Poderoso Alienígena do Espaço oferecesse à nossa civilização, na medida exata, o que ela coletivamente merece — nem mais, nem menos? Qual seria o seu voto? A humanidade merece tanta pressão, tanto sofrimento? Tanta violência, doença, degradação?

"24 Crianças Mortas em Explosão de Carro em Bagdá: Soldados Americanos Estariam Distribuindo Doces e Brinquedos." Segundo a reportagem da agência de notícias do *New York Times*, os soldados (um morto,

três feridos) tinham entrado naquela área de Bagdá a fim de avisar a população de que havia uma bomba por ali.

De outro lado, nós, a mesma espécie que fabrica bombas para explodir carros, merecemos todas as maravilhas do amor, da beleza da Natureza, do afeto das criancinhas? Verdadeiramente, não se pode dizer quem merece o quê. Mas creio que, numa votação global, a proposta do Todo-Poderoso de dar à humanidade exatamente aquilo que ela merece — nem mais, nem menos — venceria por larga margem. Por que as multidões do Terceiro Mundo não acolheriam bem a justiça econômica? Vejamos: os ocidentais ganham de dez a cem vezes mais dinheiro, vivem 50% mais, viajam, educam os filhos e chegam mesmo a ficar obcecados, como nos lembra o comediante Chris Rock, por ninharias como intolerância à lactose!

Uma coisa nova pela qual agradecer: a perspectiva do Apocalipse em 2012, uma fera de dentes sanguinolentos batendo o focinho contra a frágil gaiola da existência humana, aterrorizando-a. Na Cidade do Cabo, onde passei várias noites numa antiga prisão convertida em hotel, não pude impedir-me de perguntar quem, de fato, dará as boas-vindas ao cataclismo final. Nenhuma pessoa de mente sã, é óbvio. Mas acontece que nem todas as pessoas têm mente sã, algumas sem culpa alguma. Era fácil, ali sentado numa cela de hotel, imaginar um prisioneiro tão faminto, sedento e amedrontado que bem poderia saudar a destruição, desde que ela incluísse os carcereiros, para gozar um instante de liberdade enquanto as paredes ruíssem e o próprio chão se escancarasse sob seus pés.

Enquanto o grande tubarão nadava à cata de filhotes de golfinho e focas deliciosas, lembrei-me de ter lido que há uma pequena concentração de magnetita no cérebro do tubarão, a qual lhe permite navegar pelo campo magnético da Terra. Se as tais fraturas ficarem maiores ou os pólos magnéticos se inverterem, o tubarão nunca conseguirá encontrar-me ou a qualquer outra presa. Não saberá sequer para onde estará indo.

O campo magnético da Terra: eis outra coisa pela qual tubarões e homens devem estar agradecidos.

Escudos baixados

Hermanus é uma cidade pitoresca na ponta sudoeste da África do Sul. Com suas grutas bem abrigadas, esse viveiro de baleias da Groenlândia é considerado o melhor ponto de observação terrestre de cetáceos em todo o mundo.

Eu já havia visto pelo menos dez quando Brian, um ativista local, aproximou-se e perguntou se eu gostaria de observá-las mais de perto. Respondi que sim; ele sacou de uma espécie de sifão, encostou-o aos lábios e produziu sua versão pessoal do som que Gabriel emitirá um dia para anunciar o Juízo Final. Depois de várias explosões musicais pungentes e estranhas, umas doze baleias apareceram nadando em nossa direção. Uma delas, de cerca de dezessete toneladas segundo o cálculo de Brian, gritou sua saudação. Ele gentilmente me vendeu seu instrumento, feito de algas secas, por catorze *rands* (sete dólares). Depois, recomendou-me a excursão no *Shark Lady*.

"Mantenha todos os dedos dentro da gaiola", advertiu com um gesto solene.

Brian ama suas baleias e preferiria ter o destino de Jonas a saber que elas podem ser prejudicadas, de modo que eu não quis perguntar-lhe o que pensava do fato de o campo magnético, responsável por orientar esses enormes cetáceos em suas viagens oceânicas de ida e volta da Antártida a Hermanus, está enfraquecendo. Cedo ou tarde, as baleias não mais conseguirão percebê-lo. A pergunta ficou reservada para Pieter Kotze, o geofísico que eu viera ver em Hermanus.

Kotze é um sujeito calmo, daqueles que esperam viver plenamente uma vida boa, longa e sem problemas. Quando o visitei no Magnetic Observatory, um bonito espaço verde sobre uma colina de onde se avista a baía, a hospitalidade do geofísico me levou a percorrer as instalações em que computadores de última geração analisam dados transmitidos de sensores eletromagnéticos sepultados bem fundo na terra. O campo magnético da Terra origina-se do giro de seu núcleo de ferro derretido, motivo pelo qual os sensores são enterrados. Kotze perguntou-me se eu tinha filhos e quais as datas de seus aniversários. Depois pediu licença e afastou-se, voltando logo em seguida com duas folhas sismográficas que marcavam como se comportara o campo magnético nos dias em que meus filhos nasceram.

O trabalho de Kotze é tão perturbador quanto gentis são suas maneiras. Ele vem registrando minuciosamente o esgotamento atual do campo magnético protetor da Terra. Depois do passeio, apressou-se a me informar sobre o que significava tudo aquilo.

Não podemos nos livrar da lei da gravidade, o que é uma boa coisa, pois então nos livraríamos também da lei da inércia e sairíamos todos voando da Terra. Não podemos, igualmente, repelir as leis que governam a eletricidade ou o magnetismo. Entretanto, não existe lei nenhuma segundo a qual a Terra deve ter um escudo magnético que a proteja da excessiva radiação de prótons e elétrons emanados do Sol, capazes de espalhar uma verdadeira epidemia de câncer nos seres humanos e outras espécies, rompendo ao mesmo tempo a cadeia global de alimentação. O ímpeto da radiação solar também bloquearia os raios cósmicos, partículas e ondas carregadas de energia que vêm do espaço exterior e que, no dizer dos cientistas, são em grande parte responsáveis pela formação de nuvens em redor do planeta. As nuvens, sobretudo as mais baixas, bloqueiam a radiação infravermelha — o calor — do Sol e ajudam a manter a superfície da Terra fria.

O campo magnético da Terra desvia a radiação solar e canaliza-a para anéis que, inofensivamente, circundam a atmosfera externa de nosso planeta. Nenhum dos planetas vizinhos possui esse campo, pelo menos não no grau em que a Terra se pode gabar de possuir atualmente. Mas, na verdade, nosso forte e eficiente campo magnético não pode ser considerado estável, tanto mais que parece estar se revertendo e talvez diminuindo a ponto de, no futuro, nos proporcionar pouca ou nenhuma proteção contra as depredações solares.

A geologia tradicional sustenta que o campo magnético, ou magnetosfera, da Terra é gerado pelo movimento em espiral do núcleo do planeta, formado por uma mistura de ferro fundido e sólido que atua como um dínamo do tamanho da Lua, criando um campo eletromagnético gigantesco que se projeta dos pólos, forma o mesmo padrão da limalha de ferro em volta de um ímã e avança bem para fora da atmosfera. Kotze explicou que o campo magnético interplanetário (CMI), basicamente emanado do Sol, também influencia o tamanho e a forma da magnetosfera. Às vezes, o CMI energiza a magnetosfera com cargas de energia solar. Outras, pressiona o campo magnético da Terra condensando-o, distorcendo-o e até abrindo buracos nele.

A perspectiva antropocêntrica da função da magnetosfera é que sua principal finalidade consiste em evitar a chegada, à superfície da Terra, de radiação solar potencialmente prejudicial. Mas não há razão científica para que nosso planeta deva tomar precauções em defesa de seus organismos vivos. Há, isto sim, motivos religiosos válidos para que Deus proteja Suas criaturas dessa maneira. Quando mais não fosse, que sorte a Terra ter um núcleo que vem há cinco bilhões de anos sustentando um campo magnético protetor milhares de vezes mais sólido que os dos planetas interiores — Mercúrio, Vênus ou Marte! Sem esse escudo, a vida na Terra talvez nunca tivesse tido a chance de desenvolver-se.

Os canais da magnetosfera terrestre canalizam a radiação solar para dois anéis, conhecidos como o Cinturão de Van Allen, descobertos em 1958 durante as missões da Explorer I e Explorer II fora da atmosfera, sob a direção do hoje lendário James A. Van Allen. Os anéis de Van Allen são largos e situam-se a uma altitude entre 10 mil e 65 mil quilômetros, atingindo maior densidade a cerca de 15 mil quilômetros. O anel interno é composto principalmente de prótons; o externo, principalmente de elétrons. Quando os anéis alcançam sua capacidade máxima, a radiação se espalha, chega à atmosfera superior, adquire luminescência e forma as chamadas auroras polares. Uma vez que os anéis de radiação de Van Allen apresentam certos problemas aos astronautas que os atravessam, bem como aos satélites, já se fizeram várias propostas absurdas para eliminá-los. Felizmente isso não será necessário caso a magnetosfera, responsável por canalizar até eles partículas carregadas, deixe de funcionar. E infelizmente, é claro, não serão apenas os astronautas que se verão prejudicados pela radiação letal caso aqueles anéis desapareçam.

The Core, filme de Hollywood que Kotze desautoriza cientificamente, apesar de ter gostado da história, descreve a catástrofe que sobreviria caso o núcleo da Terra deixasse de girar como um dínamo e, portanto, de alimentar o campo magnético do planeta. Sem dúvida, para que o núcleo parasse de girar, também a Terra teria de paralisar sua rotação em torno do próprio eixo, o que traria conseqüências ainda piores: por exemplo, o fim das periodicidades de nossa existência como as estações e até a sucessão do dia e da noite. O filme, ainda assim, enfatizou a noção válida de que o campo magnético é vital para nossa existência e já está um pouquinho gasto.

Os cientistas não sabem muito bem por que o campo magnético começou a se desgastar. As hipóteses vão desde turbulências no campo magnético interplanetário até flutuações caóticas na dinâmica dos fluidos do núcleo derretido da Terra. Pode ser um fenômeno casual ou cíclico. Mas Kotze afirma que tudo isso já aconteceu antes.

Especula-se muito sobre se o enfraquecimento do campo magnético do planeta provocará a inversão dos pólos. As bússolas que hoje apontam para o norte apontariam para o sul, e vice-versa. A primeira coisa que acontece numa reversão polar magnética é a debilitação do campo inteiro, do tipo que hoje estamos presenciando. Imagine um lutador de sumô em cima do outro, pressionando-o contra o chão; para inverter as posições, o de baixo precisará deslizar, agarrar e puxar muito. Ao menos por um instante, antes que a inversão se complete, os dois lutadores ficarão lado a lado. O mesmo se aplica aos pólos, exceto que, em vez de um instante, o processo de reversão levará centenas de anos, durante os quais a Terra terá inúmeros pólos magnéticos e as bússolas apontarão não só para o norte, sul, leste e oeste, mas para todos os pontos intermediários. Os pássaros perderão o rumo; os tubarões, como o meu espécime frustrado, nadarão a esmo; os sapos, tartarugas e salmões não conseguirão voltar para seus locais de procriação; e as auroras polares brilharão no equador. Segundo toda a probabilidade, o tempo ficará ainda mais maluco, com a rede de meridianos magnéticos alterando a torto e a direito a direção e a intensidade de furacões, tornados e outras tempestades elétricas.

Exames laboratoriais de amostras de gelo e sedimentos extraídos do fundo do mar indicam que os pólos magnéticos se inverteram pela última vez há mais ou menos 780 mil anos. Então, rochas magnéticas que hoje se voltam para o norte voltavam-se para o sul, e vice-versa. Nos milhares de anos que se seguiram, espécimes magnéticos passaram a virar-se para todas as direções, antes de alinhar-se no padrão norte-sul que hoje parece estar sendo erodido.

> Quanto às mudanças físicas, repito: a Terra se partirá na porção ocidental da América. Quase todo o território do Japão se precipitará no mar. A Europa setentrional modificar-se-á num piscar de olhos. Novas terras surgirão na costa leste da América. Haverá soerguimentos no Ártico e no Antártico que provocarão erupções vulcânicas em regiões tórridas — *e os pólos se inverterão, de sorte que as áreas outrora frias ou semitropicais se tornarão tropicais, dando nascença a musgos e samambaias* [grifo meu].
>
> – Edgar Cayce, *Reading 3976-15, 19 de janeiro de 1934*

Nessa leitura, Cayce, aparentemente "em transe", teria servido de médium ao arcanjo Halaliel, inimigo de Satã e companheiro de Cristo. Para ser franco, suas profecias mais impressionantes ainda não se cumpriram — e, se Deus quiser, nunca se cumprirão. Contudo, dois fenômenos por ele apontados — a inversão dos pólos e o aquecimento da Terra — estão de fato ocorrendo. Como, perguntamo-nos, pôde Cayce, estirado na cama num apartamento de Nova York, em 1934, saber o que nossos melhores e mais brilhantes cientistas, com sua tecnologia de última geração, só agora estão percebendo?

Talvez tudo se explique pela lei das médias. Profetize vários tipos de catástrofe e algumas delas ocorrerão. Mas no Hutton Commentaries, um *site* inusitadamente erudito, o geólogo William Hutton explica que até mesmo pequenas mudanças de localização dos pólos magnéticos podem trazer conseqüências significativas. Hutton mostra que existem duas mudanças polares possíveis: "No primeiro mecanismo, todas as camadas da Terra permanecem juntas e o eixo do globo em rotação gira relativamente ao plano da órbita da Terra em redor do Sol". Esse tipo de mudança, continua Hutton, deve-se ao fato de os pólos norte e sul se moverem relativamente apenas à posição das estrelas fixas. Isso não resultaria em distúrbios sísmicos ou vulcânicos, de vez que as camadas da Terra — crosta, manto e núcleo — não se moveriam em relação umas às outras. Infelizmente, não é esse tipo de inversão que está ocorrendo, lamenta Hutton, porque o único movimento dos pólos relativamente à Terra, nessa situação, se deveria à infinitamente lenta e milimétrica deriva dos continentes.

Ora, os pólos parecem estar se movendo muito mais depressa, deslizando pelo norte do Canadá e a Antártida 20 ou 30 km por ano, respectivamente. Hutton acredita que estamos diante do chamado mecanismo de deslizamento do manto, ou seja, a movimentação do manto e da crosta da Terra sobre o núcleo líquido ou alguma superfície maleável logo acima do núcleo. Esse processo bem que poderia provocar a síndrome do "pólo errante" observada com certo grau de alarme na última década.

"Esse tipo de deslizamento polar também faz com que o equador, antes imóvel, se desloque sobre a superfície da Terra", escreve Hutton. "À medida que ele avança para outras regiões, estas começam a sofrer alterações nas forças centrífugas e nos níveis oceânicos, o que acarreta uma redistribuição de terras e mares, além de movimentos tectônicos na crosta." Esses movimentos, sustenta Hutton, talvez pressagiem as calamidades sísmicas e vulcânicas profetizadas por Cayce.

Kotze, o geofísico sul-africano, não sabe ao certo se está iminente uma inversão polar. Nem Jeremy Bloxham, da Harvard University, para quem o processo talvez leve um milênio ou mais. Mas Bloxham não deixa de advertir que, mesmo não havendo uma inversão polar completa, o enfraquecimento do campo magnético diminuirá nossa proteção. Ficaremos mais suscetíveis ao bombardeio constante da radiação vinda do espaço, mais ou menos da mesma forma que a espaçonave *Enterprise*, do seriado *Viagem nas Estrelas*, ficava quando seus escudos — campos energéticos que protegiam a nave — baixavam. A *Enterprise* e seus tripulantes sempre davam um jeito de escapar à fragmentação, à desintegração e todas as outras conseqüências dos raios mortais lançados contra eles, pois as séries de televisão são assim mesmo. Mas a Terra e seus habitantes não têm nenhuma garantia de final feliz.

Buracos

A Agência Espacial Européia lançará o Swarm, um trio de satélites de pesquisa que examinará minuciosamente o campo magnético da Terra de 2009 a 2015. Muito antes disso, porém, seria bom que os cientistas descobrissem por que o campo vem se rachando a uma velocidade de nove horas por vez. A fratura maior, de 160.000 km, é conhecida como Anomalia do Atlântico Sul e abre-se sobre o oceano entre o Brasil e a África do Sul. Em palavras simples, o perigo é que esse buraco, talvez o primeiro de muitos, seja uma fresta em nossa armadura contra a radiação solar e cósmica. Vários satélites, passando pela anomalia do Atlântico Sul, já foram danificados por feixes de radiação solar que conseguiram invadir o campo magnético enfraquecido, inclusive, ironicamente, um satélite dinamarquês construído só para medir esse campo!

"Quanto mais a comunidade evolui, mais fica sujeita aos efeitos do espaço exterior", declarou Kotze em nossa entrevista. Ele se preocupa sobretudo com as vastas redes de energia que eletrificam o mundo. Essas redes são muito vulneráveis às irrupções solares, principalmente as que agora penetram a todo instante pela anomalia do Atlântico Sul. Os blecautes são grandes inconveniências e, sobretudo na África do Sul com seu elevado índice de criminalidade, constituem verdadeira ameaça à ordem social.

A anomalia do Atlântico Sul está perigosamente perto — apenas uns poucos graus ao norte — do indesejável buraco na camada de ozônio sobre a Antártida. Pode bem ser que os dois buracos tenham algo a ver um com o outro. O encolhimento do campo magnético da Terra talvez esteja mesmo provocando a fragmentação da camada de ozônio. Kotze explica que, quando a radiação de prótons do Sol penetra o campo magnético da Terra, a química da atmosfera é afetada: as temperaturas sobem e os níveis de ozônio estratosférico caem.

Uma breve história da controvérsia sobre o ozônio pode ser útil aqui. Em meados da década de 1970, James Lovelock, um químico atmosférico inglês nada ortodoxo, apanhou seu elogiado invento, o detector de captura de elétrons, uma câmera de ionização radiativa do tamanho da palma da mão, capaz de registrar a presença de gases ionizados no nível de partes de trilhão, e navegou da Grã-Bretanha à Antártida, analisando o ar que ia encontrando pelo caminho. Em todos os lugares, mesmo em mar alto, encontrou sinais de clorofluorcarbonos (CFCs) — gases produzidos exclusivamente pelo homem. Aparentemente, os CFCs nunca se decompõem. Lovelock publicou seus resultados na *Nature*, sem aludir ao impacto que esses aerosóis pudessem provocar.

Pouco depois, Ralph Cicerone e seu colega Richard Stolarski, do National Center for Atmospheric Research (NCAR), em Boulder, Colorado, chamaram a atenção do mundo científico mostrando como o cloro catalisa a destruição do ozônio: um íon de cloro, esquivo e promíscuo, pode atravessar centenas de milhares de moléculas de ozônio instáveis, ali permanecendo tempo suficiente para romper suas ligações. Em 1974, F. Sherwood (Sherry) Rowland e Mario Molina, da University of California, Irvine, demonstraram que os CFCs, veículos de cloro para a estratosfera, eram realmente uma séria ameaça à camada de ozônio estratosférica. Rowland e Molina rastrearam a complexa seqüência de reações do mecanismo de destruição do CFC e, por esse trabalho, partilharam com seu colega de pesquisa Paul Crutzen, do Max Planck Institute (Alemanha), o Prêmio Nobel de Química de 1995.

A rarefação da camada de ozônio torna a atmosfera mais permeável aos raios solares ultravioleta (UV). A intensificação da radiação UV que atinge a superfície da Terra deve-se, vale notar, quase exclusivamente ao adelgaçamento das defesas da atmosfera, fenômeno provocado por gases fabricados pelo homem. Trememos ao pensar no impacto que os raios ultravioleta do Sol, atravessando a brecha aberta no campo magnético da Terra, poderá causar em nosso planeta, sobretudo quando estivermos perto da conflagração sem precedentes do máximo solar esperado para 2012.

Como bem sabem aqueles que gostam de tomar banho de sol, a radiação ultravioleta divide-se em duas categorias básicas: a ultravioleta suave (UVA), que não queima a pele, e a ultravioleta forte (UVB), que queima. A exposição constante à radiação UVB tem elevado a incidência de doenças de pele, que vão das queimaduras ao melanoma, e até de moléstias dos olhos. Os riscos à saúde são consideráveis (para as pessoas de pele muito branca, ao menos); mas o importante realmente é que, em nossa cultura, o Sol não deve mais ser reverenciado e sim temido. Chegou ao fim a era começada em 1920, quando Coco Chanel, de olho nos marinheiros bronzeados do iate do duque de Westminster, "inventou" essa moda ao bronzear-se ela própria.

A moda atingiu o clímax com a imagem de um cãozinho tentando arrancar a parte de baixo do biquíni da garota Coppertone toda amorenada, Jodie Foster, expondo-lhe parte da bundinha branca.

Hoje, bundinhas brancas podem queimar-se com muito maior facilidade, pois mais e mais raios cósmicos estão atravessando o campo magnético terrestre e rompendo as ligações das moléculas de ozônio à maneira dos átomos de cloro, ou seja, espalhando os átomos de oxigênio do ozônio. Sem dúvida, os fabricantes de CFC verão aí uma oportunidade de alegar que o impacto dos raios cósmicos no campo magnético da Terra é que vem destruindo a camada de ozônio. Segundo esse raciocínio, os CFCs talvez sejam menos prejudiciais do que se pensava e, por isso, não precisamos controlá-los com tanto rigor. Os ambientalistas retrucarão que só podemos controlar o que está ao nosso alcance, no caso os CFCs, para evitar danos à camada de ozônio.

Obviamente, está havendo uma sinergia adversa entre o enfraquecimento do campo magnético e a diminuição da camada de ozônio, daí resultando sérias ameaças à saúde dos seres humanos e do meio ambiente. No entanto, raramente se promovem reuniões de cientistas especializados em buracos da camada de ozônio com cientistas especializados no campo magnético da Terra.

Carlos Barrios tinha sua própria opinião sobre o enfraquecimento do campo magnético terrestre. Perguntei ao xamã maia se não era de certa forma um suicídio a Terra baixar a guarda diante das investidas do Sol. Barrios olhou-me como se olha um ingênuo empedernido.

"Você já teve fungos na pele?", perguntou.

Não, mas conhecia pessoas que tiveram. Feias manchas avermelhadas e potes de loções malcheirosas.

"Você quer dizer que nós somos os fungos da pele da Terra?"

Carlos fez que sim, possivelmente; e acrescentou:

"O tratamento para fungos de pele é a exposição ao sol".

4
Fogo infernal

Enquanto o barco nos sacudia ao largo do porto de Heimaey, no sul da Islândia, Hjalli, o capitão, invocou as graças de Deus durante vinte minutos e implorou por nossa salvação. Íamos para Surtsey, a ilha mais jovem do mundo, batizada com o nome do gigante que, na mitologia islandesa, mantém vivo o fogo do inferno. Quando Surtsey emergiu das ondas, a 14 de novembro de 1963, o oceano ferveu. A tripulação de um barco de pesca que estava na área, muito ocupada com suas redes, só percebeu o que acontecia quando uma enorme coluna negra se projetou da água, escondendo o horizonte. Mais quatro anos de erupções vulcânicas completaram o desenho da rocha achatada de meio quilômetro, que não quis submergir apesar de encontrar-se numa das regiões mais tormentosas da Terra, com ventos fortes durante duzentos dias por ano e ondas de 30 metros de altura.

Desde o nascimento, Surtsey foi considerada reserva ecológica, proibida aos turistas, sem estruturas permanentes de nenhum tipo, sem portos ou mesmo ancoradouros. Precisei de um ano para obter a permissão de visita, e isso apesar de ter sido convidado pessoalmente pelo presidente da Islândia, Vigdis Finnboggadottir. Mas depois que Hjalli concluiu suas preces e soprou sua trombeta avisando Gabriel de que talvez logo o fôssemos encontrar, perguntei-me se o melhor não seria apenas dar volta à ilha e decidir de uma vez por todas que uma viagem a Surtsey está... ora, além das palavras.

Minha missão era escrever uma reportagem sobre o modo como Surtsey desenvolvera um ecossistema, como um rochedo vulcânico rodeado de água salgada cobrara vida. Estrume de pássaros, sem dúvida. Eu sabia, a partir da pesquisa, que aves marinhas comem peixes e defecam na ilha, proporcionando solo fértil às sementes carregadas pelo vento ou trazidas pelas ondas. A arenária, erva verde tenaz e suculenta com flores brancas e amarelas, é geralmente a primeira colonizadora: sua estrutura em forma de rede agarra a areia de que suas raízes precisam para enfrentar os fortes ventos oceânicos. Tudo muito interessante, mas não valia o risco de morrer no mar.

Snorri, o naturalista que me fora dado como guia, confirmou que Hjalli era o único capitão experiente o bastante para desembarcar sem problemas em Surtsey e pediu-me para não fazer caso do fato de o seu outro barco ter-se esmigalhado contra as anfractuosidades da costa. Todos os tripulantes, afinal, haviam sobrevivido. Além disso, continuou Snorri, um fundamentalista cristão, a outra vida sem dúvida é melhor que esta.

A viagem de 1993 a Surtsey acabou sendo uma tarde inesquecível. Tivemos de evitar línguas de lava *aa* negras, tão compridas quanto as escadas do metrô de Londres, alcançar crateras em forma de vagina e rolar pelo musgo macio que as revestia, quando não queimar as mãos nas fissuras de onde escapava um vapor sulfuroso.

Apontando um corvo de asas mais largas que meus braços, Snorri perguntou-me se eu estava com fome e riu com gosto. Não entendi, mas o rastafári do táxi teria entendido. O tal Jah, só agora eu me dava conta, era Elias, o profeta do Velho Testamento a cuja história, em I Reis, Snorri agora fazia alusão. Sob o fraco rei Acabe, os hebreus se tinham desviado do Senhor, que resolvera punir a terra de Israel com três anos e meio de seca inclemente. Deus instruiu Elias a comunicar ao rei a aproximação do flagelo e depois fugir à sua cólera escondendo-se junto ao riacho de Carite, onde os corvos se encarregaram de alimentá-lo.

No entanto, só quando encontrei os irmãos Barrios na Guatemala, doze anos mais tarde, é que compreendi a verdadeira importância da viagem. Com efeito, Surtsey fora meu primeiro olhar ao mundo possível do futuro: um deserto pós-vulcânico. O que eu sempre considerara uma possibilidade remota, embora ameaçadora, estava na iminência de materializar-se: o

Yellowstone, por exemplo, um dos maiores supervulcões do mundo, preparava-se para explodir.

Quando o Yellowstone explodir

Você se sentiria traído se o Yellowstone, vulcão situado no parque nacional mais famoso e excitante dos Estados Unidos, explodisse e pusesse fim à nossa sociedade? Antes sentir-se traído que ter os pulmões dilacerados por enxofre incandescente.

A questão não é se o Yellowstone vai explodir ou não, nem quando. Não é como se houvesse um despertador dentro do mais perigoso supervulcão do mundo, pronto para disparar o alarme numa data marcada. O fato é que ele pode entrar em erupção a qualquer momento, encher a atmosfera de ácido sulfúrico misturado com cinzas e mergulhar o mundo num cenário de catástrofe nuclear, arrasando a economia e a agricultura de um modo tal que a civilização talvez jamais possa reviver.

Esse supervulcão pode criar uma paisagem semelhante ao inverno nuclear antevisto por Carl Sagan e o grupo TTAPS no final dos anos 1970. Cada tipo de explosão gera círculos concêntricos de ruína. O grau zero, certamente, acabaria com todas as formas de vida. Uma erupção do Yellowstone faria com que boa parte do Wyoming e Montana logo ficasse semelhante a Surtsey: uma massa negra, fumarenta, à espera dos jatos de cocô das aves.

O próximo círculo do inverno/inferno nuclear ficará envenenado de partículas radiativas, oriundas talvez do próprio Yellowstone, que está pousado sobre enormes reservas de urânio. Os ventos espalharão essas partículas a milhares de quilômetros, fazendo adoecer homens e animais. O câncer da tireóide será a primeira moléstia a manifestar-se.

Esses dois círculos de ruína, por mais infernais que venham a ser, nada representarão, em termos de letalidade, frente aos efeitos da nuvem de cinzas arrastada por sobre a América do Norte pelos ventos de leste. As cinzas obstruirão os motores dos aviões, tornarão o ar irrespirável e, a longo prazo, impedirão a passagem da luz solar: as temperaturas baixarão e, conseqüentemente, não haverá colheitas, com dano total à economia. O hemisfério Norte, onde estão dois terços das terras e da população mundial, assistirão ao colapso de suas sociedades interdependentes, pois o alimento se tornará escasso e as trevas deixarão os espíritos deprimidos. Com a população do mundo em torno dos 6,6 bilhões, quem poderá antever a carnificina e as guerras que resultarão dessa calamidade?

O Yellowstone já teve pelo menos cem grandes erupções, três delas tão tremendas que, sem dúvida, outra igual destruiria o hemisfério caso ocorresse hoje. A primeira se deu há dois milhões de anos, seguindo-se-lhe outra há 1,3 milhão. De acordo com uma reportagem de capa da *Nature* (março de 2006), uma pesquisa sobre o magma escorrido do Yellowstone revelou que sua última erupção ocorreu há mais ou menos 640 mil anos, espalhando cerca de 1.000 km^3 de cinzas na atmosfera. Isso bastaria para sepultar todo o território continental dos Estados Unidos com uma camada de no mínimo um metro de espessura, formada por fuligem e cinzas. Seria como se os Grandes Lagos se enchessem de cinzas equivalentes a duas vezes seu volume e depois inundassem o continente. Vê-se, pois, que essa cinza poderia bloquear com a maior facilidade a luz do Sol por quase uma década.

Um cálculo simples atribui uma periodicidade de 600 mil a 700 mil anos para as erupções do supervulcão; portanto, cronologicamente, estamos bem perto da próxima catástrofe.

Mais importante que a probabilidade estatística é o que está acontecendo debaixo da terra. Convidado a participar do documentário da BBC Horizon sobre o supervulcão Yellowstone, o professor Robert Christiansen, da U.S. Geological Survey, comunicou ter encontrado inúmeras rochas constituídas de cinzas prensadas em suas visitas ao parque, mas, durante anos, não conseguiu determinar de onde elas tinham saído. Consolou-se com a idéia de que deviam provir de um vulcão bem pequeno. Essa conclusão foi para o espaço em 1993, quando a NASA, testando um equipamento fotográfico infravermelho construído para mapear a Lua, obteve imagens do Yellowstone onde se via a maior "caldeira" isolada do mundo. As caldeiras são grandes depressões subterrâneas cheias de magma, mistura de rochas sólidas e liquefeitas com gases altamente combustíveis. A caldeira do Yellowstone é inacreditavelmente vasta, do tamanho da cidade de Tóquio, com 40 ou 50 km de comprimento por 20 km de largura — o coração derretido, mas pulsante, do parque.

Novas pesquisas geológicas revelaram que a caldeira já subiu 3/4 de metro desde 1922, enchendo-se ainda mais de magma e preparando-se para explodir. Comparada a outras mudanças geológicas, como a deriva continental (que se mede em milímetros por século) ou o desgaste das montanhas, essa é verdadeiramente alarmante.

Como adverte Robert B. Smith, geólogo e geofísico da University of Utah, a distorção topográfica do supervulcão é tão pronunciada que o lago Yellowstone, em cima da caldeira, está se inclinando por causa da protuberância. Á água escorre pelo lado sul, cobrindo árvores que há poucos anos balançavam tranqüilamente ao longo da margem.

"Seria devastadora, numa escala além de tudo o que imaginamos até hoje", diz ele a respeito da provável erupção iminente do Yellowstone. Cálculos de sua força explosiva chegam ao equivalente a mil bombas atômicas do porte da de Hiroshima... por segundo! Isso representa, por minuto, quase toda a força de violência gasta em todas as guerras da história.

"Não sei o que poderíamos fazer", confessa Steve Sparks, professor de geologia na University of Bristol, a propósito de uma erupção do Yellowstone, "exceto ficar debaixo da terra."

Os supervulcões são bem diferentes dos vulcões em forma de cone com que estamos familiarizados. São depressões no solo, com profundidades que vão de centenas a mais de mil metros, em geral constituídas de redes complicadas de arroios, canais e tributários pelos quais o magma escorre. Não se sabe ao certo como funcionam as estruturas profundas dos supervulcões; pela maioria, parecem canalizar magma e força explosiva do interior do manto, a camada grossa e líquida entre a crosta e o núcleo que é responsável pela maior parte do volume da Terra.

Os supervulcões são muito, muito mais poderosos que os comuns. Por definição, medem 8 no índice de explosividade vulcânica (IEV), que vai de 1 a 8. Como a escala Richter para terremotos, o IEV é logarítmico, ou seja, cada número indica uma explosão dez vezes mais forte que a antecedente. O monte Santa Helena, considerado dos mais violentos, chega a IEV 5.

Outros supervulcões pelo mundo afora incluem: o Kikai Caldera nas ilhas Ryukyu, Japão; o Long Valley Caldera, Califórnia; o Garita Caldera, Colorado, e o Camp Flegrei, na Campânia, Itália. Uma erupção do supervulcão do lago Taupo, Nova Zelândia, em 186 d.C., devastou todo o norte da ilha. Comparada à do Yellowstone, porém, uma erupção do lago Taupo não seria mais que um sopro de vapor.

Para entender como os supervulcões funcionam, imagine um abscesso inflamado crescendo e movendo-se sob sua pele, e enchendo de pus as fibras musculares por baixo. Em termos geológicos, esse abscesso é conhecido como "ponto quente": a pele da Terra, ou crosta, move-se sobre ele. Em *Windows into Earth*, Robert Smith e seu colaborador, Lee J. Siegel, ex-editor de ciência do *Salt Lake Tribune*, explica que a maioria dos pontos quentes são "colunas ou rolos de rocha incandescente derretida que começam a 3 km de profundidade, no limite entre o núcleo e o manto inferior, e em seguida fluem lentamente para cima [pois o calor sobe], atravessando todo o manto e a crosta".

Os pontos quentes em geral se localizam entre as placas tectônicas, pousadas sobre mares de rocha derretida. E uma vez que a maior parte da Terra está coberta de água, eles aparecem sobretudo no fundo dos oceanos. A matéria líquida desses pontos é composta em grande medida por basalto, que tende antes a vazar e flutuar que a explodir.

"Dos cerca de trinta pontos quentes ativos na Terra, quase todos, exceto o Yellowstone, situam-se no fundo do mar, perto da costa ou nas frestas entre as placas tectônicas. Dos outros, os mais conhecidos são os que formaram a Islândia [inclusive Surtsey], o arquipélago do Havaí e as ilhas Galápagos", escrevem Smith e Siegel.

O ponto quente do Yellowstone, ao contrário, está bem no meio de nosso continente — longe de oceanos ou placas, das quais a mais próxima situa-se nas imediações da costa do Pacífico. Além disso, o ponto quente do Yellowstone não se aprofunda tanto na terra quanto os outros. Segundo estimativas atuais, não desce além de 200 km, menos que um décimo do normal. Portanto, seu ímpeto não provém do núcleo derretido do planeta. Ele parece, de fato, ter sido formado em grande parte pelo calor oriundo da deterioração de vastas quantidades de urânio e outros elementos radioativos da região, calor que em seguida derreteu rochas basálticas ricas em ferro, das quais algumas bolhas periodicamente alcançam o topo.

"As bolhas de basalto derretido aquecem as rochas da crosta, criando um 'forno de magma' onde se dissolve também, em parte, o granito rico em silício da camada superior, outrora uma rocha derretida que, ao escorrer, recebia o nome de riolita. ... Uma vez que a riolita é densa e viscosa, as grandes erupções do ponto quente do Yellowstone costumam ser explosivas, ao contrário do que ocorre com o basalto expelido menos violentamente dos pontos quentes do oceano [como Surtsey]", explicam Smith e Siegel.

Assim também uma panela de carne espessa, esquecida no fogo, a certa altura espirrará seu conteúdo pela cozinha, ao contrário de uma panela de sopa rala, que só borbulhará sem muita força.

O ponto quente do Yellowstone parece ter-se formado há uns 16,5 milhões de anos, sob a área onde se tocam o Oregon, Nevada e Idaho. Desde então teve inúmeras erupções, qualquer das quais teria devastado a civilização que porventura existisse na época.

Um sinal macabro das façanhas do Yellowstone foi descoberto pelo professor Michael Voorhies, da University of Nebraska. Após um período de fortes chuvas, ele se dirigiu à cidadezinha de Orchard, Nebraska, para procurar fósseis. Mas o que descobriu foi um sonho de arqueólogo e um pesadelo de gente comum: centenas de esqueletos de rinocerontes, camelos, cavalos, lagartos e tartarugas, quase todos na força da idade, liquidados abruptamente há uns dez mil anos com quase certeza por uma explosão do Yellowstone. Os esqueletos dessa catástrofe em massa estavam cobertos por uma película branca, evidência notória de que os animais sucumbiram a algo parecido à doença de Marie, um distúrbio pulmonar provocado talvez pela inalação de cinzas vulcânicas.

Lenta e decididamente, o ponto quente assassino se deslocou uns 800 km para nordeste, até o local onde hoje se acha, no noroeste do Wyoming, com sua caldeira a ferver ameaçadoramente sob o Parque Nacional de Yellowstone. Como qualquer abscesso espremido, o ponto quente inflamado vaza; e, uma vez vazio, começa a inchar lentamente durante os próximos 600 mil anos ou coisa que o valha, até explodir de novo. E, também como qualquer abscesso, não tem data para explodir, apenas uma escala de "maturação".

Os dados e boatos que cercam a atual atividade sísmica do Yellowstone são quase tão densos como a riolita derretida que um dia perfurará sua casca. Histórias de ações imprevistas da polícia, fechamentos repentinos de trilhas, descobertas de sensores de calor e atividade sísmica ocultos, e outros indícios de cuidadosa vigilância não faltam na Internet, em contraste com a atitude oficial desinteressada.

Uma alteraçãozinha qualquer na atividade sísmica do Yellowstone já seria indício de sua próxima erupção. Centenas de sismógrafos foram instalados dentro e nas imediações do parque a fim de espalhar o mais rápido possível as más notícias. Uma seqüência de pequenos terremotos, uma alteração química na composição da lava, algumas colunas de gás saindo da terra, algumas rachaduras no solo — tudo isso são sinais potenciais da erupção iminente. Mas o sinal mais óbvio seria a súbita elevação da caldeira, ao que se presume repleta de magma e gases vulcânicos.

O problema, como logo descobriram os produtores do documentário da BBC sobre o Yellowstone, é que, por razões difíceis de apontar, quase todos esses dados não estão disponíveis para o público. Por exemplo, numerosos relatórios a respeito de uma protuberância de 300 m na base do lago Yellowstone, que é um lago de montanha normalmente frio, mas cujas temperaturas atingiram um ponto alto em meados da década de 1980, não foram confirmados — nem desmentidos — pelas autoridades do parque. De sorte que, pela maior parte, temos de confiar em fontes de informação extraoficiais. Segundo Bennie LeBeau, da nação shoshone oriental do Wyoming, algumas novas fendas de vapor se formaram ao longo da Norris Geyser Basin, onde a temperatura do solo chegou quase a 200º Celsius em 2003, obrigando ao fechamento da área de mais de 300 km^2.

O que está em questão aqui é o direito do público de saber o que ameaça sua segurança *versus* o dever do governo de proteger os cidadãos dos perigos do pânico. Mas a verdade é que a erupção pode acontecer sem aviso prévio: "A única conclusão razoável a tirar dos estudos sobre a situação atual da caldeira do Yellowstone é que não existem meios de prever, com exatidão, a erupção dessa caldeira", escreve R. B. Trombley, vulcanólogo do Southwest Volcano Research Center, Arizona.

Mas então o que poderá fazer entornar a caldeira do Yellowstone? Para responder a essa pergunta, é necessário entender a dinâmica interna de sua câmara de magma, uma estrutura em forma de banana cuja ponta superior deve estar a uns dez quilômetros debaixo da terra. Uma vez que não é possível, nem para robôs, descer a tal profundidade para colher amostras dessa massa derretida e explosiva, a melhor informação de que dispomos sobre a dinâmica do magma do Yellowstone vem de dados históricos sobre antigas explosões.

A erupção mais recente e parecida de um supervulcão ocorreu há 3.500 anos na ilha de Santorini, Grécia. Embora em escala bem menor do que as possíveis erupções futuras do Yellowstone, ela pode nos ministrar algumas lições. Segundo Steve Sparks, a erupção de Santorini arremessou blocos de rocha de dois metros de largura a sete quilômetros ou mais, em velocidade supersônica. A pesquisa revelou que, dentro da caldeira de Santorini, havia enorme quantidade de magma, misturado a gases vulcânicos altamente voláteis. Sparks liderou uma equipe que construiu um modelo em escala trilionesimal das forças eruptivas do supervulcão e descobriu que, quando o topo da câmara se abriu, como sempre acontece no início de uma erupção, a despressurização súbita do interior da caldeira fez com que os gases dissolvidos no magma se expandissem e explodissem violentamente, arremessando o magma para o ar.

Sparks mostrou que a caldeira de um supervulcão, cheia de líquido (magma), não se comporta como um balão de água, que deixa escorrer lentamente seu conteúdo depois de furado. Ao contrário, comporta-se como um balão de gás, que explode ao ser picado por uma agulha. Essa descoberta deve ser considerada uma má notícia porque a maneira mais prática e óbvia de evitar ou adiar uma erupção do Yellowstone — abrir um buraco na caldeira e liberar parte da pressão — teria exatamente o efeito oposto. Provocaria a erupção que acabaria com todas as erupções.

Um ataque nuclear bem planejado por uma grande potência como a China ou a Rússia, ou mesmo uma nação insignificante como a Coréia do Norte ou o Irã, conseguiria fazer explodir o balão de Yellowstone? E quanto a um ataque terrorista, cenário mais provável? A mensagem que se seguiu à explosão das bombas em Madri, no dia 11 de março de 2004, lançadas pela Al Qaeda (exatamente 911 dias depois do 11 de setembro [9/11]), aludia ao "vento negro da morte" que soprará sobre a América. É de arrepiar supor que o ato terrorista mencionado na mensagem da Al Qaeda, que já estaria 90% planejado, consiste em enterrar um artefato termonuclear na caldeira do Yellowstone para sacudir o supervulcão, encher a atmosfera de cinzas e remeter boa parte da satânica América do Norte aos porões da história.

Como, ao que parece, não há meio de travar ou retardar o mecanismo eruptivo do supervulcão, dada a escala imensa de sua volatilidade, somos forçados a nos contentar com medidas paliativas e não preventivas. Um vasto sistema de alarme já foi instalado, com sensores sísmicos e termais de alta precisão, dentro e nas imediações do parque. Para onde vão os dados e, sobretudo, quem toma decisões com base neles, isso não se sabe.

Funcionários locais, estaduais e federais monitoram a situação do Yellowstone, tanto para preparar a população civil quanto para evitar possíveis atentados. Ou, pelo menos, é isso o que eu pensava até a BBC começar a se interessar pelo assunto em março de 2000. No estilo contido e superiormente objetivo da rede britânica, um grupo de cientistas que estudou o supervulcão por anos a fio deu sua opinião, recebida com a devida polidez e nada mais. Os executivos da BBC então decidiram tentar de novo e, em março de 2005, apresentaram um documentário dramatizado em dois episódios, depois exibido na televisão americana, mostrando o que acontecerá se houver uma erupção do Yellowstone. Talvez a conseqüência pior seja a interrupção prolongada das monções asiáticas, que mergulhará a região mais populosa do globo na fome e na doença.

Os produtores e principais cientistas responsáveis pelo documentário dramatizado enviaram depois um resumo de seus achados à Federal Emergency Management Administration (FEMA), em Washington, D.C.

A FEMA acusou o recebimento e um de seus porta-vozes confessou que, de fato, pouco vem sendo feito para minorar as conseqüências dessa possível calamidade. Decorridos vários meses, o sul dos Estados Unidos foi assolado pelos furacões assassinos Katrina, Rita e Wilma, e a FEMA se viu a braços com uma situação que mal podia controlar.

Sem dúvida, a reportagem da BBC sobre o Yellowstone foi devidamente arquivada, talvez ao lado da pasta bem mais volumosa compilada para o Long Valley, na Califórnia, uma caldeira que a USGS (United States Geological Survey) descreve como "inquieta" e "em elevação". Formada há 760 mil anos, quando um supervulcão expeliu 250 quilômetros cúbicos de magma e cobriu de cinzas grande parte do centro da Califórnia em direção a Nebraska, numa erupção entretanto menor que a mais recente do Yellowstone, essa cratera é duas mil vezes maior que o monte Santa Helena. Poderia muito bem mergulhar o hemisfério Norte num inverno vulcânico. Em resposta ao que a USGS chama com notável candura de "inquietação geológica crescente", complexos procedimentos de monitoração, avaliação e emergência foram instalados.

A USGS afirma que a inquietação geológica no Long Valley começou em 1978 e dois anos depois se agravou, produzindo uma série de terremotos:

> Os de maior intensidade ocorreram em maio de 1980, com quatro grandes abalos de grau 6, três deles no mesmo dia. Logo depois, cientistas da U.S. Geological Survey (USGS) procederam a um reexame da área de Long Valley e detectaram outra evidência de inquietação: uma protuberância em forma de cúpula na caldeira. As medidas tomadas por eles revelaram que o centro da caldeira se elevou cerca de 35 cm desde o verão de 1979, após décadas de estabilidade. Essa elevação contínua, que hoje já alcançou 70 cm e afeta mais de 150 quilômetros quadrados, deve-se ao novo magma que pressiona a caldeira por baixo.

Quaisquer que sejam as chances de o Yellowstone, o Long Valley ou o lago Toba entrarem em erupção dentro em breve, esse número deve ser multiplicado por vinte, trinta ou mais, a fim de refletir a quantidade de supervulcões que conhecemos em todo o mundo. Cada uma dessas caldeiras é capaz de provocar danos semelhantes, em escala, aos do Yellowstone. Depois, convém multiplicar o resultado por mais dez ou vinte, a fim de incluir as caldeiras de que não temos notícia, particularmente as que estão no fundo dos oceanos. Por fim, adote-se outro multiplicador, desconhecido mas grande o bastante para tornar o risco de um cataclismo global inaceitavelmente alto, a fim de dar conta do fato de que, segundo um número cada vez maior de cientistas, a probabilidade de erupções vulcânicas aumenta na razão direta do aquecimento global.

Vulcões refrigeradores

"Há indícios de que, no passado, houve inúmeros episódios de vulcanismo no mundo inteiro ligados possivelmente a mudanças climáticas. Se essas mudanças são a causa ou o efeito das variações na taxa de vulcanismo, eis o que permanece aberto à discussão", escreve Hazel Rymer, da Open University da Grã-Bretanha, em *Encyclopedia of Volcanoes*.

Intrigante, realmente. Se, como aventa Rymer, o aquecimento global pode exacerbar o vulcanismo, cujo efeito é resfriar o planeta com cinzas e aerosóis que isolam a superfície terrestre do sol, então são de esperar mesmo mais e maiores erupções.

Os vulcões parecem ser um mecanismo de resfriamento global destinado a moderar termostaticamente os picos periódicos de temperatura que ocorrem ao longo dos éons e que, talvez, incluam o aquecimento global a que assistimos hoje. Essa é a perspectiva básica da hipótese de Gaia, para a qual, em resumo, a Terra lembra mais um organismo vivo capaz de a si mesmo se ajustar e se regular do que uma rocha onde a vida nada mais é que um passageiro ou uma máquina geológica que funciona no automático. Como fiz em meu primeiro livro, *Gaia: The Growth of an Idea*, James Lovelock e Lynn Margulis, agora secundados por muitos adeptos, sustentam que o clima de nosso planeta regula-se a si próprio para manter as condições que asseguram a continuidade da vida. Não é que a Terra, de maneira consciente, "pense" dever provocar erupções porque está se aquecendo. Se esse mecanismo de fato existe, opera homeostaticamente, à semelhança da sabedoria oculta do corpo humano que, ao sentir calor, começa a transpirar sem se dar conta disso.

Então o vulcanismo aumentou com o aquecimento do clima?

Essa pergunta, infelizmente, está além do alcance da ciência pela simples razão de que não sabemos ao certo se a atividade vulcânica aumentou, diminuiu ou permaneceu a mesma. Em verdade, não fazemos idéia sequer de quantos vulcões existem no mundo. Os de superfície são pouco mais de mil: 550 ativos (ou seja, entraram em erupção nos tempos históricos, nos últimos três mil anos mais ou menos) e quinhentos adormecidos (entraram em erupção no período entre a última Era Glacial, há 11.500 anos, e o início dos tempos históricos). Esses totais não incluem os vulcões submarinos, sem dúvida bem mais numerosos, uma vez que a maior parte da superfície terrestre é composta de água. Ninguém sabe, pois, quantos são os vulcões submarinos.

Uma tática simplista, comum na Internet, iguala o número de erupções vulcânicas ao número de erupções relatado, com resultados espantosos, devidos pura e simplesmente à quantidade crescente de aparelhos detectores desses fenômenos, que vão de satélites a sismógrafos, instalados por todo o globo. Isso, porém, não significa que existam mais vulcões e sim mais relatos sobre vulcões. O mesmo se dá com os terremotos. Não faz muito tempo, havia apenas alguns sismógrafos em operação nos Estados Unidos. Hoje, há mais de vinte só no Parque Nacional de Yellowstone, para não mencionar os milhares da Califórnia. O número de terremotos registrados cresceu enormemente, mas isso nada significa em termos de tendências reais, como os profetas da catástrofe gostariam de nos fazer acreditar.

As erupções vulcânicas de superfície, de simples derramamentos de lava até megaexplosões, duram de dias a milênios. O vulcão que criou Surtsey, por exemplo, expeliu lava durante quatro anos. O Stromboli, numa das ilhas Eólias italianas, vem fazendo o mesmo há 2.500 anos. Assim, qualquer tentativa de equacionar o número de erupções com o volume total de atividade vulcânica é, na melhor das hipóteses, uma aproximação grosseira.

Os vulcanólogos preferem, pois, recorrer a um método de senso comum para avaliar a atividade dos vulcões. Sustentam que, na realidade, os grandes vulcões nunca passaram despercebidos, qualquer que seja o período histórico. Concatenando relatos históricos de atividade e dano, eles conseguem avaliar a magnitude desses grandes acontecimentos. Assim, comparando o número anual de vulcões acima de IEV 4, podem-se discernir as tendências. O monte Santa Helena tem índice de IEV 5, com erupções mais ou menos a cada década. Segundo essa escala de avaliação dos grandes vulcões, a atividade vulcânica global tem permanecido relativamente estável até onde as estimativas podem chegar. O problema dessa medida é que, por ser aproximativa, não consegue refletir as variações regionais, de vez que a amostragem estatística das grandes erupções é muito pequena. Mais três erupções IEV 4 que a média, no curso de um ano (digamos, no Alasca), mandariam a linha do gráfico para as alturas, sem necessariamente significar muita coisa.

Estamos, pois, pegando um dilema pelos chifres, como costumava dizer minha professora do curso primário. Acreditamos que o aquecimento global esteja atiçando mais vulcões e supervulcões, mas não temos meios de avaliar essa tendência em nenhum sentido. Não cientificamente, pelo menos.

Anne Stander, uma paranormal que mora em Johannesburgo, África do Sul, lidera um grupo intitulado 123Alert, especializado em predizer atividades vulcânicas e sísmicas. O grupo é bastante prestigiado e vem documentando meticulosamente, quando não predizendo, séries de terremotos, como por exemplo para a costa sul da Califórnia, onde microterremotos não-relatados foram previstos com bastante antecedência.

A predição mais famosa de Stander foi a erupção de 8 de março de 2005 do monte Santa Helena, a qual, por não ter sido precedida por atividade sísmica cientificamente detectável, pegou os geólogos de surpresa. Fato dos mais constrangedores, pois a coluna de vapor e cinzas atingiu nada menos que 10 mil metros de altura.

"Helena faz muito barulho, como um cão de guarda. Mas seu marido, Rainier, está sempre a postos", diz Stander.

Estará Stander atribuindo comportamento humano a processos geológicos inanimados? Talvez. Mas sua personificação do monte Rainier é compartilhada com cientistas convencionais: "Há pouco, constatou-se que o monte Rainier ameaça seriamente a população cada vez mais densa da área da grande Seattle. E, o que é mais alarmante, as torrentes de lama que ele expele podem devastar o Puget Sound meridional *sem* [grifo deles] que haja erupção e com quase nenhum sinal de advertência", escrevem Tony Irving e Bill Steele, vulcanólogos da University of Washington.

Stander vê uma correspondência entre o supervulcão Yellowstone e a Cordilheira das Cascatas (Cascade Range) dos vulcões do monte Santa Helena e monte Rainier, embora não saiba dizer exatamente que correspondência é essa. Mas está convicta de que quaisquer perfurações na região do Yellowstone devam cessar de imediato. Para que cutucar o destino com vara curta? Infelizmente, é o que a administração Bush vem fazendo: autorizou a perfuração de mais dez mil poços de petróleo na área, além dos 5.600 existentes. Igualmente desconcertantes são as várias propostas recentes de pesquisa científica, que prevêem a perfuração de uma dúzia de buracos com 2/3 km de diâmetro em algumas das partes mais sujeitas a abalos sísmicos do Yellowstone, a fim de testar a hipótese de que o ponto quente do supervulcão é alimentado por jatos provenientes do manto terrestre.

De modo geral, Stander prevê um aumento da atividade sísmica e vulcânica, sobretudo ao longo da costa do Pacífico, do Alasca à Califórnia e ao México. O pico ocorrerá em 2011, lembrete de que 2012, obviamente a data-alvo, não passará em branco, mas culminará numa série de processos cataclísmicos. "Eu já disse que devemos nos preocupar com 2011 porque, então, saberemos tudo o que 2012 reserva para nós. O número 2011 traz mais riscos de sofrimento que o 2012", garante Stander.

Acendendo o estopim do vulcão

Politicamente, os vulcões estão logo abaixo dos terremotos e bem abaixo dos furacões na escala das queixas. Por exemplo, a administração Bush foi tremendamente criticada por não antecipar, como devia, o impacto do furacão Katrina. Se fosse um terremoto a devastar Nova Orleans, Bush não seria alvo de tantos xingamentos porque, a nosso ver, ninguém pode antecipar a chegada de uma catástrofe dessas. No entanto, se San Francisco fosse arrasada por um abalo sísmico, a FEMA seria julgada duramente por seu despreparo, uma vez que terremotos, embora imprevisíveis, são acontecimentos corriqueiros naquela região e o governo deve estar sempre pronto para essa eventualidade.

Os vulcões, porém, são convidados que chegam sem avisar e escapam à responsabilidade dos políticos. Como o dinheiro é curto e o tempo, escasso, preparar-se para eles é uma das primeiras questões postas de lado.

A vida é imperfeita e o governo, muito mais. Frente a problemas gravíssimos como crime, saúde pública, coleta de impostos e por aí afora, quem vai esquentar a cabeça com vulcões? Mesmo levando em conta a perturbadora associação entre estrondos de supervulcão e aquecimento global, essa era uma fonte potencial de catástrofe que eu estaria pronto a ignorar até me dar conta de que um período de aquecimento global precedeu e possivelmente provocou a erupção devastadora do lago Toba, Sumatra, há uns 74 mil anos.

O supervulcão do lago Toba, ao que se calcula, ejetou cerca de 6 mil quilômetros cúbicos de lava, cinzas e fragmentos de rocha, enchendo o ar de ácido sulfúrico e sufocando homens, animais e plantas. Mas isso foi apenas o começo do caos.

Explosão mais recente em escala Yellowstone, o Toba provocou um resfriamento do tipo inverno nuclear que fez a temperatura descer de 5 a 15° C em menos de uma década. Essa rápida mudança climática destruiria hoje toda a cadeia alimentar global. Que seria, por exemplo, dos laranjais da Flórida se em questão de meses a temperatura local caísse ao nível da de Vermont? A reação em cadeia varreria, como se derrubasse pedras de dominó, o ecossistema do mundo. Aves e peixes dependentes de plantas e algas ver-se-iam, de súbito, sem o que comer. O gado tentaria em vão pastar e a neve cairia bem antes, avançando para o sul. A produção de cereais, espinha dorsal da economia agrícola uma vez que o trigo, o milho e o arroz são consumidos em grande quantidade tanto como forragem quanto como alimento humano, em poucos segundos seria crestada pelo gelo.

A erupção de Toba foi o que o autor especializado em ciência Malcolm Gladwell poderia chamar de "ponto extremo": ela esfriou o clima o bastante para mergulhar um planeta já em processo de resfriamento numa Era Glacial. Amostras de gelo colhidas na Groenlândia indicam que a erupção de Toba "foi seguida por pelo menos seis anos de inverno vulcânico, vindo depois um 'lapso' frio de mil anos", escreve Bill McGuire, vulcanólogo do University College de Londres, em *A Guide to the End of the World*. O "lapso" frio acabou se transformando na Era Glacial, de que, segundo McGuire, a Terra só emergiu plenamente há uns dez mil anos. E não faz mais de meio século que as temperaturas de sua superfície voltaram aos níveis anteriores a Toba.

McGuire participa do novo consenso científico segundo o qual, em resultado da explosão de Toba, a população mundial decresceu abruptamente, talvez em 90% ou mais, reduzindo-se a uma ninharia de cinco ou dez mil indivíduos e permanecendo nisso por quase vinte milênios. Em suma, nossa espécie quase se extinguiu em virtude da catástrofe de Toba. Acidente semelhante resultaria, hoje, na morte de quatro ou cinco bilhões de seres humanos.

Financiar pesquisas sobre a relação entre aquecimento global e vulcanismo não parece medida das mais urgentes. Mas se os atuais aumentos de temperatura significam que o Yellowstone, o Long Valley, o Toba ou outro supervulcão começaram a agitar-se, precisamos saber disso o mais depressa possível. Imagine o leitor se, no passado, um aumento de temperatura acionasse de alguma forma o mecanismo de disparo de uma bomba atômica, ou de todas. Então não haveria tempo para a burocracia costumeira, tempo para os especialistas em orçamento e pesquisa empreenderem sua dança usual, estudando, avaliando, debatendo, cogitando, relocando, experimentando, publicando e depois recolhendo tudo ao arquivo. Se fizessem isso, logo estaríamos esperando que o cocô das aves reiniciasse o ciclo da vida.

5

Cruzeiro pelo Atitlán

Atravessando o Atitlán, um vasto e imponente lago metido entre três vulcões localizados na região central das montanhas da Guatemala, debrucei-me sobre a trilha que o barco a motor deixava na superfície e apanhei punhados de água para ver se alguma tintura natural é que o fazia ficar azul. Nada descobrindo no lago que Aldous Huxley considerava o mais belo do mundo, a ponto de deixar o Tahoe envergonhado, o agrimensor que se escondia em minha mentalidade californiana começou a agitar-se até que Lord Byron, o volúvel e jovem aprendiz de xamã contratado para ser meu guia e intérprete naquela ocasião, apontou para a margem, onde a linha da água retrocedia. O terremoto de 7,5 na escala Richter de 4 de fevereiro de 1976 matou 22 mil pessoas na Guatemala, desabrigou um milhão e rasgou o fundo do lago Atitlán. A água está se escoando aos poucos.

Desembarcamos em Santiago Atitlán, provavelmente a maior cidade indígena da América Central, com 37 mil habitantes, 95% deles maias tz'utujil. É um lugar cheio de vida, com crianças se sacudindo em carroças sem assento, mulheres em coloridos *huipils* (rendas nativas cuja tradição remonta a dois mil anos) e feixes de lenha na cabeça. Fomos recebidos por Juan Manuel Mendoza Mendoza, de 32 anos, estrela ascendente na hierarquia espiritual maia. Baixo, bem-apessoado e vigoroso pai de quatro filhos,

Manuel me purificou a alma, algumas horas depois, cuspindo em meu rosto uma golfada de rum barato.

Para ser franco, estávamos todos um pouco bêbados durante a primeira cerimônia religiosa. Manuel, Lord Byron e eu passáramos a tarde venerando Maximón, o *playboy* santo, profeta, sacerdote e protetor mágico do povo indígena, que por acaso era também um incansável pau-d'água e mulherengo. Os espanhóis, conta a lenda, executavam Maximón ao meio-dia, mas ele sempre reaparecia na praça na manhã seguinte, às vezes de ressaca. Na Cofradia Apostol Maximón, um santuário pagão/católico envidraçado, coloquei uma nota de vinte dólares aos pés da estátua do santo e ergui-lhe um brinde com um copo de cerveja. Da boca (de madeira) de Maximón sempre pende um cigarro aceso; e um dos sacerdotes, cuja principal tarefa consiste em remover as cinzas, aproveitou um momento de folga para oferecer cigarros a todos. Dei a minha primeira tragada, desde que deixara de fumar, às 9:15 da manhã em 1º de setembro de 1985 e reprimi o riso ao ver um casal pomposo de americanos, talvez do Oregon, recuar horrorizado quando o acolhedor sacerdote lhe apresentou o maço.

Reverenciar um *playboy* mulherengo era uma história que eu deveria escrever para a minha esposa, pensei, e não pude conter o riso. Soube mais tarde que é perfeitamente lícito, e mesmo esperado, rir durante o culto a Maximón. Quanta diferença das cerimônias inspiradas na Bíblia, no Alcorão e no Bhagavad Gita, onde nem se cogita de risadinhas intencionais! Depois de brindar mais umas duas vezes e fumar os cigarros até o filtro, Manuel, Lord Byron e eu nos preparamos para partir, mas não sem antes que um lenço 100% poliéster de cor berrante fosse delicadamente tirado do pescoço do ídolo e enrolado no meu, à maneira de echarpe.

Perguntei a Manuel sobre 2012 e ele se revelou otimista: "Ano muito bom, porque será a época em que os anciãos voltarão do passado para estabelecer um vínculo entre o coração da humanidade e o coração da Terra. Começará uma nova era de paz, harmonia, amor e solidariedade. Ao mesmo tempo, existe a possibilidade de manipulação. Havendo espaço, o mal penetra. Para nos protegermos dele, devemos realizar muitas cerimônias e, assim, encontrar o caminho certo".

Por que é tão difícil acreditar que 2012 pode ser a aurora de uma nova era gloriosa? Talvez porque cenários róseos não satisfaçam aos anseios psicológicos profundos? Se os indícios apontassem para 2012 como o início de algo maravilhoso e não terrível, nenhum editor ávido de dinheiro aceitaria publicar este livro. Estaremos já saturados e céticos demais para acreditar em utopias? Ou a vida nos satisfaz a tal ponto que qualquer mudança importante, não importa quando aconteça, é ameaçadora? Talvez só desejemos continuar na mesma, apenas com algumas doçuras a mais.

A perspectiva do Apocalipse 2012, em fim de contas, pode servir como teste de projeção para quem a examina. Numa atitude de "os últimos serão os primeiros e os primeiros serão os últimos", as pessoas mais interessadas na realidade pós-2012 são aquelas que menos têm a perder com a catástrofe iminente. Será necessário o desapego dos bens materiais, que muitos dos que vivem em Santiago Atitlán parecem ter conseguido com a maior serenidade, para acreditar que a Mãe Terra sempre proverá, se não a nós pessoalmente, ao menos à humanidade ou às espécies mais dignas que brotarão de nossas sementes? A ameaça de 2012 não será, no fundo, um desafio, uma oportunidade para olhar o cataclismo bem nos olhos e, assim, mostrar que podemos alcançar um nível de existência superior — como pessoas mais corajosas, mais afetuosas e mais próximas do Divino?

Enveredamos pela rua que conduz à catedral de Santiago e subimos os degraus. A missa já começara. Aproximamo-nos de um buraco chamado R'muxux Ruchiliew, "o Umbigo da Terra", perfurado bem no centro da igreja seiscentista. Trata-se de um portal que leva ao reino subterrâneo, onde vivem os ancestrais sagrados. Uma vez por ano, ao soar da meia-noite que dá início à Sexta-feira Santa, um crucifixo de madeira é fixado no buraco, "plantando" assim Jesus e facilitando-lhe a ressurreição no Domingo de Páscoa.

Manuel nos mostra, diante do altar, uma série de painéis de madeira com complicados entalhes representando símbolos e imagens claramente não-cristãos, inclusive Maximón, também conhecido como Mam, o espírito da morte. O xamã explica que, na teologia maia tradicional, a criação não é um ato definitivo do passado, mas um processo constante com o qual todos devemos colaborar ativamente. Se os ciclos forem rompidos, a existência cessará. O papel da humanidade no grande esquema das coisas consiste em promover os ritos e fazer os sacrifícios necessários para garantir que o Sol continue cruzando o céu e as estações continuem mudando.

"Quando os maias precisam de chuva, oramos por chuva — que, cedo ou tarde, vem. Nós fazemos a nossa chuva", afirma Manuel.

Não é bem assim. Os maias não fazem a sua chuva, como os belgas não fazem a deles. O Sol cruzará o céu e as estações se alternarão, quer os ritos sejam celebrados ou omitidos. Sabemos disso pela ciência moderna; não se trata, aqui, de nossa crença contra a crença dos maias. Trata-se de verdade contra erro. Se este livro fosse antropológico por natureza, mais espaço sobraria para o exame das crenças e cerimônias maias. Mas sua finalidade é avaliar a importância do ano 2012, particularmente no tocante aos perigos que possa reservar para o leitor.

No entanto, há algo de tão convincente no espírito indígena de parceria ecológica que seria leviano não examinar com mais cuidado o assunto. Mas poderá haver sabedoria autêntica num erro factual crasso?

Considere-se o início do Gênesis, a história de como Deus criou o céu e a Terra em sete dias — história que, para os propósitos deste livro, é considerada um erro factual crasso. O modelo de evolução darwiniano, baseado na seleção natural, já foi confirmado milhares de vezes por mais de um século e meio de rigorosa pesquisa científica e é respeitosamente aceito aqui. As provas apresentadas pela visão criacionista, segundo a qual Deus/Jeová criou todas as coisas de propósito em seis dias porque assim Lhe aprouve, são, para dizer o mínimo, escassas. Isso, de modo algum, diminui a grandeza imortal do Gênesis. Que visão perspicaz, três mil anos antes de Darwin, de como surgiu a vida na Terra! Do aparecimento do planeta em meio às trevas do espaço ao acúmulo da água líquida e ao nascimento das plantas, animais e criaturas humanas, a presciência do Gênesis é positivamente sobrenatural, ainda que os fatos e o raciocínio tenham exigido correção.

Durante 28 dos últimos trinta séculos, o Gênesis mostrou-se mais acurado que qualquer teoria científica rival. O mesmo se pode dizer da presciência da cosmologia maia. Perguntei a Manuel o que aconteceria se os rituais de celebração da Terra cessassem. Ele emudeceu a essa idéia. Meu guia/intérprete apressou-se a dizer: "A vida sem rituais seria como um carro sem amortecedores. A viagem, embora incômoda, pode prosseguir... até você topar com um buraco na estrada", pontificou Lord Byron. Manuel sorriu e confirmou que o culto da Terra conserva o planeta.

2012 será, perguntei-me, como um buraco gigante no caminho do Tempo?

"Eis uma possibilidade para a qual devemos estar preparados", advertiu Manuel.

Saindo da igreja, detivemo-nos junto à placa dedicada ao padre Stanley "Francisco" Rother, um missionário da Arquidiocese Católica Romana de Oklahoma City que liderou a congregação de Santiago Atitlán por treze anos. Construiu escolas e uma clínica, reduziu a mortalidade infantil pela metade e permitiu aos artesãos locais que restaurassem o interior da catedral com artefatos indígenas (pagãos, diriam alguns), como a imagem do santo *playboy*, Maximón. Rother, apolítico e até um pouco de direita, morreu alvejado e esfaqueado na casa paroquial, a 28 de julho de 1981, com a idade de 46 anos. O esquadrão da morte agiu por ordem do general Fernando Romeo Lucas Garcia, o ditador guatemalteco cuja obsessão era acabar com os líderes das comunidades indígenas, independentemente de sua tendência política. O corpo de Rother foi despachado para os Estados Unidos, mas não antes que o povo retirasse seu coração e o sepultasse na igreja.

A catedral abre para uma praça poeirenta, com pavimento de pedra, que é o centro da cidade. No começo da noite de 1º de dezembro de 1990, várias moças foram molestadas por soldados que perambulavam por ali. Elas protestaram, alguns camponeses atiraram pedras nos soldados, que sacaram das armas e fizeram fogo, matando uma pessoa. Alguns habitantes, enraivecidos, começaram a tocar os sinos da catedral para reunir o povo. Milhares de pessoas acorreram e, pouco antes do amanhecer de 2 de dezembro, gritando para que os soldados fossem embora, dirigiram-se à guarnição militar. Quando chegaram perto dos portões, os soldados abriram fogo, deixando onze mortos e uns quarenta feridos.

Poucas horas depois a imprensa chegava ao local: as fotos de homens, mulheres e uma criança estirados diante dos portões da guarnição eram provas que as autoridades não poderiam negar. Para espanto de todos, o presidente Garcia concordou em remover permanentemente as forças militares de Santiago Atitlán. A cidade se declarou então desligada da guerra civil guatemalteca, que vinha assolando o país há 24 anos. Foi o primeiro lugar a fazer isso. Logo depois que as tropas partiram, o povo construiu um Parque da Paz, com placas nos locais onde cada mártir havia tombado e uma escultura em mármore de oito toneladas com o texto da carta em que o presidente prometia retirar as tropas e investigar o incidente. Ao mesmo tempo, trabalhadores escavaram uma vala comum que conteria os restos de outros oitocentos moradores "desaparecidos"; mas os assessores do presidente ameaçaram mandar o exército de volta se o túmulo fosse aberto, de modo que os trabalhadores interromperam a tarefa e só o que restou foi um enorme buraco no meio do parque.

Os trinta anos de guerra civil na Guatemala terminaram em 1995 com cem mil mortos e outros tantos desaparecidos, um milhão de desalojados e 440 aldeias devastadas. A luta teve conseqüências imprevistas, como o tráfico de crianças roubadas e vendidas a americanos para adoção — em muitos casos, acreditam os guatemaltecos, com propósitos imorais. A geração que viveu todo esse caos abriu as portas do país para as drogas. No Império Romano, os soldados eram pagos com sal; os cartéis pagam os seus com cocaína, que se tornou a moeda alternativa da Guatemala. Um grama de cocaína vale sete dólares, ao câmbio atual.

Sem que isso cause surpresa, os eleitores da Guatemala se tornaram francamente cínicos. Certa feita, escolheram dois comediantes de Taco e Enchilada para presidente e vice-presidente, com 70% da votação. Os comediantes, que haviam retirado formalmente seus nomes das cédulas duas semanas antes da eleição, e foram portanto eleitos por escrito (fato notável num país onde o índice de analfabetismo é altíssimo), não quiseram tomar posse.

Achei que devia tirar uma foto da praça e, enquanto preparava a câmera, o sol bateu de chapa em sua caixa metálica. Embora o reflexo não lhe atingisse os olhos, Manuel virou o rosto.

"Em Santiago Atitlán, há leis que protegem o Pai Sol", explicou ele. "É ilegal, por exemplo, refleti-lo num espelho, pois os raios poderão cegá-lo. Isso seria um insulto. Também há leis contra o barulho, os gritos e até as batidas fortes nas portas à noite, por respeito ao céu noturno e para não acordar o Pai Sol, que dorme depois de um dia de trabalho duro."

As pessoas sofisticadas acharão graça, mas, implícito nessas leis, muito comuns em aldeias e cidades indígenas das Américas Central e do Sul, há um respeito saudável pelo poder do céu. Essa gente se crê em ligação direta com o cosmos. Acha que ficar em bons termos com os céus melhora sua vida e que a situação contrária prejudicaria tanto os indivíduos quanto a comunidade como um todo.

Perto da praça encontramos Camilo, o arquétipo do bom professor, muito estimado, muito orgulhoso de seu trabalho e de seus alunos, sobretudo Manuel, a quem lecionou no quarto ano primário. Perguntei a Camilo sobre 2012.

"Esse ano será muito importante. Faltarão apenas quatro para 2016! Será então que entrará em pleno vigor o Tratado de Livre Comércio da América Central. Devemos estar preparados", conclui o mestre.

Tratado de livre comércio? Ah, este muito real (e irrelevante) mundo! Em seguida, comparecemos a outra cerimônia, dessa vez onde Manuel trabalha, na Confraria de Santiago Apóstolo. O recinto abafado estava cheio de altares coloridos, com estátuas de santos em parte animais e animais em parte santos. Era um espaço completamente pagão e o coroinha daquele santuário outrora episcopal tinha certa dificuldade em ajoelhar-se. Manuel assistia o pai no serviço, uma comovedora litania de cânticos, preces e fumarada de incenso propiciatório. De repente Manuel me pediu para fechar os olhos e cuspiu-me a golfada de rum em pleno rosto, como também no de Lord Byron. Era um momento transcendente: em parte comunhão, em parte batismo, em parte oferenda. Depois de enxugar o rosto, obedecemos à sua ordem de brindar às estátuas sagradas com um bom gole de rum sagrado.

De novo, perguntei a Manuel sobre 2012. Ele confessou que achava difícil temer esse ano porque Santiago Atitlán parecia muito segura, "como um ninho de pássaro, como o umbigo do mundo". Estávamos no início de agosto de 2005.

No mês seguinte dois furacões classe 4, Katrina e sua irmã gêmea Rita, assolaram a Costa do Golfo dos Estados Unidos. Em seguida, quase sem ser notado, um furacãozinho classe 1, chamado Stan, abriu caminho pelo Atlântico e caiu sobre a península do Yucatán, cruzou o Golfo e transformou em lama grandes áreas da América Central. O Stan quase não foi notícia aqui porque não atingiu os Estados Unidos. Mas pode ser considerado a pior tempestade da estação: deixou mais de 1.500 mortos, mais que o Katrina.

O México e El Salvador contaram centenas de baixas, mas a Guatemala é que teve o maior prejuízo, especialmente nas montanhas. Praticamente quase todos os rios transbordaram, destruindo as pontes, afogando o gado, poluindo a água potável. O lago Atitlán ficou cheio como nunca. O centro da destruição — deslizamentos, pânico, doenças — foi a cidade de Manuel, Santiago Atitlán, com 650 mortos, 330 desaparecidos, quatro mil desabrigados e quase todas as pessoas contaminadas, traumatizadas, ensandecidas. Panabaj, comunidade nas imediações de Santiago, foi inundada por uma avalanche de lama de mais de meio quilômetro de largura por sete metros de espessura, que deslizou das encostas do vulcão sepultando todos os 208 habitantes.

Os funerais maias são muito minuciosos: os defuntos devem ser cobertos e sepultados exatamente 24 horas depois da morte. Mas a lama é pesada e fica mais pesada ainda quando se comprime com o passar das horas. Arrancar os corpos da lama revelou-se tarefa dificílima com as mãos nuas e as poucas ferramentas disponíveis. Helicópteros despejaram fardos de comida e remédios na praça central, mas quando os soldados do presidente Oscar Berger chegaram para ajudar no resgate, os moradores barraram-lhes a entrada. Ainda se lembravam muito bem do massacre de seus entes queridos em dezembro de 1990. Assim, os corpos permaneceram na lama, que a aldeia de Panabaj declarou vala comum.

Manuel e outros xamãs fizeram de tudo para apaziguar as almas dos mortos com rituais de ervas e incenso, mas alguns dias depois seu medo de que as cerimônias não bastassem foi confirmado: um violento terremoto sacudiu a região. Arrebentou estradas e pontes, deitando abaixo centenas de prédios já abalados pelas chuvas. A área, nos estertores da morte, ficou completamente isolada. Ninguém entrava nem saía.

Vejamos mais de perto a seqüência de eventos vulcânicos, sísmicos e meteorológicos que assolaram a América Central em outubro de 2005. No dia primeiro, um sábado, o vulcão Llamatepec em El Salvador entrou em erupção pela primeira vez num século, matando duas pessoas e afugentando milhares. No dia 5, quarta-feira, o furacão assassino Stan aterrissou na América Central e, pelos quatro dias seguintes, despejou quantidades inauditas de chuva sobre El Salvador, Guatemala e sul do México, provocando enchentes e deslizamentos terríveis. No dia 8, sábado, um terremoto de 5,8 pontos na escala Richter abalou a Guatemala e El Salvador, causando mais deslizamentos e mais destruições de pontes e estradas. Isso aconteceu logo depois do furacão Rita e alguns dias antes do Wilma, a maior tempestade do ano.

O vulcão, o furacão e o terremoto na América Central seriam eventos correlacionados? Ou o prenúncio de uma catástrofe maior? Poucos cientistas se arriscariam a endossar uma ou outra possibilidade, preferindo aguardar a análise completa dos dados. Entretanto, o que atingiu a América Central e todo o golfo do México no outono de 2005 não foi uma série de fatos isolados: foi uma megacatástrofe em escala e duração raramente ou nunca vistas.

O que me autoriza a dizer isso? O óbvio. A mesma intuição que inclina o leitor a concordar. Assim como Elias ouviu a voz pequena e suave do Senhor após os terremotos, as montanhas fendidas, as rochas abaladas, os incêndios, as ventanias, nós, na calma que se seguiu às grandes tempestades de setembro e outubro de 2005, ouvimos a Verdade: vem por aí alguma coisa maior e mais terrível.

Chegamos a um ponto de sinergia mortal em que processos climáticos comunicam-se e amplificam-se uns aos outros de maneira grave e catastrófica, afirma Alexey Dmitriev, renomado geofísico russo especializado em climatologia extrema.

"À medida que processos compensatórios se desenvolvem (para equilibrar a pressão tecnogênica no planeta), acionam mecanismos controladores de reações sísmicas e atividades vulcânicas, ou seja, as calamidades naturais tendem a tornar-se mais violentas, podendo chegar à modificação global da máquina do clima e do estado da biosfera", escreve Dmitriev. E acrescenta, irônico, que uma das "vantagens" de nossa posição extremamente volátil é que o "mecanismo oculto de ligação entre fenômenos meteorológicos, sísmicos e vulcânicos aparentemente diversos" está em vias de ser revelado.

Hoje, a única modificação climática que poderá causar uma megacatástrofe de vulcões, furacões e terremotos, como se viu na América Central, é o aquecimento global. O aquecimento do golfo do México sem dúvida deu força às tempestades, agindo como um "verdadeiro posto de abastecimento de furacões", nas palavras de "Are We Making Hurricanes Worse?", ["Estaremos tornando os furacões piores?"], uma reportagem especial de capa da *Time* que examinou as várias maneiras pelas quais a atividade humana vem alimentando as tempestades.

A erupção do Llamatepec, em El Salvador, foi claramente uma peça de um processo maior, resfriando o clima local e contribuindo também, com suas nuvens densas, para a tormenta que se aproximava. O terremoto que se seguiu pode ter sido acionado pelos grandes deslizamentos na região, que pressionaram as fissuras subterrâneas. Sempre pensamos nos terremotos como movimentos que se propagam para cima a partir de algum ponto no centro da Terra (ou, pelo menos, na crosta), mas às vezes eles se dão de cima para baixo. Fendas imobilizadas por grandes pesos de rocha e terra podem, de repente, ficar a descoberto caso essa terra e essa rocha se desloquem. Isso leva à espantosa, mas sensata, conclusão de que o aquecimento global pode mesmo provocar terremotos, sobretudo no Hemisfério Norte. Quando as geleiras derretem, a pressão que exercem sobre as placas tectônicas diminui, permitindo a elas deslizar com mais facilidade. O Alasca é particularmente suscetível a esse efeito, e em conseqüência toda a faixa do Pacífico.

A mecânica das megacatástrofes que ocorreram durante a temporada de furacões de 2005, particularmente na América Central durante a passagem do Stan, obviamente nos escapa ainda ao entendimento. E sempre escapará, se a indústria científica contemporânea continuar como é. Reunir especialistas em furacões, vulcões e terremotos para avaliarem a situação seria um pesadelo logístico, que exigiria violações radicais da norma interdisciplinar. Pior: semelhante possibilidade jamais ocorreria aos poderes estabelecidos, com seus ciúmes de ciência especializada. Obstáculos de nomenclatura teriam de ser removidos. Instituições profissionais burocraticamente isoladas seriam instruídas a forjar vínculos. As aspirações dos interessados em cargos estáveis precisariam ser adiadas caso lhes fosse pedido que preparassem apresentações para especialistas de outras áreas.

A verdade é que não existe nenhum mecanismo científico para examinar a megacatástrofe provocada pelos vulcões, terremotos e furacões na América Central ou as que venham a assolar outras regiões. No entanto, estamos mesmo às voltas com uma sinergia de ameaças climáticas, sísmicas e vulcânicas.

É lamentável ter de dizer isto, mas a mentalidade belicosa muitas vezes conduz à melhor ciência. Por exemplo, durante a Segunda Guerra Mundial foi necessário encontrar soluções rápidas para enfrentar as ameaças do inimigo: curar infecções respiratórias que afetavam os pilotos de bombardeiros, tirar a pressão sanguínea sob a água, medir a radiação infravermelha dos focos luminosos. Agora precisamos entender que estamos de novo em guerra e desta vez o inimigo é a megacatástrofe. Já é tempo de a comunidade científica se unir em nossa defesa. Precisamos de suas luzes o mais rápido possível, antes que expire o prazo de 2012.

Até agora, seis meses depois das tragédias provocadas na América Central pelo furacão Stan, não consegui entrar em contato com Manuel nem saber do seu paradeiro e o de sua família. Mas continuo pensando no que o jovem xamã respondeu ao ser indagado sobre o que planejava fazer em 2012: "Se estiver vivo, organizarei rituais. Se estiver morto, alguém tomará o meu lugar".

SEÇÃO III

Sol

De um modo geral, seria um exagero censurar Euclides por nossos problemas emocionais, mas não pelo que me aconteceu na velha livraria de Sheridan Square, Greenwich Village. Altas horas, numa noite de sábado, eu me sentia prisioneiro da idealização nada realista do espaço em três dimensões, feita pelo geômetra grego do século IV a.C. Minha situação nada tinha a ver com o fato de eu não ter amigos, estar morando sozinho numa espelunca cara de poucos metros quadrados pela qual, se as coisas não melhorassem, deveria pagar com o livro My Peculiar Lovers, *um romance "adulto" que a Editora Typographical Services Inc. me convidara, de olho no meu prestigioso título da Ivy League de literatura, a escrever. O contrato incluía orientação editorial sob a forma de uma lista de palavras sujas obrigatórias — "boceta"? — e o pagamento de 150 dólares depois da aceitação do manuscrito de 160 páginas.*

Entrando na livraria pouco antes das 2 da madrugada, hora de fechar, expliquei apressadamente meu problema matemático a Marie, a gerente da noite, que decerto já ouvira tudo aquilo muitos vezes e com grande gentileza me mostrou vários livros grossos sobre geometria não-euclidiana que explicavam a realidade da Terra esférica. Triângulos curvos com mais de 180º. Arcos entre dois pontos, mais curtos que as linhas retas que os ligam. Que alívio!

Recuei uma década no tempo, à época em que eu tinha dez anos. Estava diante do balcão da lanchonete do Benny, ansioso. O estabelecimento era formalmente conhecido como Park Town Caf, no Brooklyn, Te, mas ninguém o chamava assim. Sim, eu precisava muito, muito mesmo, de um mapa da Lua, e imediatamente. Queria fugir do planeta. Benny pensou um pouco: sorvetes, sanduíches, jornais, cigarros, cadernos, fitas cassete e miudezas, isso ele tinha; mas mapas da Lua, não.

"E do Sol?", perguntei.

Foi engraçado. Até Benny conhecia o assunto. Embora o Sol fosse maior que a Lua, a Terra e todos os planetas juntos, não havia mapas dele. Nada de Mar da Tranqüilidade a traçar, nada de manchas vermelhas gigantes de Júpiter a colorir. E ninguém jamais pusera os pés lá. O Sol era apenas uma enorme bola flamejante que fazia o fogo normal parecer gelo e queimaria para todo o sempre. Não mudaria nunca e não havia nele nada que precisássemos conhecer.

6

Uma visão do Sol e das manchas solares

Bem-vindo a Aztec, Novo México
População: 6.238 pessoas hospitaleiras e 8 velhotes mal-humorados

Cerca de um quilômetro depois de passar pela placa de boas-vindas de Aztec, saltei diante do Chubby Chicken. Pregados bem acima da caixa registradora, viam-se vários cartazes engraçados/tristes mostrando animais na panela. Num deles, intitulado "Filme de Terror", três galinhas com os olhos esbugalhados assistiam a um camarada sendo tostado no microondas. O rádio-relógio, sobre o balcão, tocava minha música *country* favorita no momento, "Refried Dreams" ["Sonhos Requentados"].

Eu ia para Durango, Colorado, onde cerca de oitenta físicos solares de uma dezena de países se reuniam para investigar a relação do Sol com o clima e a cultura. A conferência era patrocinada pelo Laboratory of Atmospheric and Space Physics [Laboratório de Física Atmosférica e Espacial] da University of Colorado, que concebera e construíra o Solar Radiation and Climate Experiment (SORCE), um satélite de pesquisa que há anos vinha monitorando a interação do Sol com a atmosfera terrestre. Entre pelo menos uma dezena de conferências sobre física solar que estavam sendo ministradas no mundo inteiro em 2005, a SORCE oferecia o programa mais fascinante, com apresentações sobre tudo, desde a mais nova tecnologia de satélites à explicação do motivo pelo qual as flutuações solares provocaram o canibalismo na China do século XVII.

Enquanto o meu bife chiava na grelha, eu me perguntava se mais prótons assassinos estavam a caminho. Era o dia 13 de setembro de 2005 e àquela altura eu já me acostumara com o fato de, sempre que pensava em 2012, 2005 se intrometer e fazer malcriações como uma criancinha desesperada para chamar a atenção. No dia 1º de janeiro de 2005, quarenta minutos depois da passagem do ano, hora de Greenwich, a mancha solar 715 emitiu um gigantesco clarão solar. (Os clarões solares são classificados assim: C, fraco; M, médio e X, forte. Os números depois das letras indicam a potência numa dada classe.) A erupção do dia de ano-novo, por si mesma, não era de causar alarme. Na verdade, esperava-se que 2005 fosse um período bastante calmo em termos de atividade solar. Mas, vistas as coisas em retrospecto, aquela fulguração iria dar o tom para o ano do furacão Katrina e todos os outros que marcaram época, ano que ficará registrado como um dos mais tormentosos e inquietantes na história tanto do Sol quanto da Terra.

Talvez houvesse alguma conexão.

Segundo todos os cálculos científicos, 2005 devia apresentar pouquíssimas manchas solares. Essas manchas na superfície do Sol são tempestades magnéticas maiores que a Terra. São cerca de 1.500 graus mais frias e, portanto, mais escuras que a área circundante, na qual a temperatura chega a 5.800 graus. As manchas solares aparecem em ciclos de nove a treze anos, na maioria das vezes onze, que é a quantidade usual de tempo entre um máximo solar (o maior número de manchas) e o próximo. Há também um ciclo de onze anos entre mínimos solares. Segue-se que o período entre um máximo e um mínimo solar, do ponto mais alto ao ponto mais baixo é, em geral, de cinco ou seis anos. O ciclo atual, 23, atingirá o ponto mais baixo no final de 2006. O próximo, 24, chegará ao ápice em 2012.

As manchas solares foram monitoradas a olho nu durante anos, antes de Galileu inventar o telescópio, em 1610. A partir de meados da década de 1970, isso vem sendo feito também por satélite. Os astrônomos ainda não sabem por que elas ocorrem em ciclos regulares de mais ou menos onze anos. "Está em sua natureza comportar-se assim", a oportuna definição de Aristóteles para fenômenos inexplicáveis, é só o que se conseguiu até hoje. No entanto, há um amplo consenso científico de que a atividade total do Sol, ou seja, as várias formas de explosões e emanações dessa estrela, aumenta na razão direta do surgimento das manchas e diminui na razão inversa.

"Há 96% de correspondência entre as manchas e as outras atividades solares", explica Harry van Loon, conhecido físico que hoje trabalha com os Pesquisadores Associados do Colorado e o Centro Nacional de Pesquisa Atmosférica (National Center for Atmospheric Research, NCAR).

Pelo menos, é assim que a coisa parece funcionar. O ano de 2005 foi o último e o mais espetacular de uma série de exceções recentes, assustadoras, à regra dos ciclos de manchas solares. Ele assistiu ao número de erupções esperado, mas a atividade geral do Sol foi a mais intensa que já se registrou para qualquer ano mínimo — e, segundo certas medidas, mais intensa até do que a de um ano máximo típico.

No dia 17 de janeiro de 2005 a mancha 720, ciclo 23, uma tempestade gigante do tamanho de Júpiter, emitiu um clarão classe X3. Isso foi tão surpreendente quanto uma nevasca na primavera em Nova York, fenômeno curioso mas não alarmante. A mancha 720 voltou a explodir mais três vezes. A 20 de janeiro — data de que sempre me lembrarei porque fazia quarenta anos que, num dia de neve, meu pai morrera num acidente de carro — a tal mancha projetou um impressionante clarão X7, mais ou menos o equivalente a uma nevasca, em maio, de 10 cm de espessura — em apenas meia hora.

Essa tormenta inesperada e desconcertante lançou bilhões de toneladas de prótons que viajaram do Sol à Terra em trinta minutos, não em um dia ou dois como de costume. Os cientistas, perplexos, confessam não saber como isso aconteceu. Muitas explosões de manchas solares, inclusive as quatro anteriores à de número 720, pertencem a uma variedade comum conhecida como ejeções de massa coronal (*coronal mass ejections*, CMEs). As CMEs são nuvens de gases superaquecidos que escapam do Sol e se espalham pelo espaço interplanetário. Elas geram ondas de choque que aceleram partículas de vários tipos, na maioria prótons, que vão encontrando pela frente, daí resultando a chamada tempestade de prótons. As CMEs em geral viajam a uma velocidade de 1.000 a 2.000 quilômetros por segundo, muito baixa pelos padrões do sistema solar, e, quando se dirigem para a Terra, sentimos-lhes os efeitos um ou dois dias depois. Os satélites se desorientam, as comunicações radiofônicas são interrompidas e magníficas auroras enchem o céu noturno. Talvez as CMEs desempenhem um papel útil, infundindo energia e provocando estímulos benéficos na atmosfera exterior do planeta ou em seu campo magnético. Ninguém sabe.

A quinta explosão da mancha solar 720 foi bem diferente: alcançou a Terra cinqüenta vezes mais depressa que o normal. Se a velocidade do projétil de um fuzil fosse aumentada na mesma proporção, seu poder de impacto também aumentaria outro tanto. Ocorre o mesmo com os prótons. Os prótons assassinos de 20 de janeiro bombardearam a Terra com uma tempestade tão terrível que deixou os especialistas boquiabertos.

"As CMEs explicam a maioria das tempestades de prótons, mas não a do dia 20 de janeiro", declara Robert Lin, físico solar da University of California, Berkeley.

Simplesmente, não há meio de as ondas de choque CME poderem empurrar prótons ou outras partículas fundamentais a essa velocidade. Imagine-se numa canoa, no meio de um lago; você joga na água uma pedra de bom tamanho e qualquer coisa leve que esteja boiando é impelida para diante pelas ondas que se formam: dá-se o mesmo com a onda CME normal. Para entender o acontecimento de 20 de janeiro, imagine agora que se jogue uma pedra do mesmo tamanho com força suficiente para ela formar ondas tão velozes e poderosas que arremessem os fragmentos flutuantes para a margem, espalhando ali um punhado de seixos. Não é difícil imaginar que alguém possa arremessar uma pedra com tamanha força?

Isso não tem interesse meramente acadêmico. A luz do Sol, viajando a mais ou menos 300 mil quilômetros por segundo, leva oito minutos para alcançar a Terra; assim, para que os prótons saídos da mancha 720 chegassem aqui em meia hora, devem ter viajado a, digamos, um quarto da velocidade da luz, ou 75 mil quilômetros por segundo. Quando algo se desloca a uma fração significativa da velocidade da luz, diz-se que esse deslocamento é relativo, numa alusão à teoria fundamental da relatividade de Einstein, segundo a qual a matéria não pode viajar mais rápido que a luz. Qualquer partícula — ou uma vaca, ou uma torradeira — que se deslocasse à velocidade da luz se transformaria em massa infinita. Mesmo a uma fração da velocidade da luz, a massa se torna muito mais pesada. Portanto aqueles prótons, aparentemente imponderáveis, teriam se chocado com a Terra com a força de pequenos seixos — quintilhões deles, como um tiro de espingarda de chumbo partido do Sol. Corre por aí toda sorte de advertências e especulações contraditórias, mas, a menos que Einstein esteja seriamente errado, todos desapareceremos se no futuro um feixe de prótons encurtar em 22 minutos sua viagem do Sol à Terra e chegar aqui em oito minutos que, aliás, é o tempo para o meu filé de frango ficar no ponto.

Só os muito paranóicos diriam que o Sol alvejou de propósito a Terra com sua tempestade de prótons no dia 20 de janeiro. O velho Sol não tem caprichos nem intenções. Se ele quisesse mesmo nos prejudicar, lançaria mão de meios mais torpes. Ainda assim, "a mais intensa tempestade de prótons em décadas", segundo um comunicado da NASA, foi magneticamente tangida da mancha 720 para o nosso planeta, em linha reta. A mancha, ao que se diz, estava situada a 60º de longitude solar oeste. Quando o Sol gira, campos magnéticos daquela mancha se deslocam e formam um corredor até a Terra: é por ele que avançam as CMEs.

A NASA só divulgou os dados sobre a tempestade de 20 de janeiro em meados de junho (talvez fossem tão perturbadores que os cientistas acharam melhor refazer os cálculos). Essa demora incomum, tanto quanto a intrigante secura de comentários sobre o acontecimento, tornou impossível avaliar o impacto do fenômeno, que deve ter sido sério, pois atingiu a Terra diretamente. Pode ter havido problemas com os satélites; os casos de câncer de pele provavelmente aumentaram. Não sabemos.

A tempestade de 20 de janeiro, que inaugurou o ano de 2005 — um ano de mínimo solar —, foi a maior emissão radioativa desde outubro de 1989, um ano de máximo solar. Sem dúvida, ela adiou por muito tempo projetos de exploração espacial em naves tripuladas. Normalmente, quando uma tempestade solar se dirige para a órbita da Terra, na Lua ou qualquer outro lugar onde os astronautas estejam, eles dispõem de pelo menos um dia para baixar os escudos. Mas aquela chegou tão depressa, em menos de uma hora, que os astronautas provavelmente não teriam tido tempo para se defender.

Os ossos que contêm medula, como os do crânio, ombros, espinha, esterno ou quadris, são as partes do corpo mais vulneráveis à radiação. Os prótons solares obliteram as células produtoras de sangue que vivem na medula, diminuindo o fornecimento de sangue fresco ao organismo em uma semana.

"Um transplante de medula seria necessário ... mas isso não se faz na Lua", escreve Tony Phillips, editor do *site* Science@NASA.

Acrescentaríamos: também que não se farão transplantes de medula na Terra, pelo menos em número suficiente, se os prótons assassinos começarem a penetrar no precário escudo magnético do planeta e se tornarem por aqui um problema de saúde.

O ano de 2005 continuou sendo tempestuoso, com clímax em setembro, numa das semanas mais turbulentas já registradas pela história solar. No dia 7 a mancha 798, voltando dos confins do Sol, emitiu um clarão monstruoso, classe X17, o segundo mais intenso de que se tem notícia. O fenômeno causou um blecaute, por volta das 13h40, silenciando muitos aparelhos de rádio de ondas curtas, radioamadores e faixas do cidadão na face iluminada da Terra, inclusive boa parte do Hemisfério Ocidental. Outros nove clarões classe X se projetaram do Sol nos sete dias seguintes, muitos deles sob a forma de tempestades radioativas que atingiram a Terra. Normalmente, o campo magnético terrestre nos protege desse tipo de radiação. Mas ele vem se enfraquecendo inexplicavelmente nos últimos anos.

A última explosão solar ocorreu a 13 de setembro, dia em que foi aberta a conferência SORCE. Decerto não faltaria assunto aos participantes. De um modo geral, a semana de 7 a 13 de setembro, agitada pelos padrões de qualquer ano de máximo solar, foi ainda mais impressionante porque ocorreu durante um mínimo solar. Como disse o astrônomo e meteorologista Joe Rao, do Planetário Hayden, localizado no Museu Americano de História Natural, em Nova York, "Essa tempestade foi a lendária nevasca no verão".

Nunca desde a Era Glacial

Sami Solanki, do famoso Max Planck Institute for Solar System Research [Instituto Max Planck de Pesquisa do Sistema Solar], em Katlenburg-Lindau, Alemanha, é um dos grandes defensores da crença segundo a qual o atual comportamento do Sol é um fenômeno raro, e talvez problemático, de ordem energética. Europeu sofisticado, de origem indiana, Solanki causou impressão na conferência SORCE: "Exceto talvez por uns breves picos, o Sol é hoje mais ativo do que em qualquer época nos últimos onze mil anos", disse ele. O físico informou seus colegas de que, desde 1940, o Sol produziu mais manchas, e também mais erupções e clarões que lançam nuvens de gás no espaço, do que no passado. Solanki já publicou uma versão preliminar desses dados na *Nature*.

Se ele tivesse feito o anúncio numa sala repleta de cientistas especializados nos problemas da Terra, um arrepio de pânico teria percorrido a audiência. Há onze mil anos, terminava a última Era Glacial, um período verdadeiramente icônico. Essa era, a última de muitas que esfriaram a

Terra ao longo dos éons, é o melhor exemplo de mudança climática que conhecemos tanto para o congelamento de boa parte das latitudes temperadas quanto, depois do recuo dos gelos e da volta da temperatura ao normal, para o subseqüente aquecimento global. Para os cientistas da Terra, a Era Glacial é a linha que separa a história da pré-história.

Solanki, ao declarar que o atual comportamento peculiar do Sol é diferente de tudo quanto se viu desde o final da última Era Glacial, não provocou menos impacto entre os cientistas do que provocaria, numa assembléia de estudiosos bíblicos, com a informação de que as coisas nunca foram assim desde os tempos de Noé e do Dilúvio (o qual talvez tenha sido resultado do derretimento dos gelos na última Era Glacial). Os cientistas da Terra sempre pensaram que o aquecimento, como rotineiramente se presume em relação a outros processos geológicos, fosse uma transição lenta e gradativa, que demora centenas ou milhares de anos. Todavia, segundo uma reportagem especial da revista *Time*, os indícios mais recentes sugerem outra perspectiva: Um número cada vez maior de paleoclimatologistas (que estudam a história antiga do clima terrestre) está chegando à conclusão de que sistemas complexos como a atmosfera passam de um estado estável a outro com apenas uns breves períodos de transição, da mesma forma que a água fervente logo se transforma em vapor.

Richard Alley, da Pennsylvania State University, especializou-se em mudanças climáticas abruptas. A seu ver, os núcleos de gelo recolhidos na Islândia mostram que a Era Glacial não terminou "no ritmo lento do tempo geológico e sim com a rapidez do tempo real, fazendo com que o planeta inteiro se aquecesse em apenas três anos. Na maioria das vezes o clima responde como se fosse controlado por um dial, mas ocasionalmente parece reagir a um toque de comutador".

Estará o Sol a ponto de acionar o comutador da Terra? Oficialmente, Solanki não fez nenhum pronunciamento sobre os efeitos que o comportamento atual do Sol possa ter sobre o clima terrestre. Ele apenas observou que o Sol parece mais ativo hoje do que em qualquer outra época desde o fim da última Era Glacial. Se a mesma mudança geral e drástica de clima ocorresse atualmente, com mais seis bilhões de pessoas vivendo na Terra e uma economia global interdependente, a catástrofe ultrapassaria tudo que já se viu na história humana ou que a imaginação possa conceber. Sobretudo se a mudança ocorresse, nas palavras de Richard Alley, "com a rapidez do tempo real" — digamos, de agora a 2012.

O maior calor em 50.000 anos

Praticamente todos os dados relativos à história do clima desde a Era Glacial foram tirados das amostras de núcleos de gelo provenientes do Ártico ou do Antártico. Entretanto, reconstituir a história climática das regiões equatoriais a partir de amostras de gelo é um tanto arriscado. Suponha-se, por exemplo, que com dados apenas das regiões mais ao norte e mais ao sul do planeta tentemos esboçar como era o clima na porção central — há onze mil anos. Isso é particularmente problemático porque cerca de dois terços da população mundial, inclusive os descendentes dos maias, vivem mais perto do equador que dos pólos, portanto em zonas quase intocadas pela glaciação da Era do Gelo. Mas onde você vai obter gelo no equador?

Segundo Lonnie Thompson, da Ohio State University, um dos mais respeitados glaciologistas contemporâneos, isso só é possível a pelo menos cinco mil metros acima do nível do mar.

Embora sempre o convidem, Thompson não comparece a muitas conferências, inclusive a SORCE 2005. Ele passa boa parte do tempo escalando montanhas, coisa que, a bem da verdade, não lhe agrada muito: tem asma e preferiria ficar em casa, em Columbus, Ohio, com sua esposa e colaboradora, Ellen Mosley-Thompson. Isso, contudo, não o impediu de passar mais tempo que qualquer outro ser humano em altitudes de 5.400 metros ou mais (guias *sherpas* incluídos, pilotos comerciais, não). Nos últimos trinta anos, Thompson vem simplesmente levando às conseqüências lógicas sua observação de senso comum, segundo a qual não se pode deduzir o clima tropical dos dados polares: é preciso escalar montanhas próximas ao equador em busca de pistas para a história climática da região.

Thompson e sua equipe reuniram um acervo de amostras de gelo com mais de seis quilômetros de extensão, armazenado na Ohio State University num recinto refrigerado de 600 metros quadrados que mantém as peças a temperaturas entre – 30° e – 35° C (22 e 31 graus Fahrenheit). Os pedaços de gelo são, literalmente, amostras congeladas de tempo. Quanto mais espessos, mais antigos. Analisando o conteúdo químico de cada camada, os pesquisadores determinam a cronologia do clima na localidade onde a amostra foi recolhida. Milhares desses núcleos de gelo já foram examinados, gerando um banco de dados que permitiu aos pesquisadores juntar aos poucos os fragmentos da história do clima do planeta desde a Era Glacial e, em alguns casos, desde muito antes.

Tal como o abrigo à prova de bombas atômicas que, em Reykjavik, Islândia, protege os pergaminhos das grandes sagas do país, o refrigerador da Ohio University preserva uma história insubstituível. As instalações de Thompson deveriam ser declaradas patrimônio da humanidade. Com efeito, o aquecimento global vem derretendo os gelos do mundo a uma velocidade tal que a equipe de Thompson se sentiu ainda mais motivada a recolher amostras antes que nossa herança se perca.

"O aquecimento global não é matéria tão controvertida quanto algumas pessoas querem nos fazer pensar. Há indícios claros de que uma profunda mudança climática está ocorrendo", adverte Thompson. Cumulado de prêmios, consultado por Al Gore, a *National Geographic* e o *New York Times*, Thompson inspirou o personagem de Dennis Quaid em *The Day After Tomorrow* [O Dia Depois de Amanhã], filme sobre o aquecimento global. Thompson, que escalava uma montanha na China na mesma época da conferência SORCE, é mais conhecido por ter descoberto que o Kilimanjaro, o pico africano cujas neves Hemingway tornou famosas, vem perdendo sua calota de gelo e ficará inteiramente sem ela em 2015.

Indagado a respeito das conseqüências, Thompson dá uma resposta tocantemente humana: "O turismo é a maior indústria do Quênia e, sem dúvida, vai desaparecer se a famosa calota do Kilimanjaro não estiver mais lá".

Durante anos, Thompson reuniu provas de que, há 5.200 anos, a Terra foi vítima de uma catástrofe climática. Citando estudos sobre tudo, de cascas de árvore a cadáveres humanos, de pólen vegetal a isótopos de oxigênio, ele conclui que há 5.200 anos um surto e depois uma conflagração da atividade solar transformou o Saara, de cinturão verde, em deserto, derretendo as calotas polares e confundindo a ecologia global.

É interessante notar que esse período de 5.200 anos coincide com a definição maia de Idade ou Sol. Lembremo-nos da explicação dos irmãos Barrios segundo a qual estamos agora na Quarta Idade, que começou em 3114 a.C. e terminará em 2012. Com efeito, 3100 a.C. parece uma data decisiva em muitas regiões. Foi quando a civilização egípcia surgiu e quando, na mitologia hindu, Krishna morreu, dando início à Kali Yuga ou Idade Degenerada. Pode bem ser que o fim da crise ecológica global, ocorrido há 5.200 anos, assinalou também o advento de novas civilizações e o começo de uma nova era.

Thompson acredita que as condições responsáveis pelo desastre há 5.200 anos foram muito parecidas às que vivenciamos hoje. "Naquela época aconteceu alguma coisa verdadeiramente monumental. Mas não chegou a impressionar os humanos porque eles não eram mais que 250 milhões em todo o planeta, ou seja, muito poucos perto dos 6,4 bilhões atuais. Os indícios apontam claramente para esse momento na história e o que então aconteceu. Apontam também para mudanças similares no clima de hoje", adverte ele.

Thompson considera as geleiras das montanhas, como a do Kilimanjaro, as "jóias da coroa" da Terra. Sua perda, e a da água que elas fornecem às terras embaixo, levarão sem dúvida à seca, à fome e à diminuição da energia elétrica — em suma, à ruína das sociedades que dependem dessa água e, por fim, das comunidades regionais e globais de que elas são parte.

Em retrospecto (se houver algum), o clima de hoje pode fazer com que a situação de há 5.200 anos se pareça com um passeio no parque. Vagando nas imediações de uma de suas geleiras favoritas, a calota de gelo do Quelccaya, no Peru (que vem se derretendo quarenta vezes mais rápido desde que foi estudada pela primeira vez em 1963), Thompson deparou com umas estranhas plantas fósseis das quais retirou amostras e logo as enviou a dois laboratórios independentes. Os resultados dos testes mostraram que os espécimes tinham entre 48.000 e 55.000 anos de idade. Para que as plantas conservassem quase perfeitamente sua forma, devem ter ficado cobertas e protegidas por gelo a maior parte desse tempo. Ou seja, segundo Thompson, "a calota com quase certeza não se deteriorou até o tamanho atual durante mais de cinqüenta mil anos".

Portanto, hoje faz mais calor do que há cinqüenta mil anos ou mais. O número provável é 74 mil anos, quando o supervulcão do lago Toba lançou cinzas na atmosfera, tornando o ar irrespirável, bloqueou a luz e o calor do Sol, inaugurou uma era glacial e dizimou a humanidade.

Rituais de datação

À semelhança do aluno no fundo da classe que mantém ansiosamente a mão erguida, o leitor deve estar se perguntando: como podem os cientistas saber o que aconteceu há milhares e milhares de anos, quando não havia nenhum tipo de registro?

A resposta é simples: carbono 14. O carbono 14 é um isótopo radioativo que tem seis prótons e oito nêutrons, dois nêutrons a mais que o elemento primitivo carbono, o qual, com seis prótons e seis nêutrons, atinge um peso atômico de 12. Há tanto carbono nas plantas e na matéria orgânica animal no mundo que o carbono 14 pode ser encontrado praticamente em qualquer lugar, em constituintes de proporções perfeitamente determináveis ou como conteúdo carbônico total. Esse isótopo começa a decair no momento em que a planta ou animal morre e sua meia-vida (o tempo que metade de uma dada quantidade leva para tornar-se não-radioativa) é de 5.730 anos. Os espectômetros de massa podem hoje, literalmente, contar o número dos átomos de carbono 14, propiciando datações precisas a partir de amostras minúsculas.

O carbono 14 é radioativado por raios cósmicos, vindos do espaço exterior, que atingem seu núcleo. Sucede que existe uma relação inversa entre as manchas solares e o número de raios cósmicos que chegam à Terra — quanto mais manchas houver e mais denso for o campo magnético interplanetário projetado pelo Sol, menos raios cósmicos conseguirão atingir a Terra e bombardear carbonos estáveis para radioativá-los. O mesmo se aplica ao elemento berílio, outro isótopo radioativo usado para determinar datas. Quanto mais manchas solares houver, menos berílio 10 radioativo será criado.

Retraçar o comportamento do Sol aos tempos pré-telescópio exige investigar indícios residuais das manchas para deduzir seu número e intensidade. A atividade das manchas solares pode assim ser inferida da averiguação dos níveis de carbono 14 e berílio 10 em diferentes épocas da história. E voltamos às amostras de núcleos de gelo. A regra geral é que, quanto maior for a profundidade no gelo ou no velho tronco de árvore, mais cedo o isótopo foi ali depositado.

Sem as técnicas de datação do carbono 14 e outros isótopos radioativos, nada saberíamos a respeito da atividade solar anteriormente à invenção do telescópio, em 1610. Isso seria uma deplorável lacuna intelectual, uma vez que quatrocentos anos nem de longe bastam para compreender tendências climáticas de longo prazo em nosso planeta de cinco bilhões de anos de idade. À falta de um contexto histórico, torna-se impossível determinar se o Sol vem realmente se comportando mal ou apenas reproduzindo um tipo de fase pela qual passou há muito tempo.

Por exemplo, o século e meio decorrido entre 1100 e 1250 foi inusitadamente quente aqui na Terra. Nessa época, os vikings puderam estabelecer prósperas colônias na Groenlândia e mesmo no nordeste do Canadá, a que chamaram de Vinlândia, em alusão às vinhas que aparentemente cresciam ali. Os registros por carbono 14 mostram, sem sombra de dúvida, que a grande era dos vikings foi também um período de altíssima atividade solar. Mas, de um modo geral, concorda-se que essa atividade durante a expansão nórdica foi bem menor que a de hoje. Se então o Sol pode ter provocado uma epidemia de acne, atualmente ele provoca urticária.

Boa parte da conferência SORCE foi dedicada ao debate sobre o grau real de precisão das técnicas de datação por isótopos. Por exemplo: os níveis de carbono 14 não seriam afetados por algo mais que a radiação cósmica? Qual o melhor indicador: os níveis absolutos de isótopos radioativos ou a taxa de aumento/decréscimo? Afinal, até que ponto as medidas por isótopos radioativos são exatas? Flutuações no campo magnético terrestre afetariam as datações por isótopos? (Esse foi um tema "quente".)

No todo, o uso do carbono 14 para inferir a atividade histórica das manchas solares resistiu às investidas dos céticos presentes à conferência SORCE, embora com algumas ressalvas: por exemplo, as distorções provocadas pelos testes de armas nucleares, que criam carbono 14, e as flutuações no campo magnético da Terra, que de forma independente podem afetar o número de raios cósmicos capazes de penetrar na atmosfera. O berílio 10 foi considerado um pouco menos confiável devido à sua tendência a ligar-se a aerosóis, que permanecem flutuando na atmosfera por um ano ou dois e em seguida se depositam ao acaso. Assim, um anel de árvore que contenha muito pouco berílio 10, indicando alto nível de atividade solar, pode induzir ao erro porque outro anel de árvore, da mesma época histórica, talvez contenha grande quantidade do mesmo elemento simplesmente em virtude de essa segunda árvore se ter mostrado mais eficiente na absorção de aerosóis.

A prudência, no entender de todos, recomenda que as medidas com base nos dois isótopos sejam tomadas com mais cuidado no futuro.

"Se houver futuro!", veio-me a vontade de gritar, mas isso não seria nada edificante.

A roupa nova dos físicos

Senti-me como o garotinho apontando para o imperador pelado — exceto que agora o imperador estava em chamas. Conforme vimos, o período de sete dias entre 7 e 13 de setembro de 2005 foi uma das mais tumultuadas semanas na história conhecida do Sol, segundo os registros, mas durante a conferência de físicos solares SORCE, que começou a 13 de setembro, mal se mencionou essa tempestade.

No entanto, a informação esteve disponível a todos durante a conferência. Sei disso porque conferi os comunicados da NASA diariamente, pela

Internet, e ali encontrei títulos como "Atividade Solar Intensa", "Auroras Avermelhadas no Arizona" e, por fim, "O Mínimo Solar Explode!", da autoria de Tony Phillips. Algumas semanas depois, no dia 26 de setembro, o Sol projetou a maior excrescência de que se tem memória em anos recentes. A língua de fogo era várias vezes maior que a Terra. De um modo geral, setembro de 2005 foi o mês mais agitado do Sol desde março de 1991 — que foi um ano de máximo solar e, conforme esperado, bastante turbulento.

Nos anais da física solar, setembro de 2005 está fadado a posicionar-se ao lado da agora lendária série de tumultos no Sol conhecidos como tempestades de Halloween, ocorridas de 26 de outubro a 4 de novembro de 2003. Pela primeira vez, ao que se lembram os astrônomos, duas manchas do tamanho de Júpiter apareceram na face do Sol ao mesmo tempo. Em seguida, começaram a explodir repetidamente, com clarões classe X. A tempestade começou em 26 de outubro e atingiu o clímax em 4 de novembro, com o maior clarão solar jamais registrado, um portento classe X45. Se a ejeção de massa coronal resultante atingisse a Terra, teria confundido a rede global de satélites. As telecomunicações, os bancos e mesmo os satélites de espionagem militares certamente emudeceriam. Sabemos disso porque um clarão menor, classe X19, emitiu uma tempestade radioativa que golpeou a Terra em 1989, paralisando a rede de energia elétrica canadense Hydro-Quebec por várias horas e fundindo alguns geradores. As conseqüências para a saúde humana de um clarão X28, sob a forma de envenenamento por radiação, câncer, doenças dos olhos e outros distúrbios só podem ser muito graves.

Inúmeros artigos, *blogs* e comentários sobre a tempestade Halloween 2003 atulharam a Internet, muitos deles histéricos e confusos, mas ainda assim lúcidos quanto a dois pontos principais: (1) esse período tempestuoso destacou-se pela ferocidade e (2) se a emanação tivesse atingido a Terra de frente, nós sem dúvida teríamos pago um preço alto. A Halloween 2003 foi tão arrasadora que alguns físicos solares hoje se referem a ela como um segundo máximo solar porque se manifestou dois anos e meio após o máximo solar de 2001 e também porque o comportamento do Sol nunca voltou de fato ao normal. Os fenômenos de setembro de 2005, embora um pouco menos violentos que a Halloween 2003, foram, contudo, mais significativos, pois aconteceram no ponto baixo do ciclo.

Então por que, na conferência SORCE, organizada por gente que operava um satélite de pesquisa solar, mal se fez menção da semana que haveria de tornar-se um marco na história conhecida do Sol? Sem dúvida, o relatório da SORCE aludiu meses depois à tempestade de setembro de 2005, mas por que ela não foi objeto de discussão quando todos os físicos solares ali estavam reunidos para trocar idéias?

Solanki explicou delicadamente que a maioria dos cientistas só se anima quando dispõe de dados completos. Os acontecimentos de setembro de 2005 decerto fariam furor na conferência SORCE do ano seguinte, ou do outro. Intelectualmente, posso aceitar essa metodologia cautelosa, do "esperar para ver"; mas emocionalmente, não. A indiferença dos cientistas foi uma negação imperdoável da resposta emocional, em tempo real, a acontecimentos espetaculares e sem precedentes no Sol, objeto principal do ofício de todo físico solar e que estava bem ali, acima de suas cabeças.

Com os diabos, nem mesmo intelectualmente posso aceitar isso!

Setembro de 2005 iria tornar-se um dos meses mais tormentosos e malucos na história do Sol e da Terra. As águas superaquecidas do Atlântico e do golfo do México se cobriam de vapor. Katrina, o furacão imortal, acabara de destruir Nova Orleans (Sodoma e/ou Gomorra para os cultores da Bíblia). Rita assustara Houston e Bush, provocando chuvaradas. No início de outubro apareceu Stan, o pouco conhecido furacão centro-americano que devastou Atitlán e acabou se revelando o maior assassino do ano. Depois foi a vez de Wilma, o mais terrível de todos, assolar a Flórida. Pelo menos mais oito tempestades tropicais, algumas do porte de um furacão, se seguiram, num total que superou o de qualquer outra temporada.

O ano de 2005 esteve a ponto de tornar-se o mais quente e tempestuoso, mas ao mesmo tempo o mais seco jamais registrado. Pode também ter sido um dos mais ativos em termos de terremotos e erupções vulcânicas. Terminou mesmo por uma série de incêndios e tornados fora de época, sem nada a ver com a tradição do dia festivo.

Até o relatório da SORCE reconheceu uma conexão entre a atividade solar e o clima da Terra: "As equações de equilíbrio energético predizem que, se o Sol variar um mínimo que seja — digamos, 1% —, a temperatura média global da superfície sofrerá modificação da ordem de 0,7°C. Alguns modelos empíricos estimam que o Sol variou cerca de 0,5% desde a era pré-industrial. Modelos climáticos indicam que essa mudança talvez explique mais de 30% do aquecimento ocorrido a partir de 1850". Isso é o que diz o manual distribuído à saída da conferência.

Mais de 30%? Isso transformaria o poderio crescente do Sol num fator mais importante para o aquecimento global que qualquer outro, inclusive o famigerado aumento do CO_2. Pareceria, pois, bastante razoável investigar as conexões entre os tumultos solar e terrestre que eclodiam no momento. No entanto, lá estavam oitenta prestigiosos cientistas solares, reunidos por três dias inteiros, que não aproveitavam sequer a pausa do cafezinho para explorar aquela assustadora coincidência!

Nunca faça previsões!

Se períodos tempestuosos como o de setembro de 2005 estão ocorrendo bem perto do mínimo solar, o que, afinal, o próximo máximo — em 2012 — reserva para o Sol e a Terra?

"Nunca faça previsões!", adverte o veterano pesquisador Harry van Loon depois de sua brilhante apresentação que correlacionou a variabilidade das manchas solares com os padrões de precipitação em toda a América do Norte. Mas, como costumava dizer Richard Feynman, o físico lendário, o melhor da ciência é sua capacidade de prever. Queremos que nossos físicos solares façam previsões, que descrevam para nós os panoramas bons e ruins para 2012.

Se o período de máximo solar com início em 2011 e pico em 2012 se revelar tão superior à média dos máximos solares quanto o período entre o Halloween de 2003 e setembro de 2005 esteve acima da média dos mínimos solares, então talvez nos encaminhemos mesmo para a catástrofe a respeito da qual astrônomos maias nos vêm chamando a atenção durante os últimos 1.500 anos.

Vários meses depois da conferência SORCE, uma equipe de cientistas solares do National Center of Atmospheric Research, NCAR [Centro Nacional de Pesquisa Atmosférica] em Boulder, Colorado, confirmou o que muitos suspeitavam: "A nosso ver, o próximo ciclo solar será de 30 a 50% mais forte que o último", disse Mausumi Dikpati. Juntamente com Peter Gilman e Giuliana de Toma, também do High Altitude Observatory da NCAR, Dikpati elaborou o modelo de predição por dínamo de transporte de fluxo, que antecipa a atividade solar rastreando os movimentos, abaixo da superfície, dos remanescentes das manchas solares surgidas nos dois ciclos anteriores. Com base em novas técnicas de heliossismologia, pelas quais ondas sonoras no interior do Sol são detectadas mais ou menos da mesma forma que o médico usa o ultra-som para observar por dentro o paciente humano, a equipe do NCAR acredita que as manchas solares ajudam a descobrir outras manchas ao longo de um processo complexo, semelhante a uma esteira rolante. "Quando essas manchas decaem, imprimem no plasma movediço uma espécie de assinatura magnética", explica Dikpati.

As manchas solares surgem como nós magnéticos na zona de convecção solar, que é a camada mais superficial do corpo do Sol e, também, a região mais sujeita a distúrbios por influência externa de natureza eletromagnética ou gravitacional. Correntes de plasma, ou gás altamente eletrificado, funcionam como correias transportadoras que levam esses nós dos pólos para o equador, onde assomam à superfície e explodem como tempestades magnéticas: as chamadas manchas solares.

"Predizer acuradamente os ciclos do Sol com anos de antecedência permitirá à sociedade preparar-se para as agressões das tempestades solares, que podem retardar a órbita dos satélites, interromper as comunicações e paralisar os sistemas de energia elétrica", é o que se lê no comunicado do NCAR.

As descobertas da equipe do NCAR, publicadas na conceituada *Geophysical Review Letters*, indicam que o próximo ciclo solar, de número 24, começará em 2007, de seis meses a um ano mais cedo do que o esperado. Será de 30 a 50% mais forte que o último, de triste memória, e atingirá o clímax em 2012...

Em seu último dia na Terra, Elias foi envolvido por um torvelinho e arrebatado ao Céu numa carruagem de fogo, puxada por um cavalo também de fogo. Talvez volte da mesma maneira por ocasião da próxima conferência SORCE.

7

Continentes em pedaços: primeiro a África, depois a Europa

Jah deve estar fulo da vida. Por que outra razão o Todo-poderoso daquele motorista de táxi iria destroçar a antiga e sagrada pátria de Seu amado profeta, Sua Majestade Imperial Hailé Selassié, imperador da Etiópia, Leão de Judá, também conhecido como Ras Tafari, um baixinho falecido em 1975, mas que ainda assim permanece uma figura portentosa, um messias vivo da linhagem de Moisés, Elias e Jesus?

Em 14 de setembro de 2005, um dia depois que o último dos dez clarões classe X se projetou do Sol no Sistema Solar, transformando a semana entre 7 e 13 de setembro numa das mais turbulentas da história registrada do Sol, um terremoto na distante e desolada Boina, a 400 km da capital da Etiópia, Adis Abeba, rasgou no chão uma fenda de 60 km de comprimento, segundo reportagem da Associated Press. Nas três semanas seguintes, essa fenda se alargou, chegando a 4 m — e continua a alargar-se. Pesquisadores da Etiópia, Grã-Bretanha, França, Itália e Estados Unidos acham que essa fissura é literalmente o começo do processo pelo qual o continente da África se partirá em dois ou mais pedaços.

"Acreditamos ter assistido ao nascimento de uma nova bacia oceânica", disse Dereje Ayalew, da University of Adis Abeba. Ayalew chefia a equipe multinacional de dezoito pesquisadores que monitoram Boina. Ele apresentou o resultado dos trabalhos num encontro da American Geophysical Union (AGU) em San Francisco, em dezembro de 2005. "O que aconteceu não tem precedentes na história científica porque, geralmente, vemos a fenda depois que ela se formou. Mas aqui presenciamos a evolução do fenômeno." A equipe de pesquisa supõe que, pela taxa atual de alargamento, será necessário um milhão de anos para um novo oceano se formar e preencher o espaço. (Para fins de comparação, um milhão de anos na vida de cinco bilhões da Terra equivale a cinco ou seis dias, proporcionalmente, na vida de uma pessoa.) Mas, é claro, novos terremotos poderão acelerar consideravelmente o processo.

A rachadura de sua pátria espiritual induzirá sem dúvida o motorista rasta a implorar ao Onipotente Jah, embora eu não saiba ao certo se ele pedirá que o processo se interrompa ou se acelere. Fato engraçado, algumas pessoas ávidas por sobreviver escolheram, ao que se diz, justamente a Etiópia como local de refúgio para escapar às calamidades de 2012! Segundo Scuttlebutt, é de lá que Robert Bast, o australiano entusiasta do Juízo Final e criador do *site* Dire Gnosis, no qual proclama o advento da catástrofe do ano 2012, divulga sua mensagem. Prestem bastante atenção à fenda de Boina, é só o que tenho a dizer.

Haverá alguma relação entre a tremenda atividade solar de setembro de 2005 e a subseqüente megarrachadura na crosta da Terra?

Quando energia elétrica suficiente se condensa na atmosfera, ela é sugada para baixo sob a forma de raios, que se entranham na Terra. Áreas ricas em depósitos de ferro e outros metais conduzem a eletricidade da atmosfera para o chão, ajudando assim a estabilizar o clima. O Triângulo das Bermudas, por exemplo, estaria repleto de condutores submarinos ricos em ferro. Pela maior parte, essa energia se dissipa sem causar danos; mas às vezes cargas muito grandes, como as projetadas por violenta atividade solar, podem provocar erupções vulcânicas ou sísmicas, como seria, talvez, o caso de Boina. Mas isso ninguém sabe ao certo.

Suponhamos, contudo, que alguém soubesse. Suponhamos que uma equipe de pesquisadores competentes descobrisse que os sete dias de atividade solar incomum, de 7 a 13 de setembro de 2005, provocaram ou agravaram o terremoto de 14 de setembro em Boina, podendo contribuir para a futura divisão do continente africano. Essas descobertas viriam a público? Deveriam vir? Existirá um mecanismo de censura global, uma oligarquia secreta que suprime notícias potencialmente voláteis como essa? Devo confessar, até o momento não tenho conhecimento de nenhuma cabala semelhante, o que é evidenciado pelo fato de você poder ler este livro. Mas posso perceber um motivo para a censura: a preservação da estabilidade social. Talvez me chamem de fanático, talvez as organizações de pesquisa em todo o mundo me desacreditem. Quem sabe não é essa a sua tática?

Se o público percebesse alguma conexão entre o Sol e os terremotos, o próximo clarão solar poderia causar pânico. "A ÁFRICA ESTÁ SE DESPEDAÇANDO! LOGO SERÁ A VEZ DA EUROPA!"

Furacões incontroláveis

Boina, a aproximadamente 11,25° de latitude norte, situa-se nas imediações da ponta sudeste da faixa da savana Sahel que cruza a região centro-norte da África, separando o deserto do Saara, em cima, dos trópicos, embaixo. Esse cinturão quase verde corre entre os graus 11 e 20 ao norte do Equador (praticamente as mesmas latitudes que cobrem o território maia). Da costa leste da África, bem junto ao ponto em que o mar Vermelho deságua no oceano Índico, a Sahel se estende para oeste, até a costa atlântica do Senegal — lugar onde nascem todos os furacões atlânticos.

"Todos os furacões atlânticos, por maiores que se tornem, começam iguais. No princípio são perturbações atmosféricas sobre a África equatorial. Esses fenômenos, chamados ondas tropicais, avançam para oeste e, dependendo das condições, aumentam de intensidade e começam a girar. Alguns tomam a forma de depressões, avolumam-se em tempestades tropicais e, por fim, transformam-se em furacões violentos", diz um comunicado da NASA.

Mas por que os furacões nascem na costa ocidental da África? Existem duas teorias, aliás complementares: (1) as chuvas, particularmente as acompanhadas de trovoadas na savana Sahel, geram as ondas tropicais que se transformam em depressões e, em determinadas circunstâncias, tomam o aspecto de furacões e (2) as chuvas, particularmente as acompanhadas de trovoadas na savana Sahel, impedem os ventos do deserto de se adensar em tempestades tropicais e, portanto, em furacões.

Ambas as teorias concordam em que Katrina, Rita, Andrew, Hugo, Camille, etc., etc. — todos furacões — começaram como trovoadas na Sahel ocidental. O prazo entre as trovoadas da Sahel e a chegada, à América do Norte, dos furacões por elas gerados vai geralmente de uma semana a dez dias.

Mas há trovoadas o tempo todo, no mundo inteiro, e a grande maioria delas não se transforma em furacões. Algo mais acontece no centro-norte da África, alguma influência do tipo "efeito borboleta", o impulsozinho extra que ocorre no lugar certo na hora certa e faz a coisa acontecer, tal qual na teoria do caos. O que venha a ser exatamente esse impulsozinho inicial — redemoinhos na atmosfera do deserto, ondas de choque canalizadas para a Sahel oriental pelas monções do oceano Índico —, os cientistas não o podem dizer ainda. No entanto, todos acham que o ímpeto provém de algum ponto na faixa ecológica da Sahel.

Nos anos 1970, a Sahel amargou a pior seca da história moderna, da qual só conseguiu sair muitos anos depois. A volta das chuvas da Sahel coincidiu quase exatamente com o pico da atividade das manchas solares, do Halloween 2003 a setembro de 2005 e mais além. Os anos de 2004 e, sobretudo, 2005 foram os mais chuvosos na Sahel depois de muito tempo, levando, nos termos da teoria, a duas das mais agitadas temporadas de furacões atlânticos de que se tem notícia. Logo após o Katrina, poucos se lembraram de que a temporada de furacões de 2004, com quatro deles varrendo a Flórida um após o outro, fora quase tão ruim quanto a de 2005.

Assim, em seguida a uma semana de atividade solar digna de memória, a porção oriental da Sahel se partiu, ao mesmo tempo que furacões de violência sem precedentes assolavam a região ocidental da faixa ecológica. Coincidência ou sinergia catastrófica?

☲

O fato de a África ter começado a se rachar no auge dessa crise pode ser mais que coincidência. Se a costa oeste da Sahel passa por uma fase de tumultos sem precedentes, é de esperar que também a costa leste dessa faixa ecológica seja afetada.

A relação de manchas e outros distúrbios solares com trovoadas, furacões, vulcões e terremotos aqui na Terra é exatamente o tipo de questão que deverá ser abordada durante o Ano Heliofísico Internacional (AHI), um programa de doze meses com simpósios e iniciativas de pesquisa que promoverá o estudo do Sol. O AHI 2007 é o quarto de uma série de anos de pesquisa científica internacionais, o último foi o Ano Geofísico Internacional (AGI), em 1957-58, que promoveu as ciências da Terra e animou a União Soviética a lançar o Sputnik, em outubro de 1957, para comemorar o evento. Antes houve o Ano Internacional Polar (AIP) de 1932 (pólo Sul) e o Ano Internacional Polar (AIP) de 1882 (pólo Norte). Todos esses eventos ocorreram sem nenhum incidente político significativo.

Nenhum protesto se fez até agora contra o AIH 2007, mas não seria nada surpreendente que desta vez houvesse uma exigência popular pela divulgação de dados mais completos sobre a atividade solar — dados vitais para a nossa saúde pessoal e ecológica, aliás, coletados quase que exclusivamente com o dinheiro público. O modelo NCAR, que prevê um máximo solar sem precedentes para 2012 será, decerto, alvo de ataques por parte de físicos solares apanhados desprevenidos em sua defesa do *status quo* e também, creio eu, de pesquisadores cheios de profecias ainda mais escabrosas para o próximo ciclo. Se a equipe da NCAR não se impuser, assistiremos ao triunfo da política sobre a ciência e o bem-estar das pessoas. Nesse caso, o medo da polêmica em torno dos perigos do clímax solar que se avizinha calará o dever da comunidade científica de ajudar-nos a planejar e fazer os preparativos necessários. Nós, os contribuintes, temos certo poder sobre a instituição dos físicos solares, inclusive o direito de veto às numerosas propostas dispendiosas de satélites solares que sem dúvida serão apresentadas no AIH 2007. Afinal, já financiamos uma verdadeira frota deles. A começar pelos meados dos anos 1970, quando os Hélios I e II decolaram, várias séries de satélites de pesquisa solar foram lançadas, a maioria pela NASA e a ESA (European Space Agency, Agência Espacial Européia). Em 1980, o Solar Maximum Mission entrou em órbita especificamente para monitorar a atividade do Sol no ápice do ciclo de manchas. Em 1990, o Ulysses, projeto conjunto da NASA-ESA, concentrou-se em partes específicas do espectro solar, como raios X, luz visível e ultravioleta, tal qual o satélite japonês Yokoh Solar A, em 1991.

A atual geração de satélites examina eventos solares que afetam particularmente a Terra. O maior de todos os engenhos solares de pesquisa, SOHO (Solar and Heliospheric Observatory), lançado em 1995 e ainda em funcionamento, tem por missão identificar ejeções de massa solar capazes de atingir nosso planeta, clarões solares e coisas assim, além de informar os cientistas com bastante antecedência para que eles possam preservar satélites, redes de energia e outras tecnologias sensíveis ao Sol com mecanismos adequados de defesa. O segredinho sujo da indústria global de satélites é que muitos destes, sobretudo os comerciais, não têm proteção alguma contra possíveis irrupções solares. Escudos contra clarões são caros e trabalhosos, podendo limitar a funcionalidade dos satélites. Essas avaliações de custo-benefício estariam normalmente a cargo das empresas proprietárias dos engenhos, exceto pelo fato de uma parcela cada vez maior do tráfico militar e de espionagem ser manipulada por satélites comerciais indefesos. Assim, uma série de tempestades solares maciças, como as esperadas para 2012, pode não apenas interromper as telecomunicações comerciais como desarmar sistemas militares importantes.

O TRACE (Transition Region and Corona Explorer), lançado em 1998, investiga as estruturas magnéticas, inclusive manchas solares, que aparecem na superfície do Sol. E o RHESSI (Reuven-Ramaty High Energy Solar Spectroscopic Imager) vem colhendo imagens de raios X e raios gama dos clarões solares desde 2002. O satélite SORCE, que passou a operar em 2003, a cargo do Laser and Spectrum Physics (LASP) Laboratory da Universidade do Colorado, tem a missão de explorar os efeitos solares sobre a atmosfera terrestre. No final de 2006, a NASA lançará o STEREO, um par de satélites que funcionará como dois olhos a fim de fornecer imagens tridimensionais das ejeções de massa coronal. Também em 2006 subirá ao espaço o Yokoh B, planejado para transmitir imagens de altíssima resolução dos eventos solares. A partir de 2008, o Solar Dynamics Observatory da NASA estudará o impacto das turbulências do Sol sobre a Terra.

Eis aí uma verdadeira esquadra em linha para investigar o Sol, supostamente a própria essência da estabilidade. Mas tanto tempo, dinheiro e talento teriam sido investidos em estudá-lo se o interesse fosse puramente acadêmico? Talvez já seja hora de os cientistas e militares no poder falarem às claras sobre os medos e motivações por trás de um empreendimento de pesquisa tão ambicioso.

Pequenas eras glaciais

A ciência tem lá sua política ou seus embaraços. David Hathaway, físico solar da NASA que mais que ninguém defende a tese segundo a qual não há nada de insólito na recente atividade das manchas solares, parecia isolado quando saiu o relatório de 2002 da NCAR sobre o ciclo solar 24, que previa um clímax maciço em 2012. Hathaway, cientista influente e dedicado, acolheu com cortesia o relatório da NCAR, mas deu o que pensar quando, semanas depois, lançou a hipótese de que o próximo ciclo de manchas, o 25, com clímax previsto para 2022, ficará bem abaixo da média. Coragem!

A confiança que eu depositava na predição de baixa atividade solar de Hathaway começou a desmoronar quando me lembrei da idéia de Gerardo Barrios sobre a relação entre a Terra e o Sol. Barrios observara, simplesmente, que como em qualquer outra relação o desequilíbrio era a ameaça. Muitas manchas, poucas manchas — qualquer desses extremos pode gerar problemas.

Deus nos livre de outro Mínimo Maunder, um período de sete décadas de 1645 a 1715 durante o qual as manchas solares quase desapareceram (só umas quarenta ou cinqüenta puderam ser vistas ao telescópio), num quadro cronológico que normalmente apresentaria centenas ou milhares de erupções. O Mínimo Maunder, segundo se acredita, foi causado por uma expansão do volume do Sol, com conseqüente diminuição na densidade, afora um retardamento de rotação. O resultado foi uma estrela com menos projeção de energia, portanto de calor.

O Mínimo Maunder coincidiu com o auge daquilo que na Terra se convencionou chamar de Pequena Era Glacial, iniciada aparentemente por volta de 1300 d.C., quando os verões na Europa foram incertos, com poucos dias quentes e luminosos para garantir as colheitas. Veio depois a Grande Fome de 1315-17: as chuvas encharcaram a primavera, o verão e o outono da Europa, impedindo que as sementes brotassem nos campos. Mais de um milhão de pessoas morreram de fome, o que levou, entre outras coisas, ao abandono generalizado de crianças, como na história de Joãozinho e Maria.

Os invernos, no Hemisfério Norte, foram ficando cada vez mais frios, atingindo o ponto alto em meados do século XVII, a época do Mínimo Maunder. Na Suíça, avolumaram-se os gelos alpinos. Na Holanda, canais e rios se congelaram. A antiga colônia viking da Islândia perdeu metade de sua população e a da Groenlândia se extinguiu por completo. Na África, viu-se neve em regiões onde não mais se vê atualmente. Timbuktu, a velha cidade universitária da Etiópia, foi inundada diversas vezes, embora não haja registros de que isso tenha acontecido antes ou depois.

Na Europa continental, as crescentes tensões políticas decorrentes das péssimas condições climáticas resultaram na Guerra dos Trinta Anos (1618-48). Na Alemanha, a mortalidade por fome, guerra e doença atingiu de 15 a 20% da população. A Inglaterra foi abalada por duas guerras civis, conhecidas como a Revolução Puritana ou Grande Revolta. Não espanta ter sido nessa ocasião que a América começasse a ser colonizada. Perseguições religiosas? Por que não a ameaça de fome geral? É preciso que alguém esteja absolutamente desesperado para arriscar-se, num naviozinho frágil de madeira, em mar alto. Aquele primeiro Dia de Ação de Graças foi na verdade uma mostra de gratidão pelo bom prato de comida finalmente encontrado.

Os moralistas que habitam entre nós podem não querer lançar a culpa do retrocesso geral de uma sociedade ao canibalismo no comportamento disfuncional das manchas solares; mas, segundo Sultan Hameed, físico solar da SUNY Stony Brook que fez uma das mais excitantes apresentações na conferência SORCE, o Mínimo Maunder explica em grande parte a decadência e a queda da dinastia Ming na China. Esmiuçando os meticulosos registros compilados ao longo de dois mil anos pelos funcionários públicos chineses, Hameed demonstrou, metodicamente, que de 1628 a 1643 a China passou por um grave período de seca; no passado, apenas três anos nessa situação levariam o país à penúria. Fome, doenças, pragas de gafanhotos e, por fim, o canibalismo generalizado precipitaram revoltas espontâneas em diversas partes da China, o que provocou em 1645 a expulsão dos mings pelos manchus, os quais inauguraram a dinastia Qing, no poder até 1911.

Imagine o leitor se hoje a China, com 1,5 bilhão de habitantes e prestes a se tornar a maior economia do mundo, enfrentasse de novo uma seca de quinze anos. Ela mergulharia no caos e as conseqüências geopolíticas dessa catástrofe contaminariam o resto do mundo. Uma superpotência ferida é um perigo. A última era insurrecional na China, em meados do século XX, quando os comunistas conquistaram o poder sob a liderança de Mao Tse-tung, deixou pelo menos vinte milhões de mortos. Sem a influência estabilizadora desse país, tanto a Coréia do Norte quanto o Iraque podem pôr as manguinhas de fora e tornar-se mais belicosos. O mercado de consumo global sofrerá muito se o fluxo de produtos chineses baratos for interrompido; o Wal-Mart, maior empresa do mundo, perderá sua maior fonte isolada de abastecimento.

Quando Júpiter se alinha com Marte

É absolutamente natural querer desacreditar notícias aterrorizantes. Fui à conferência SORCE em Durango, Colorado, para descobrir se existe alguma conexão entre as tempestades no Sol e as tempestades na Terra. Existe, não há dúvida; e não há dúvida também de que caminhamos para um tumulto ainda maior de agora até 2012. Concluí, obviamente, que o que acontece no Sol afeta o que acontece na Terra, e não o contrário. Questões em suspenso como, por exemplo, o motivo de os grandes furacões de 2005 virem antes e depois da terrível semana de turbulência solar entre 7 e 13 de setembro serão, creio-o firmemente, explicadas um dia. Mais tarde fiquei sabendo da existência de um corpo promissor de pesquisa científica sustentando que os planetas, inclusive a Terra, tanto ajudam a provocar manchas solares quanto são afetados por elas. Segue-se que as configurações e alinhamentos planetários têm poderosa influência sobre o Sol. Essa constatação enseja o que se poderia chamar de uma experiência fora do corpo ou, pelo menos, de recordação vívida de uma experiência bastante agradável desse tipo, ocorrida longe e há muito tempo.

Nada poderia deixar mais feliz um adolescente. Meu signo astrológico é Aquário e, para comemorar meu 14º aniversário, fui ver *Hair* na Broadway. No último número antes do intervalo, o elenco inteiro se despiu e cantou "A Era de Aquário". Umas vinte pessoas peladas, metade garotas lindas, proclamavam o alvorecer da minha era.

A princípio, a ciência das configurações planetárias e seus efeitos energéticos sobre o Sistema Solar era quase impossível de levar a sério enquanto a música não parasse de soar em minha cabeça: "Quando a Lua estiver na sétima casa/E Júpiter se alinhar com Marte...."

Os astrólogos partem do pressuposto de que os alinhamentos planetários têm significado, postura que eu descartava como sem base científica até iniciar as pesquisas para este livro. Antes dos meus estudos sobre 2012, eu achava a astrologia bem-intencionada e divertida, mas pouco digna de consideração séria. Certo, não podemos deixar de ficar impressionados, às vezes, pelo modo como certos tipos de personalidade parecem corresponder, para além do mero acaso, a determinados signos de nascimento. E a leitura competente de um mapa astrológico (muito agradável porque nos diz respeito) pode revelar acontecimentos passados e futuros, tanto quanto condições atuais ocultas, num grau impressionante. Mas eu sempre presumi, sem dar muita atenção ao assunto, que toda essa parafernália planetária era apenas um veículo graças ao qual pessoas genuinamente sensíveis e intuitivas — os bons astrólogos — de algum modo canalizavam suas percepções.

No entanto, é fato que há valor científico genuíno no estudo das configurações planetárias — talvez muito. Um grupo devotado de cientistas espaciais hoje acredita que os planetas exercem, regularmente, uma influência decisiva — até hoje não valorizada devidamente — sobre o campo eletromagnético e gravitacional do Sol. Num primeiro momento, o senso comum repele essa proposição: de que maneira orbes comparativamente pequenos e inertes afetariam o radiante e formidável Sol em torno do qual gravitam? Mas então nos lembramos de que o Sol é, ao contrário dos planetas, líquido e mole. À semelhança da gelatina, está bem mais sujeito que os planetas a influências gravitacionais.

Mercúrio, Vênus, Terra e Marte são considerados planetas interiores porque se situam entre o Sol e o grande cinturão de asteróides que separa Marte de Júpiter. Deles, a Terra é que tem massa maior, campo gravitacional mais forte e campo magnético mais denso. A conexão Sol-Terra é, pois, uma rua de mão dupla.

O sistema energético de realimentação que existe entre o Sol e a Terra suscita interessantes possibilidades. Furacões, vulcões, terremotos e outros eventos de natureza climática ou sísmica, em que grandes quantidades de energia são liberadas, tanto podem dar origem às manchas solares quanto ser por elas provocados. Mais importante que qualquer dos detalhes é a mudança de perspectiva, da transmissão em mão única Sol-Terra para a relação energética de mão dupla (ainda que desigual). Cerimônias indígenas como as executadas pelo xamã maia Manuel reconhecem, na esfera do rito, a influência da Terra sobre o Sol — e vêm propalando isso há milênios.

São necessários dois para dançar o tango

São necessários dois, ou, neste caso, doze — o Sol, os dez planetas (inclusive o novo Planeta X) e a Lua, que é um dos maiores satélites do sistema solar e constitui, por isso, um fator gravitacional significativo — para dançar o tango.

The Vital Vastness, volume erudito de mil páginas repletas de referências meticulosas, que se tornou uma espécie de ícone clássico entre os geocientistas, resume o conhecimento sobre como os planetas, principalmente a Terra, afetam em termos eletromagnéticos e gravitacionais o comportamento do Sol. Assim como os astrólogos, o escritor Richard Michael Pasichnyk e outros cientistas do espaço calculam os ângulos entre os planetas para determinar sua influência relativa. A mais forte influência combinada surge quando os planetas se alinham (num ângulo de 0°) ou quando se opõem (num ângulo de 180°) e, mesmo, quando se colocam em ângulo reto (de 90°). Algumas configurações, por exemplo, tendem a ser mais eficazes na produção de rachaduras da camada externa do Sol; outras, aparentemente, em pôr-lhe as tripas à mostra.

"O campo magnético terrestre sofre mudanças de intensidade que refletem a magnitude das alterações na atividade solar *antes* que elas ocorram no Sol... os dados magnéticos para a Terra, durante um mínimo de manchas solares, indicam a 'profundidade' do máximo seguinte", explica Pasichnyk (grifo dele). Em suma, desenvolvimentos no campo magnético da Terra precedem, e possivelmente ajudam a provocar, desenvolvimentos no Sol.

Vale notar que o período de violentos furacões em 2005 coincidiu com o recorde de atividade solar entre 7 e 13 de setembro. O Katrina precedeu de pouco os clarões; e depois Rita, Stan e Wilma acompanharam quase que imediatamente as explosões das manchas solares.

As chamadas culturas primitivas que personificam o Sol não achariam difícil entender essa dinâmica. Suas crenças, embora enraizadas no misticismo, sustentam que a Terra e o Sol mantêm estreita relação, ou seja, influenciam-se mutuamente, para o bem ou para o mal.

Planetas e estrelas são ímãs gigantes, afora muitas outras coisas. Para compreender como interagem energeticamente, imagine o leitor dois ímãs, um em cada mão. Primeiro, estenda os braços para que cada ímã fique bem longe um do outro e não haja atração entre ambos — nenhuma interação magnética. Agora, lentamente, aproxime as mãos. A determinada altura você sentirá a atuação de uma força, de repulsão ou atração, dependendo da orientação dos pólos dos ímãs. Movimente-os um diante do outro e notará que certa quantidade de energia elétrica (bem pequena, neste caso) será gerada. Com efeito, diferentes ângulos e posições criam campos eletromagnéticos diferentes, de características e intensidades variadas. Dá-se o mesmo com a interação entre dois planetas. Agora acrescente um terceiro ímã — digamos, um milhão de vezes maior e mais poderoso que os outros dois —, pousado como uma enorme bolha de gelatina superaquecida no meio do recinto. Esse ímã gigantesco assemelha-se, é claro, ao Sol e manterá relações eletromagnéticas fortíssimas com cada um dos ímãs em suas mãos.

O que tendemos a esquecer, contudo, é que à sua maneira os dois pequenos ímãs também influenciam a massa superaquecida no meio do recinto. Ainda que a enorme bolha encerre muito mais energia que aqueles pequeninos objetos, ela não deixa de ser gelatinosa. Sua superfície e interior reagem à mais insignificante perturbação.

Mas voltemos aos ímãs que o leitor segura nas mãos. De novo afaste os braços para que os objetos não interajam e gire-os em todas as direções. Não importa quão distantes estiverem as mãos uma da outra, cada ímã exercerá uma atração gravitacional. E cada mão também. A gravidade, porém, será fraca, conforme você perceberá por não poder sentir os ímãs ou as mãos sendo atraídos um para o outro. Newton nos ensinou que a atração gravitacional entre dois objetos é diretamente proporcional à sua massa e inversamente proporcional ao quadrado das distâncias que os separam. Assim, se definirmos a atração gravitacional entre dois objetos de 1 kg, afastados 1 m entre si, como 1G, a atração gravitacional entre esses mesmos objetos, mas agora afastados 2 m, será de $\frac{1}{4}$G, de $\frac{1}{9}$G caso o espaço for de 3 m, e assim por diante. A distância dilui notavelmente a força da gravidade e é um fator bem mais importante que a massa. O contrário, deduz-se, é que quando as distâncias diminuem linearmente, as forças gravitacionais aumentam geometricamente.

À medida que giram, os planetas entram ou saem de linha, amplificando, modificando e/ou anulando entre si os efeitos magnéticos e gravitacionais que exercem sobre o Sol. Este, é claro, exerce uma influência bem maior — mas, como bolha incandescente gigante, é também mais suscetível às atrações e repulsões do que os planetas densos e compactos que orbitam à sua volta.

Nada disso levou o Sol a nocaute. Desde que a teoria copernicana abalou nosso ego coletivo convencendo-nos de que a Terra gira em torno do Sol, e não o contrário, ele passou a ocupar um posto só inferior ao do Onipotente. E embora todos acabassem se dando conta de que o Sol é apenas uma entre incontáveis estrelas, parte de uma imensa galáxia que junto com muitas outras forma um universo aparentemente infinito, nós não vemos nem sentimos nada disso e não lhe damos mais importância que ao brilho do Sol ou mesmo à claridade da Lua. Por isso, a idéia de que nossa minúscula Terra possa realmente perturbar o grande Sol incandescente, continua parecendo tão sacrílega e assustadora quanto a de que nós, insignificantes seres humanos, somos capazes de prejudicar Deus.

Onda de maré planetária

Poderíamos supor que o centro da massa do Sistema Solar se localizasse em algum ponto dentro do Sol, por ser ele mais volumoso que todos os planetas, luas, asteróides e cometas juntos. Na verdade, porém, esse centro está sempre se deslocando devido aos padrões orbitais e aos alinhamentos planetários, podendo avançar até uma região situada a 1,6 milhão de quilômetros do Sol, como explicou meu colega Thomas Burgess. Burgess é físico quântico de estado sólido que divide a carreira entre os Livermore

Laboratories, perto de Berkeley, Califórnia, e os Sandia National Laboratories de Albuquerque, Novo México.

Imagine que seu centro de gravidade esteja fora do corpo, em algum ponto exterior. Você, é claro, irá pender para essa direção e ajustar seus movimentos de acordo com ela. O Sol não pende para nenhum lado, apenas balança e se infla na direção do centro da massa do Sistema Solar. Quanto maior for a atração do Sol, mais sua superfície tenderá a rachar-se e liberar subitamente a chamada radiação aprisionada, termo que descreve bem a incrível quantidade de energia contida no seu interior, às vezes por dezenas de milhares de anos. Em circunstâncias normais, essa radiação se escapa num fluxo mais ou menos contínuo; mas, quando a superfície do Sol se fende, ela pode se projetar em explosões gigantescas.

"A radiação aprisionada escapa da superfície do Sol por uma fenda ou mesmo por uma saliência negativa", diz Burgess, esclarecendo que a presença de uma saliência negativa, ou depressão, significa menos massa a ser atravessada pela radiação.

O próximo pico na força de maré planetária, em essência a soma total da atração exercida pelos planetas sobre o Sol, ocorrerá no fim de 2012, pelos cálculos de Burgess. O máximo de manchas solares, coincidentemente previsto também para aquele ano, provocará uma composição de forças que submeterá o Sol a uma pressão extrema. Os pólos magnéticos solares, que se invertem a cada 22 anos, no auge de cada segundo ciclo, também mudarão de posição em 2012, agravando ainda mais o problema.

A sinergia resultante das pressões gravitacional e eletromagnética sobre o Sol distorcerá e distenderá sua superfície, provocando explosões formidáveis de radiação aprisionada, possivelmente as mais letais a que a Terra já assistiu desde o advento do *homo sapiens*.

SEÇÃO IV

Espaço

Que farra! Quatro astrônomos com título de doutor, mais um engenheiro, um físico-químico e eu, pós-graduando em literatura, todos da University of California em San Diego, rabiscávamos diagramas, ríamos, bebíamos e discutíamos fenômenos naturais. Por volta de uma hora da madrugada, Ernest, o astrônomo mais jovem e mais brilhante, levou a mão ao rosto, espirrou com força e anunciou: "As leis do impulso angular provam que o universo é isotrópico".

Um silêncio percorreu a cozinha. A mente de todos começou a dançar, principalmente a minha, pois eu não fazia a mínima idéia do que aquilo significava. Mas, notando que a frase impressionara os outros, anotei-a no caderno antes de ir para a cama.

Semanas depois compareci a uma festa elegante nas colinas de La Jolla, onde um físico de San Diego sustentava, eloqüentemente, que a física é a realidade mais profunda e o resto deriva dela, sendo, portanto, de importância secundária. Estávamos em 1977 e a teoria do Big Bang *ia suplantando o Gênesis como nosso principal mito da criação, o primeiro baseado em fatos. No ano seguinte, 1978, Arno Penzias e Robert Wilson ganhariam o prêmio Nobel de Física por sua descoberta de que parte da radiação de microondas ambiental do universo é, na verdade, um resquício da explosão original do* Big Bang. *Assim, meia dúzia de nós, inclusive meu orientador da faculdade, cercamos aquele luminar da física, que ia acumulando créditos por revelar-nos o segredo do cosmos. Eu estava muitíssimo aborrecido porque minha bela namorada, Priscilla, uma lingüista, bebia cada palavra que ele pronunciava. Só havia uma coisa a fazer: "Em minha opinião, as leis do impulso angular provam que o universo é isotrópico", observei calmamente.*

Se alguém me perguntasse o que eu queria dizer com aquilo ou, com todos os diabos, apenas me pedisse para repetir a frase, ai de mim! De algum modo, o fato de os elétrons girarem mostra que o universo está se expandindo em todas as direções, embora eu não possa explicar por que Ernest saltou do nível atômico para o infinito. Mas aquelas palavras não eram meras palavras, eram uma fórmula mágica. O mestre de física disse apenas: "Bem, essa é uma proposição muito abrangente", e afastou-se do grupo, indo sentar-se para refletir melhor.

Vinte e oito anos depois. Minha entrevista com Alexey Dmitriev, para a qual viajei de Los Angeles à Sibéria em pleno inverno, quase foi interrompida após dez minutos. Boa parte desta seção é dedicada às teorias iconoclastas de Dmitriev sobre a heterogeneidade da linha do espaço-tempo. Foi uma conversa das mais complicadas, sobretudo por causa da mediação de um intérprete russo-inglês. Fiquei confuso, fiz uma pergunta que não tinha nada a ver, enrubesci e disparei outra pergunta ainda mais estúpida. A essa altura Dmitriev consultou o relógio e tentou encontrar um modo de safar-se. Só havia uma coisa a fazer: "Sempre supus que as leis do impulso angular provam que o universo é isotrópico", confidenciei.

Dmitriev olhou-me com um ar de piedade e inclinou-se sobre a mesa. "Todos acreditávamos nisso, Larry, e eu próprio, quando jovem, ensinava-o aos meus alunos. Não há motivo para você ficar embaraçado", consolou-me o cientista. E acrescentou: "Face ao que sabemos hoje, eu bem que gostaria que isso fosse verdadeiro".

Duas horas de conversa depois, mais digressões e alusões a outras entrevistas, ficou bastante claro para mim por que nosso planeta — na verdade, o Sistema Solar inteiro — pode estar se encaminhando para o desastre em 2012 ou perto disso. Quanto às razões pelas quais as leis do impulso angular provam que o universo é isotrópico, não sei nem quero saber.

Por que quebrar o encanto?

8

Rumo à nuvem de energia

"Vôo Delta 2012. Vôo Delta 2012. Embarque Zona 7."

Partindo de Los Angeles para a Sibéria, dois números faiscaram no meu cartão de embarque: 2012 e 7, que é a data do meu nascimento e meu número de sorte. A pesquisa de 2012 estava me deixando um tanto supersticioso. Deveria tomar aquele avião? Ou a coincidência era um bom presságio para meus trabalhos? E se era um bom presságio para meu livro, não seria também uma péssima notícia para o mundo? Eu estava bastante confuso. Manchas solares, furacões, terremotos, vulcões, físicos solares, xamãs maias... uma nova perspectiva viria a calhar. Lá ia eu para Novosibirsk, capital da Sibéria, a fim de conhecer o dr. Alexey Dmitriev, geofísico da Academia Russa de Ciências, e aprender um pouco mais sobre a zona galáctica de perigo que ameaça o Sol, a Terra e o sistema solar inteiro. Ao girar no centro da galáxia, o Sol atravessa diferentes áreas do espaço, umas mais carregadas de energia que outras. Segundo Dmitriev, luzes vermelhas de alerta estão piscando para advertir que nos achamos bem no meio de uma tempestade interestelar.

"A atividade solar crescente é resultado direto de um crescente fluxo de matéria, energia e informação que experimentamos ao avançar para dentro da nuvem de energia interestelar. Novas exigências estão sendo feitas ao

Sol e o resultado delas se reflete em nosso planeta", escreveu Dmitriev. "O prazo para a catástrofe global se concretizar equivale ao tempo que a Terra levará para descrever duas ou três dúzias de órbitas em torno do Sol. Não é exagero: na verdade, achamos até que essa previsão é 'otimista'."

Dmitriev, de 60 anos, tem um currículo impressionante, com mais de trezentos artigos acadêmicos publicados, a maioria sobre geofísica e meteorologia, tanto da Terra quanto de outros planetas. Escreveu vários livros eruditos, e recebeu diversas indicações e prêmios, inclusive o Símbolo de Honra (Znak Pocheta), prêmio soviético por seus trabalhos em metodologias de prospecção de minerais importantes como níquel, ferro, ouro, urânio e petróleo.

Apesar de todas essas credenciais, não era impossível que o homem fosse maluco. Tentar entrar em contato com Dmitriev foi tão frustrante que pensei em cancelar a viagem à Rússia. O camarada nunca estava no escritório e, das três primeiras vezes que telefonei para sua casa, ele ou a mulher cortou a ligação. Intermediários falantes de inglês se dispuseram a ajudar, procurando marcar encontros que eram descartados com a desculpa: "O dr. Dmitriev está fora, pesquisando tempestades. Voltará em um mês". Só depois de dez semanas consegui fazer contato, quando então ele sugeriu que eu lhe passasse as perguntas por fax. Parecia boa idéia, de modo que mandei traduzi-las em russo e enviei-as por fax e e-mail — mas nunca foram respondidas.

O trabalho de Dmitriev com a nuvem de energia interestelar insere-o no quadro da grande tradição da ciência espacial russa. De fato, algum dia os russos talvez sejam considerados criaturas tão obcecadas pelo estudo do espaço exterior quanto os maias pelo exame dos céus. Com uma economia que mal chegava a um quarto do tamanho da nossa e padrões de vida ainda mais baixos, a União Soviética conseguiu acompanhar passo a passo os Estados Unidos, durante décadas, na corrida espacial. Começando pelo lançamento bem-sucedido do Sputnik, o primeiro satélite, em 1957, os russos mandaram à Lua, em 1959, os primeiros engenhos de pesquisa, o Luna 2 e o Luna 3. Colocaram o primeiro astronauta no espaço, Yuri Gagarin, em 1961, e montaram a primeira estação espacial, a Salyut, em 1971, além da primeira estação funcional de longo prazo, a Mir, em 1986, que operou até 2001.

Era realmente grande minha curiosidade de conhecer Dmitriev e seus colegas, mas quando o avião se preparava para pousar em Moscou, onde eu passaria dois dias, apanhei-me pisando fundo no freio, tal qual o passageiro nervoso num carro prestes a bater. De certo modo, minha perna direita estava canalizando o espírito do meu pai, a quem não agradaria nada saber que seu filho se dirigia para o que, em sua opinião, seria sempre a capital mundial do comunismo.

Papai fora prisioneiro na Itália durante a Segunda Guerra Mundial e julgava-se afortunado por isso: seus dois camaradas morreram na trincheira, ombro a ombro com ele, durante um ataque. E, graças a Deus, não era o mesmo Edward D. Joseph que o Departamento de Guerra julgou ser quando, por engano, enviou um telegrama a seus pais informando que seus braços e pernas haviam sido amputados em conseqüência de ferimentos em batalha. Sua mãe se recusou categoricamente a acreditar na notícia, correu à igreja católica Maronita de Santo Antônio, em Danbury, Connecticut, ajoelhou-se na entrada, arrastou-se pela ala central até o altar, chorou, implorou e xingou o Senhor. Deu resultado.

De volta ao lar, após seis meses acordando no meio da noite para correr ao quintal, cavar uma trincheira e pular dentro, gritando "Os *jerries* [alemães] estão chegando! Os *jerries* estão chegando!", meu pai retomou sua vida normal. Politicamente, era um republicano pacifista — "América: ame-a ou deixe-a" — e declarou certa vez que, se eu me alistasse, ele me traria de volta e me fuzilaria com as próprias mãos.

O fascismo desapareceu tão depressa e tão completamente que muitos patriotas, inclusive papai, sentiram a necessidade de um inimigo novo para preencher o vazio. Esse inimigo, de modo muitíssimo conveniente, acabou sendo o comunismo, aliado do fascismo quando Hitler e Stalin ainda se entendiam às maravilhas. Duas das poucas vezes em que papai se irritou comigo foram por causa do comunismo. Como muitos garotos que cresciam no começo dos anos 1960, eu queria ser astronauta, para grande orgulho dele. Um dia, apresentou-me a um homem que, sei hoje, era o seu novo patrão e mandou-me dizer quem era o meu herói, esperando ouvir o nome de John Glenn, o primeiro americano a fazer a órbita da Terra.

"Yuri Gagarin", respondi prontamente. O cosmonauta russo, afinal, fora o primeiro homem no espaço e o primeiro a descrever uma órbita em torno da Terra.

A outra ocasião em que ficou fulo da vida foi quando eu, voltando da escola (acho que estava no segundo ano) e subindo as escadas para nosso apartamento, comecei sabe-se lá por que a cantarolar "Communist Mommy, Communist Mommy". Todos esses *mm* juntos pareciam soar maravilhosamente. Papai perdeu as estribeiras. Vivíamos o auge da Guerra Fria, o final da era McCarthy, quando as mais absurdas acusações de simpatias comunistas podiam arruinar uma vida.

Até a queda do Muro de Berlim em 1989, um livro que ostentasse a palavra "apocalipse" no título com toda a probabilidade trataria do iminente holocausto nuclear entre os Estados Unidos e a União Soviética. De fato, em 1986 trabalhei numa minissérie da ABC intitulada *Amerika*, uma maratona pós-apocalíptica de quatorze horas situada em época indefinida, depois que nos rendemos aos comunas para evitar um conflito nuclear geral e fútil. Na história, os soviéticos desmantelavam nossa infra-estrutura e dividiam o país em republiquetas desarmadas, até que Heartland, a que compreendia Kansas, Nebraska e vizinhanças, se rebelava com rasgos de heroísmo. Hoje, por ironia, o império soviético é que se fragmentou em nações independentes, muitas absolutamente indefesas. E pelo menos uma, a Geórgia, está em franca rebelião.

Indo do aeroporto para o centro de Moscou, eu não podia me impedir de pensar que aquele ainda era território inimigo, apesar do jargão geopolítico. A Guerra Fria acabou mesmo ou está apenas em suspenso? Como muitos *Baby Boomers*,* eu tinha sempre diante dos olhos a imagem do primeiro-ministro Nikita Khrushchev batendo o sapato em sua poltrona da Assembléia Geral das Nações Unidas e gritando "Nós vamos queimar vocês!" aos Estados Unidos da América. Observando a multidão malvestida e carrancuda arrastando-se pelas ruas de Moscou, pensei: "Este é o povo que quase acabou conosco?" (Sem dúvida, os russos também ficam confusos quando vêem pela primeira vez americanos ao estilo Big Mac/Mickey Mouse.)

Passear pela praça Vermelha, onde os russos costumavam exibir seu arsenal nuclear todos os anos no dia 1º de maio, era um bom lembrete de que as profecias para 2012 — ano de eleição presidencial nos Estados Unidos, ano das Olimpíadas de Verão em Londres, capital de nosso aliado fraterno — também podem realizar-se por interferência do homem. Certamente

---

* Período caracterizado pelo aumento da taxa de natalidade, principalmente nos Estados Unidos, nos anos que seguiram à Segunda Guerra Mundial, mais ou menos entre 1945 e 1965. As pessoas que nasceram nesse período, são chamadas de "*Baby Boomers*". (N. do trad.)

algumas daquelas armas saíram da Rússia e caíram em mãos de malfeitores tenebrosos que apenas aguardam a oportunidade de atacar. Estarão os medos com relação a 2012 se avolumando a tal ponto que venham a concretizar-se por si mesmos? Um inimigo ávido por nos deixar paranóicos escolherá esse ano icônico para desferir o golpe? Este livro, se bem-sucedido, tornará a data-alvo de 2012 ainda mais tentadora?

De volta ao hotel, conferi meus e-mails e descobri uma mensagem de Dmitriev na qual ele dizia que "faria o melhor" para honrar nosso compromisso.

Se, depois de eu viajar meio mundo até a Sibéria, o sujeito pisasse na bola...

Toda aquela aventura russa começava a parecer um enorme equívoco. Para que a viagem não fosse um fracasso total, corri Moscou a fim de colher o máximo de informações culturais possível. Um bom presságio: no Museu de Arte Estatal Pushkin, o retrato de João Batista por El Greco, de longe meu pintor favorito. El Greco via João Batista como um pagão sensível, quase pré-humano, mas ainda assim com toda a profundidade de caráter de que precisava a fim de cumprir sua missão sagrada de preparar o mundo para o Filho de Deus.

Eu só vira aquele quadro uma vez, a 22 de junho de 2000, por ocasião do meu último encontro com James Lovelock, o protagonista do meu primeiro livro. Foi em Valência, Espanha, onde a American Geophysical Union [União Geofísica Americana] apresentava a segunda de suas conferências Chapman, com uma semana de duração, sobre a hipótese de Gaia aventada por Lovelock. Segundo essa hipótese, a Terra é essencialmente um superorganismo, não uma mistura inanimada de rocha e água. Depois de vinte anos escrevendo sobre o assunto, imaginei-me o Boswell do movimento Gaia, embora o mais famoso biógrafo de Samuel Johnson fosse, em sua vida pessoal, um pateta indecente. Apaixonei-me à primeira vista pelo tributo tocante, um pouco bizarro, de El Greco a São João, o tipo de homem que podemos admirar, mas nunca gostaríamos de ser. O fato de minha esposa, Sherry, ter nascido a 24 de junho, dia de São João Batista (data muito festiva na Europa), reforçava o sentimento de uma conexão especial.

Descobrir aquela pintura em Moscou, tão longe de seu lar na Espanha, entusiasmou-me. (Por sinal, existem quatro retratos praticamente iguais de São João Batista, por El Greco, em Valência, Moscou, San Francisco e outro local de que não me lembro.) Mas alguém poderia entregar-me minha cabeça numa bandeja sem que eu me importasse quando, vários dias depois, na Sibéria, finalmente encontrei Alexey Dmitriev. Ele lembrava muito James Lovelock, com seu bigode tão impecável que parecia postiço. Apenas uns três quilos de peso, uns três centímetros de altura e nenhuma mecha de cabelos brancos distinguiam os dois esguios e brilhantes cientistas. Ambos moram e trabalham longe dos grandes centros (Akademgorodok, cidadezinha da Sibéria; St. Giles-on-the-Heath, aldeola do interior inglês); e ambos têm uma mensagem fascinante sobre o destino da Terra.

Para completar, os dois são celebridades em seu campo. O homem que eu antevia como um professor destrambelhado, fora de seus trilhos transiberianos — afinal, vive predizendo que estamos voando para uma nuvem de energia que sacudirá o Sistema Solar para cima, para baixo e para os lados —, revelou-se na verdade um sujeito hospitaleiro e bonachão, uma celebridade que andara me despistando porque, como qualquer outra, é muito solicitada. Ele tinha de ser bastante cuidadoso com seu tempo.

O sistema solar está se aquecendo

"Eu gostaria de dizer uma coisa logo no começo desta entrevista. Há três importantes fontes de energia negadas ou descuradas pelos cientistas ortodoxos. São elas: (1) as condições dinâmicas e mutáveis do meio interplanetário; (2) os efeitos energéticos da configuração planetária do Sistema Solar e (3) os impulsos oriundos do centro da galáxia", declarou Dmitriev.

Essas são três teses abrangentes, com implicações para 2012.

Para começar, Dmitriev acredita que todo o Sistema Solar esteja ficando mais quente. Pense-se no aquecimento global ao zilionésimo grau.

Quase todos nós aprendemos, com um dar de ombros, que estamos nos movendo sem sentir. Além da rotação diária da Terra e de sua revolução anual em torno do Sol, somos passageiros do Sistema Solar, que gira numa órbita não-especificada pela Via-Láctea, a qual, de seu lado, avança não se sabe para onde universo afora. Os antigos astrônomos maias, é claro, estudaram tudo isso em profundidade, mas para nós os movimentos do Sistema Solar e da Via-Láctea parecem irrelevantes, um simples dado técnico em nível cósmico. Ninguém jamais mencionou a possibilidade de que o Sistema Solar talvez esteja se dirigindo para um quadro de circunstâncias novo e hostil, embora racionalmente seja lícito pensar assim. Não há nenhuma garantia de que o espaço interestelar permaneça para sempre e uniformemente negro, frio e vazio.

Somos todos passageiros de um avião, o Sistema Solar, e ele voa rumo a uma tormenta — turbulência interestelar, digamos assim.

Não bastasse isso, os siberianos conhecem muito bem suas tempestades. Encontrei finalmente Dmitriev durante o International Symposium on Heliogeophysical Factors in Human Health [Simpósio Internacional sobre Influências Heliogeofísicas na Saúde Humana], em 15-16 de novembro de 2005, patrocinado pelo Scientific Center of Clinical and Experimental Medicine of the Siberian Branch of the Russian Academy Sciences [Centro Científico de Medicina Clínica e Experimental da Seção Siberiana da Academia Russa de Ciências], em Akademgorodok, onde Dmitriev passou a maior parte de sua carreira acadêmica.

Akademgorodok é uma utopia que não deu certo, fundada no final dos anos 1950 a cerca de 50 km de Novosibirsk para ser o centro das pesquisas soviéticas secretas em desenvolvimento de armas, engenhos espaciais, medicina experimental e estudos parapsicológicos, então considerados úteis para a espionagem e a defesa. A melhor e mais brilhante ciência russa não fora, propriamente, exilada para essa aldeia arborizada e lacustre, mas apenas abrigada ali, longe das tentações e dos olhos curiosos do Ocidente. Ali não havia nada de *gulag*. Akademgorodok foi equipada com ótimas instalações e ótimos alojamentos, gozando de uma liberdade cultural e intelectual que não seria de esperar no Estado soviético. O que mais se parecia com Woodstock na história da União Soviética era a festa anual de 1º de maio em Akademgorodok. Além disso, havia um café onde todos se encontravam, com poesia, música e outros deleites subversivos.

Hoje, grande parte das pesquisas militares secretas outrora conduzidas em Akademgorodok foi desativada. O boteco dos dissidentes transformou-se num banco. A Intel, pelo que se conta, vai montar um parque industrial nas imediações. E a loja New York Pizza exibe uma estátua da Liberdade iluminada a néon. A nova geração, porém, ainda não está lá muito convencida. Os jovens já começam a deixar Akademgorodok por Moscou, pelo Ocidente, embora até certo ponto a cidade não vá mal. A população diminui pouco anualmente, embora as projeções oficiais para a nação russa como um todo estimem uma perda de nada menos que 25% nas próximas duas décadas, com a média de idade aumentando em dez anos ou mais.

A geração de Dmitriev, porém, não arreda o pé de lá. Os salários que recebe não valeriam nada em Moscou e, além disso, sua tradição acadêmica de experimentação secreta, mais a liberdade de fazer qualquer coisa capaz de dar alguma vantagem à Mãe Rússia, não encontrariam equivalente em nenhum lugar. E isso sem falar nas regalias soviéticas, que persistem. Durante a conferência em que me encontrei com Dmitriev, convidei para o almoço minha intérprete, Olga Luckashenko, uma jovem e brilhante aluna de pós-graduação: paguei cerca de um dólar e cinqüenta centavos, incluindo bebida, sopa, sanduíche e sobremesa — mas não guardanapos.

☰

Julgar as pessoas pelas roupas é hábito comum. Calças lustrosas, camisas brancas grosseiras e gravatas de poliéster rodeavam Dmitriev, que parecia, em comparação, vestido de *cashmere* (mista). Ele acabara de publicar um novo texto científico sobre a linha do espaço-tempo e, após interromper por breves instantes nossa entrevista a fim de autografar alguns exemplares, explicou que a noção de um espaço interestelar não-homogêneo condiz com o mais apurado senso comum e com os conhecimentos que vimos acumulando em meio século de exploração espacial.

Consideremos o mar alto. Para os primeiros navegantes, o oceano era homogêneo, com as mesmas características de águas e ondas em toda parte. Em princípio era uma idéia razoável, pois lhes permitia ir em frente com inteira confiança. Depois, à medida que foram adquirindo mais experiências de primeira mão, perceberam diferenças na altura das ondas, na profundidade das águas, nas correntes, no fundo do mar, nas formações rochosas e coralinas. Isso não alterou fundamentalmente a constatação de que, por exemplo, o oceano é em todos os lugares constituído por água salgada (impotável, assim como o espaço exterior é irrespirável), fundo o bastante para nele uma pessoa se afogar e traiçoeiro de fato ou potencialmente. Mas entre a cristalina tranqüilidade do Oceano Índico — a fonte mais improvável, aparentemente, para um tsunami assassino — e o tempestuoso Atlântico Norte, os navegantes foram notando discrepâncias vitais naquilo que de início consideravam uniforme.

A mesma idéia se aplica ao espaço exterior. No começo se pensava que ele era puro vácuo e que, dentro do Sistema Solar, as condições só mudavam na razão direta da proximidade do Sol. O espaço interestelar, do qual temos ainda menos conhecimento experimental, era, portanto, a nosso ver destituído de quaisquer características. Dmitriev não foi, é claro, o primeiro a reconhecer esses fatos óbvios (em retrospecto), mas sem dúvida se destaca na compreensão de que a heterogeneidade do espaço afeta nossa situação atual.

Como um piloto dando instruções para que os passageiros apertem os cintos de segurança ou um capitão ordenando que se fechem as escotilhas, Dmitriev nos diz que a turbulência à frente não é teoria e sim fato que precisa ser encarado imediatamente.

Para ter idéia do que está acontecendo ao Sistema Solar, esqueça os modelos convencionais Tinkertoy que todos vimos dependurados nas salas de aula ou em algum museu por aí. Imagine, ao contrário, uma grande esfera de luz, conhecida como heliosfera. Ela é mais brilhante no centro, onde se acha o Sol, e vai esmaecendo à medida que você se afasta desse centro. Os diversos planetas, luas, asteróides, cometas e fragmentos fazem o que sempre fizeram: revoluteiam, orbitam e disparam dentro da grande bola luminosa. A heliosfera, por sua vez, viaja pelo espaço, pousada num braço de nossa galáxia, a qual também revoluteia e voa.

Durante muito tempo supusemos que a viagem fosse sempre tranqüila. Hoje, explica Dmitriev, a heliosfera atingiu um setor turbulento, ou seja, faixas e corredores magnetizados que contêm hidrogênio, hélio, hidroxila (átomo de hidrogênio preso por uma única ligação covalente a um átomo de oxigênio) e outros elementos, combinações e compostos: poeira espacial, talvez o que restou da explosão de uma estrela.

Como qualquer outro objeto que se desloca por outro meio qualquer (um barco na água, por exemplo), a heliosfera criou uma onda de choque à sua frente, empurrando partículas do espaço interestelar. Essa onda se tornou mais larga e mais espessa quando a heliosfera penetrou na citada região do espaço, mais densa, na qual existe maior número de partículas a serem varridas do seu caminho. Dmitriev estima que a onda de choque da heliosfera decuplicou de tamanho, de 3 ou 4 UA para 40 UA ou mais. (A unidade UA, ou unidade astronômica, é a distância da Terra ao Sol, aproximadamente 150 milhões de quilômetros.)

"O espessamento dessa onda de choque fez com que uma combinação de plasma se formasse numa camada parietal, que em seguida se avolumou à volta do Sistema Solar e irrompeu pela região interplanetária... Essa irrupção, pode-se dizer, é um donativo de energia e matéria do espaço interplanetário ao Sistema Solar", escreve Dmitriev em sua polêmica monografia "Estado Planetofísico da Terra e da Vida".

Em outras palavras, a onda de choque cercou a extremidade da heliosfera, do mesmo modo que chamas envolvem o nariz e os lados do Space Shuttle quando ele reentra na atmosfera, exceto pelo fato de esse foguete possuir escudos especialmente desenhados para protegê-lo da incineração. Segundo Dmitriev, a onda de choque está agora avançando para a nossa heliosfera e penetrando em regiões onde escudos semelhantes, caso o Senhor haja julgado conveniente dispor alguns deles em nosso Sistema Solar, devem estar instalados. A conseqüência é que grandes quantidades de energia vêm sendo injetadas no domínio interplanetário, imprimindo ao Sol um comportamento errático, perturbando o campo magnético da Terra e, muito possivelmente, exacerbando o aquecimento global que ora atinge nosso planeta.

Dmitriev e seus colegas descobriram a onda de choque ao analisar os dados da missão Voyager, colhidos nos confins do Sistema Solar. Essa missão consistiu em dois satélites lançados em 1977, para aproveitar a vantagem do raro alinhamento de Júpiter, Saturno, Urano e Netuno, cujos campos gravitacionais puderam ser assim usados para imprimir aos engenhos velocidades de outro modo inimagináveis. As Voyager I e II transmitiram informação detalhada a respeito de luas, anéis e ambientes magnéticos dos planetas exteriores durante mais de uma década e, em 1988, dirigiram-se para a heliopausa, o limite entre o Sistema Solar e o espaço interestelar, localizado a cerca de dezesseis bilhões de quilômetros do Sol.

Utilizando os dados das Voyager como ponto de partida, Dmitriev e seus colegas compararam-nos a pesquisas mais recentes colhidas de periódicos científicos russos e ocidentais, bem como da NASA e da ESA. Encontraram provas espantosas e consistentes de que, das luazinhas mais geladas que giram em torno dos planetas exteriores ao coração do próprio Sol, a heliosfera vem se comportando de maneira mais agitada e imprevisível do que há vinte anos, quando as naves Voyager fizeram suas primeiras mensurações.

A nuvem de energia interestelar tem sido muito estudada por cientistas russos, principalmente Vladimir B. Baranov, que em 1995 foi nomeado professor Soros na Moscow State University. Essa honraria é concedida por George Soros, o bilionário filósofo peripatético famoso por "colecionar" gênios criativos e científicos. O trabalho de Baranov em hidrodinâmica do plasma interplanetário e desaceleração do vento solar pelo meio interestelar foi muito divulgado em língua russa, principalmente no *Soros Educa-*

tional Journal. Baranov aprimorou um modelo matemático da heliosfera com base nos dados da missão Voyager. Numa conferência de 1999 em Moscou, comemorativa de seu 65º aniversário, cientistas planetários da Rússia, Europa e Estados Unidos estudaram o modelo de Baranov, que revela uma correspondência de 96% entre os dados da Voyager, informações mais recentes da NASA e da ESA, e as teses fundamentais de Dmitriev sobre energia e espaço, segundo as quais nossa heliosfera permanecerá dentro da onda de choque pelos próximos três mil anos.

A onda de choque é mais forte na extremidade da heliosfera, em seu avanço pelo espaço interestelar, tal como a esteira de um barco é mais acentuada na frente, no ponto em que a quilha divide as águas. Assim, a onda de choque tem maior impacto nas atmosferas, climas e campos magnéticos dos planetas exteriores: Júpiter, Saturno, Urano, Netuno, Plutão e o recém-descoberto Planeta X. (Os astrônomos agora questionam se Plutão e o Planeta X são realmente planetas, mas, exceto por uma relutância sentimental em destronar Plutão, esse debate foge aos objetivos do presente livro.)

Urano e Netuno tiveram seus pólos magnéticos invertidos, bem à maneira do que, segundo alguns cientistas, começa a acontecer com a Terra. Além disso, as atmosferas dos dois planetas ficaram mais brilhantes e parecem estar se aquecendo, o que é de esperar quando existe influxo de novas energias. As auroras, essas exibições magníficas de luz causadas por entradas súbitas de radiação na atmosfera, surgiram há pouco em Saturno, assustando os astrônomos no final de janeiro de 2006 com uma tempestade do tamanho de Marte e raios mil vezes mais violentos que os da Terra. Gêiseres parecidos aos de Yellowstone foram vistos pela primeira vez jorrando em Encelado, lua de Saturno.

Júpiter vem revelando alguns dos efeitos mais pronunciados da onda de choque. O maior planeta da heliosfera viu seu campo magnético dobrar de tamanho e avançar na direção de Saturno. Campos magnéticos são, literalmente, campos de energia: para eles, dobrar de tamanho significa dobrar a quantidade de energia que os sustenta. Da Terra, o campo magnético de Júpiter pareceria, se fosse visível, maior que o Sol observado a olho nu. Auroras têm fulgurado entre Júpiter e Io, uma de suas luas, que também vem revelando atividade vulcânica sem precedentes. Mas o mais impressionante de tudo foi a descoberta, em março de 2006, de que Júpiter está desenvolvendo uma nova mancha vermelha, basicamente uma tempestade eletromagnética sem fim, quase tão grande quanto a Terra.

Os astrônomos vêm rastreando essa mancha, oficialmente conhecida como Oval BA, desde 2000, quando três manchas menores colidiram para formar a nova conflagração. A Oval BA atingiu metade do tamanho da Grande Mancha Vermelha original de Júpiter, a mais poderosa tempestade do Sistema Solar, que vem propagando-se há pelo menos trezentos anos.

"Monitoramos Júpiter durante anos, para ver se a Oval BA ficaria vermelha — e isso finalmente parece estar acontecendo", relata Glenn Orton, astrônomo do Jet Propulsion Laboratory (JPL) em Pasadena, Califórnia. Orton explica que a coloração cada vez mais avermelhada da Oval BA indica seu aumento e intensificação como tempestade. De onde estará vindo a força que a alimenta? O JPL não sabe. Dmitriev e Baranov sugerem a onda de choque, que vem carregando de energia a atmosfera de Júpiter, gerando tormentas elétricas e provocando erupções vulcânicas.

Os efeitos da onda de choque começaram a ser detectados também nos planetas interiores. A atmosfera de Marte se tornou mais densa e, portanto, potencialmente mais benigna, porquanto atmosferas densas oferecem maior proteção contra radiação cósmica e solar. A atmosfera de Vênus está mudando em composição química e aspecto óptico, adquirindo mais luminosidade, bom indício de que seu conteúdo energético vem aumentando.

Embora o Sol se ache no centro da heliosfera e, portanto, mais distante que qualquer outro corpo dos efeitos da onda de choque, ele é bem mais suscetível às infusões de energia que os planetas. Assim como água não pode absorver água e terra não pode absorver terra, a massa derretida de energia do Sol não pode absorver e dissipar energia com a mesma eficiência que os corpos materiais densos e frios dos planetas. Desse modo, até as projeções relativamente pequenas da onda de choque têm impacto significativo no Sol.

"A crescente atividade solar é resultado direto do aumento de fluxos de matéria, energia e informação que nos atingem enquanto nos movemos rumo à nuvem de energia interestelar. Novas exigências estão sendo impostas ao Sol e experimentamos seu impacto em nosso planeta", declarou Dmitriev durante a entrevista.

Aquilo que perturba o Sol nos perturba, eis a mensagem. Da perspectiva de Dmitriev, todos os planetas, inclusive a Terra, estão sujeitos a um duplo influxo, absorvendo a onda de choque direta e indiretamente, por meio do tumulto que ela gera no Sol.

"Há sinais inequívocos e confiáveis desse fenômeno ameaçador [a onda de choque] tanto para a Terra quanto para o espaço adjacente... O que nos resta fazer é compreendê-los e aceitá-los, procurando achar um meio de sobrevivência", acrescenta Dmitriev.

Dupla chatice

Se a Terra se tornar inabitável, o recurso extremo da humanidade será voar para o espaço exterior e lá se estabelecer. A escolha óbvia é a Lua, devido à sua proximidade e à probabilidade cada vez maior de ela conter grandes quantidades de gelo, que seriam transformadas em água e eletrolisadas para gerar oxigênio respirável. Marte e mesmo Io, uma das luas de Júpiter, têm sido considerados potencialmente habitáveis. Com efeito, uma espécie de movimento surgiu em torno da crença de que fundar colônias espaciais constitui uma necessidade premente e não apenas a expressão de nosso espírito de aventura:

> A missão... será a de proteger a espécie humana e sua civilização da ruína que poderá resultar de um acontecimento global catastrófico, inclusive guerra nuclear, atos de terrorismo, peste e colisão de asteróides. Para cumprir essa missão, a ARC [Aliança para Resgatar a Civilização] pretende montar cada vez mais instalações habitadas na Lua e outros locais distantes da Terra. Essas instalações preservarão arquivos de realizações científicas, culturais e outras igualmente importantes para nossa civilização. Na eventualidade de uma catástrofe global, as instalações da ARC estarão preparadas para reintroduzir a tecnologia, a arte, a história, a agricultura, a pecuária e, se necessário, até os seres humanos na Terra.

É o que escreve Steven M. Wolfe, um dos diretores da ARC.

Dissemine o risco e respire um pouco mais à vontade, essa é a idéia. Entretanto, se Dmitriev estiver certo quando declara que estamos voando em direção à nuvem de energia interestelar, o Sistema Solar inteiro será um local tão ruim quanto a Terra, quer dizer, nossos ovos terão de percorrer uma distância imensa para encontrar a segurança da cesta. Em última instância, teremos de descobrir outro sistema estelar para nos servir de refúgio, perto o bastante para os seres humanos, talvez congelados criogenicamente, sobreviverem à jornada. A primeira etapa da corrida pela sobrevivência será o sistema Alpha Centauri com suas três estrelas: Alpha Centauri A, Alpha Centauri B e Proxima Centauri. A Alpha Centauri A é similar ao Sol e talvez tenha planetas habitáveis em sua órbita. A boa notícia é que o sistema Alpha Centauri é também o mais perto de nós. A má é que essa proximidade significa quase quarenta trilhões de quilômetros. Seriam necessários mais de quatro anos, viajando à velocidade da luz (trezentos mil quilômetros por segundo), para o homem chegar lá. A atual tecnologia espacial de transporte tripulado nos poria naquele sistema em... bem, uns quinhentos mil anos, o que, vendo as coisas pelo lado otimista, é menos que o tempo necessário para surgir uma espécie nova e mais sábia caso a nuvem de energia de Dmitriev nos reduzir a micróbios, insetos ou seja lá o que for.

O trabalho vai sendo feito. Na região sudoeste do Novo México, não longe de onde Richard Branson, Paul Allen e companhia estão construindo seu espaçoporto, toma corpo — por pura coincidência — a inevitável cabala neofascista/maçônica secreta fomentada pelo Vaticano e chefiada por bandidos da CIA, que trabalham dia e noite para liberar trilhões em dinheiro sujo (ilegal e imoralmente na mão de gananciosos banqueiros internacionais) com o qual pretendem comprar terras onde edificarão uma cidade subterrânea (pois, se aparecesse à luz do dia, pessoas começariam a fazer perguntas), criarão gado e farão plantações especiais, e montarão uma espaçonave apta a acolher entre 160 (número ideal) e 144.000 (outro número ideal) de pessoas escolhidas para fugir da Terra antes de sua explosão em dezembro de 2012 e ganhar os céus. Para tanto, usarão um pequeno reator de fusão nuclear controlado e alcançarão um sistema estelar próximo que nós, nesta discussão informal, chamaremos Rom: lá um planeta tipo M, parecido com a Terra, aguarda a colonização.

Encontrei alguns desses sujeitos, que me reservariam acomodações de primeira classe para Rom e até me deixariam pilotar a maldita espaçonave caso eu lhes desse, digamos, uma Toyota.

Bem pesadas as coisas, eu preferiria conviver com eles do que com o Movimento pela Extinção Humana, cujo lema, "Viva muito e morra de vez", daria uma boa tatuagem.

9

Do outro lado do espelho mental

Não foi decerto a comida georgiana, feliz mistura de fortes petiscos russos com saudáveis temperos do Oriente Médio, que me fez ter pesadelos. Aquela cozinha comunista era tão deliciosa que até papai a apreciaria, embora não sem antes me lembrar que Josef Stalin era natural da Geórgia e, em certo sentido, podia ser considerado pior que Hitler. Talvez tenha sido a volta do restaurante. Você diria que os siberianos devem saber muito bem dirigir na neve. Mas eles me obrigaram a ficar orando e fazendo reverências como o motorista de táxi rastafári. Sonhos ruins, é claro, combinam com o assunto Apocalipse 2012, embora pela maior parte eu haja dormido surpreendentemente bem, salvo pelas ocasionais mordidas do grande tubarão branco em minha cabeça. Só posso dizer que o quarto do hotel, em Novosibirsk, me inquietou. O banheiro, segundo um adesivo, estava "desinfetado". Mas, em definitivo, a cortina do chuveiro não estava.

Que a sujeira de uma cortina de chuveiro represente o maior triunfo na história da Terra e talvez de todo o Sistema Solar, eis um fato que condiz bem com a esfera subconsciente dos sonhos. Ali estava, literalmente, a imagem de uma revolta do submundo de há 2,5 bilhões de anos, quando as cianobactérias criaram o caos mais mortífero de que se tem notícia, mas também a vida tal qual a conhecemos.

Antes do advento das cianobactérias, a vida na Terra limitava-se aos anaeróbios (organismos que evitam o oxigênio). Esses micróbios se escondiam da luz do Sol e, pelo processo de fermentação, iam aos poucos dissolvendo as ligações de gases como o sulfeto de hidrogênio, grande quantidade do qual foi expelida por vulcões. Um composto que os anaeróbios jamais conseguiram partir foi o hidróxido de hidrogênio, a água, a substância mais abundante da face da Terra. Assim, depois de um bilhão de anos roendo na escuridão, e criando sua própria versão de vinho, queijo e molho de soja, os fermentadores foram substituídos pelas cianobactérias. Estas saltaram para a luz solar e utilizaram a força de seus raios para romper as ligações da molécula de H_2O. O hidrogênio então liberado combinou-se com o dióxido de carbono na atmosfera para formar açúcares e carboidratos que, mais adiante na senda evolutiva, foram metabolizados por plantas rudimentares.

A princípio, o oxigênio liberado pelas cianobactérias foi absorvido como ferrugem pelos metais e também por outros gases, como o metano. Mas, depois de um milhão de anos mais ou menos, o oxigênio começou a encher o ar, passando de menos de 1% da atmosfera antes do surgimento das cianobactérias a algo em torno dos atuais 21%, diz Heinrich Holland, geoquímico de Harvard, em nossa entrevista. Só os anaeróbios que conseguiram se refugiar na lama ou nas frinchas das rochas escaparam ao gás oxigênio.

Essa foi a maior crise de poluição na história de nosso planeta, que forçou as cianobactérias a encenar sua segunda mágica na senda evolutiva. Depois de incontáveis fracassos no trato com o oxigênio, finalmente aprenderam a respirar o produto eliminado por seu próprio metabolismo. (Isso é mesmo uma mágica porque, por definição, resíduos eliminados são venenosos para os organismos que os produzem.) O esforço valeu a pena: a respiração aeróbica mostrou-se maravilhosamente eficiente, cerca de dezoito vezes mais poderosa que sua versão anaeróbica.

"As cianobactérias hoje praticam a fotossíntese, que gera oxigênio, e a respiração, que o consome. Encontraram seu lugar ao sol", escrevem Lynn Margulis e Dorion Sagan.

Embora ainda presentes em sua forma original, como, digamos, a sujeira na cortina do chuveiro do meu quarto de hotel, as cianobactérias evoluíram pela maior parte em cloroplastos, as máquinas fotossintetizadoras das células vegetais. A fotossíntese, evoluída como é, ainda não consegue processar o imenso suprimento de água salgada da Terra. O cloreto de sódio e outros sais na água marinha rompem eletrostaticamente as membranas celulares e colocam em curto-circuito sua química. No entanto, segundo Margulis, existem comunidades microbianas constituídas por muitas espécies diferentes que aprenderam a colaborar umas com as outras e remover, em segurança, o sal da água do mar, seqüestrando-o e depois impermeabilizando-o para que não volte a dissolver-se.

Imagine uma comunidade microbiana que pudesse não apenas dessalinizar a água marinha como também utilizá-la na fotossíntese. A idéia não é absurda se considerarmos a já famosa história dos reatores nucleares naturais de Oklo, uma mina de urânio francesa no Gabão, África. Quando se processaram os primeiros carregamentos de mineral, descobriu-se que haviam sido despojados do isótopo fissionável U235. A suspeita recaiu sobre os terroristas. As autoridades temeram pelo pior. Mas todos respiraram com alívio quando se revelou que o roubo fora perpetrado há uns 2 ou 2,5 bilhões de anos atrás, na época em que o oxigênio começou a permear a atmosfera africana. Parece que o até então insolúvel urânio foi oxidado, dissolvido na água e levado para os rios. Ali as bactérias aprenderam a coletá-lo e processá-lo, acumulando U235 suficiente para criar uma massa crítica. Iniciou-se uma reação em cadeia, que se sustentou no nível do quilowatt por milhões de anos, enquanto as bactérias distribuíam pelo meio ambiente, sem nenhum dano, o lixo como produtos de fissão estáveis.

Assim, se as bactérias podem aprender como construir e operar um reator nuclear, podem aprender também a dessalinizar a água marinha e fotossintetizar os restos. Os incêndios ficariam fora de controle caso as águas dos oceanos se subdividissem em oxigênio e hidrogênio livres, espalhando-se pela atmosfera. Seria o holocausto para acabar com todos os holocaustos, do ponto de vista humano. A Terra, sem dúvida, se recuperaria e se reajustaria, como fez quando o oxigênio envenenou pela primeira vez o ar, com isso acelerando a evolução de uma espécie nova e mais inteligente (de bactérias). (Os incêndios não eram problema durante a primeira crise do oxigênio, há 2,5 bilhões de anos, porque praticamente não existia nada — nem plantas nem outro material orgânico — para queimar.)

Bactérias pondo fogo nos oceanos foi, em resumo, a substância do meu pesadelo, exceto pelo fato de o Sistema Solar inteiro acabar em chamas, como se o Sol atingisse a massa hipercrítica e perdesse o controle de sua fusão termonuclear, explodindo o vasto oceano negro do espaço em labaredas semelhantes a tsunamis, com milhões de quilômetros de altura, e inundando ilhas do tamanho de planetas para queimá-las como papel velho.

Enchendo o saco de Gaia

Ninguém saberá dizer ao certo se o triunfo das cianobactérias primordiais foi simplesmente um passo no processo evolutivo interior da Terra ou o resultado de algum fator extraterrestre, como a entrada do Sistema Solar numa nuvem de energia interestelar. Se Dmitriev estiver correto ao supor que tais nuvens existem, e parece lógico que assim seja, então é impossível afirmar quantas vezes já penetramos nela ou se essa nuvem é ou não um fenômeno cíclico.

"Os efeitos aqui na Terra [da passagem pela nuvem de energia interestelar] são encontrados na aceleração da mudança do pólo magnético, na distribuição vertical e horizontal do conteúdo de ozônio, e na freqüência e magnitude crescentes de eventos climáticos acentuadamente catastróficos", escreve Dmitriev. "As respostas adaptativas da biosfera e da humanidade a essas condições novas podem levar a uma revisão global do papel da espécie e da vida na Terra."

O conceito de biosfera terrestre, que é o invólucro dentro do qual os seres vivos normalmente existem, do fundo do oceano ao topo das montanhas e mais acima, na atmosfera, é uma reminiscência da hipótese de Gaia, aventada por James Lovelock, segundo a qual a Terra se comporta exatamente como um organismo vivo. A essência de Gaia é o sistema de realimentação negativo pelo qual a biosfera se ajusta e se regula a fim de compensar as perturbações externas. Dá-se a esse processo o nome de homeostase ou, no dizer de Lovelock, "sabedoria inconsciente do corpo". Se, por exemplo, a biosfera se aquecesse de súbito em resultado da marcha para a nuvem de energia estelar, ela mais cedo ou mais tarde encontraria um modo de resfriar-se — não de maneira consciente, mas inconsciente e automática, como faz nosso corpo ao transpirar. O mecanismo de adaptação da biosfera para o aumento do calor se vale de tudo, desde adensar nuvens para sombrear a Terra e protegê-la do Sol inclemente a detonar um supervulcão como o do lago Toba, há 74 mil anos, que mergulhou o planeta numa Era Glacial.

Mas há limites, é claro, à capacidade da biosfera de ajustar-se a fim de preservar o confortável *status quo*. E essa capacidade de compensação diminui à medida que componentes importantes da biosfera — os "órgãos vitais" de Lovelock — vão se atrofiando.

Muito se tem escrito sobre as perigosas ramificações ecológicas da destruição da floresta tropical, que atua como um gigantesco sistema de ar-condicionado nas regiões mais quentes da Terra. A floresta tropical produz nuvens que lhe dão sombra e essas nuvens, por sua vez, provocam enormes quantidades de chuva para refrescar a faixa equatorial e impedi-la de transformar-se em deserto. Embora as florestas tropicais sejam freqüentemente chamadas de pulmões da Terra, elas lembram mais a pele em sua capacidade de gerar umidade, o suor que mantém o planeta frio. A pele é o maior órgão do corpo humano; queime-se boa parte dela e não haverá meio de sobreviver.

"Nosso cenário catastrófico favorito é a subida da temperatura do globo a um patamar além do qual o aquecimento rápido se tornará irreversível e ficará fora do nosso controle. Esse patamar se situa entre dois e três graus centígrados; se nada fizermos, ele será alcançado num prazo de vinte a quarenta anos. Trata-se de um problema sobretudo para nossos filhos e netos, mas nem por isso menos inquietante", adverte Lovelock.

Recorrendo a seus conhecimentos de mineralogia, Dmitriev identificou um novo "órgão vital" da biosfera: "Como a Terra é um organismo grande e muito bem organizado, cada uma de suas unidades estruturais ou territórios, como montanhas, rios, falhas tectônicas, depósitos de minerais, lençóis de petróleo, etc., desempenha certo papel funcional na vida do planeta e em suas conexões com o mundo exterior. Por exemplo, os depósitos de ferro preservam a estabilidade climática porque fazem a ligação entre a atividade elétrica da atmosfera e a atividade elétrica abaixo da superfície terrestre".

Que a capacidade do ferro e de outros metais em conduzir calor e eletricidade possa se mostrar vital para a ecologia global, eis outras dessas observações que parecem bastante óbvias em retrospecto. Haverá outra maneira mais natural de remover o excesso de energia da atmosfera e da superfície da Terra que conduzi-la, através da crosta, para o manto do planeta? Indagar se os gigantescos depósitos de mineral lá estão com essa finalidade, ou apenas desempenham sua função por acaso, é questão acadêmica. O que conta é que metais vêm sendo explorados a torto e a direito desde o começo da Revolução Industrial, há 150 anos, época em que também teria se iniciado a atual fase de aquecimento global. Dmitriev sustenta que a retirada desses metais diminuiu a capacidade da Terra de absorver o excesso de energia de sua atmosfera. Isso sem dúvida explica em parte a crescente violência das tempestades, supercarregadas pela energia da onda de choque.

Se a Terra vem perdendo a capacidade de absorver com segurança o excesso de eletricidade atmosférica, e estamos captando mais dessa energia por causa da nuvem interestelar dentro da qual a heliosfera ora se move, então nós, moradores da superfície, teremos de nos haver com novos problemas. Precisamos saber que problemas são esses, pois decerto não pararemos de extrair ferro e outros metais valiosos. Existirão zonas de condutividade que, como as florestas tropicais, devem ser especialmente protegidas para o bem da ecologia global? Em que ponto a perda de condutividade se torna irreversível?

Imagine-se, por um momento, quão impopular deve ser a sugestão implícita de Dmitriev de reduzir ou eliminar a mineração na Sibéria, região de vastos recursos naturais esperando para ser explorados. Estendendo-se por seis milhões de quilômetros quadrados, maior que os Estados Unidos continentais e com apenas um duodécimo de sua população (25 milhões de habitantes), a Sibéria clama por progresso. Já posso antever os chineses avançando contra os trêmulos russos. Superpovoada, a China poderia facilmente deslocar para lá de cinqüenta a cem milhões de pessoas no prazo de uma década. Ela em breve se tornará a segunda maior economia do planeta, com todos os recursos necessários para extrair petróleo e metais da Sibéria.

Urge salvar a Sibéria? Dmitriev não vai tão longe. Se a floresta tropical amazônica é o sistema de refrigeração do clima global, talvez a Sibéria e outras regiões com ricos depósitos de metais sejam seus amortecedores (elétricos) — serviço ecológico que nós certamente não quereremos dispensar se de fato estivermos rumando para uma nuvem de energia interestelar que injetará raios e ondas de calor, luz e radiação eletromagnética em nosso sistema climático.

Vislumbres da noosfera

Não bastasse isso, a existência da biosfera significa que a Terra se queimará de modo diferente do de outros planetas caso se materialize meu pesadelo em que o Sistema Solar incinerava o espaço interplanetário. Sempre se espera que a vida reaja ao ser ameaçada de extinção. Ela se precipita no solo, paralisa-se no estado de esporos ou manda batalhões de bombeiros a edifícios em chamas, em se tratando da espécie do *homo sapiens*.

Não ocorre o mesmo com as substâncias inanimadas que, até onde podemos dizer, constituem os outros planetas, asteróides e, é claro, o Sol. Esses compostos sem vida podem ser mais fáceis ou difíceis de queimar, dependendo de sua estrutura, mas não reagem como faz a substância orgânica.

Na realidade, a biosfera foi feita especialmente para transformar e difundir calor, luz e radiação, conforme V. I. Vernadsky, o ecologista planetário russo a cuja tradição pertence Dmitriev. No entender de Vernadsky, a biosfera é a camada intermediária da Terra que trata com o Sol e, de fato, com toda a energia cósmica que se aproxima. Por isso, qualquer mudança no Sol ou no cosmos se traduz prontamente em mudança na vida da Terra. Escreve ele:

> A biosfera é, pelo menos, tanto criação do Sol quanto resultado de processos terrestres. Antigas instituições religiosas que consideravam as criaturas da Terra, especialmente o homem, filhas do Sol estavam bem mais perto da verdade do que supõem aqueles para quem essas criaturas não passam de conseqüência efêmera do jogo acidental e cego entre forças e matéria. As criaturas da Terra, fruto de processos longos e complexos, são parte essencial de um mecanismo cósmico harmonioso a que se aplicam leis físicas e no qual o acaso não existe.

A ignorância de um gênio notável como Vernadsky é um dos mais vergonhosos escândalos intelectuais da ciência americana. Tal é a mensagem do grupo de estudiosos de doze nações que compilaram *The Biosphere: Complete Annotated Edition*. Essa primeira tradução em inglês de uma das maiores obras de Vernadsky apareceu cerca de setenta anos depois que o livro foi publicado em russo, francês e outras línguas européias. Vernadsky é tão conhecido dos russos cultos quanto Einstein, Darwin e Mendel. Os europeus também estão a par de seu trabalho. Mas os cientistas de fala inglesa permanecem espantosamente ignorantes. Mesmo Lovelock, o outro grande expoente do conceito de biosfera no século XX, só descobriu as obras de Vernadsky depois do aparecimento da citada tradução.

É interessante notar que a respeitável equipe de cientistas ocidentais, que com tanto entusiasmo reviveu o trabalho de Vernadsky sobre a biosfera, não fez o mesmo com respeito a seus escritos sobre a noosfera. Vernadsky considerava a noosfera a camada mental que reveste o planeta, a soma de todos os nossos pensamentos e lembranças que persistem. Postulada por Pierre Teilhard de Chardin, o paleontologista e filósofo francês da consciência cósmica, a noosfera é vista como o produto, a fonte (ou ambos) de todas as mentes do planeta. A comunicação psíquica seria uma espécie de navegação pela noosfera. Quem considera essa noção por demais bizarra deveria levar em conta que a Internet, proposta absurda há menos de um século, na verdade apresenta muitas das características da mente global antevistas por Vernadsky.

Por duas vezes em meus 52 anos tive um vislumbre da noosfera. Na primeira, estava com 20 anos e fazia um curso de meditação de quatro dias que mamãe me dera de presente de formatura. Em retrospecto, percebo que o tal curso era um tanto "leve", um passeio rápido pelo relaxamento, visualização mental, *biofeedback* e livre associação. Boa parte do último dia era dedicada à formação de grupos para "casos de leitura", quando um membro dizia o primeiro nome de uma pessoa que sabia estar enferma e pintava-a mentalmente. O colega recorria então a técnicas de meditação para visualizar essa pintura mental, diagnosticar a doença e enviar ao paciente luz branca curativa.

Minha parceira, uma gentil senhora de meia-idade, adiantou-se e comunicou-me que sua paciente se chamava Helen. "Desci ao meu nível", jargão do curso para "respirar profundamente e fazer contagem regressiva", formei uma vaga imagem de Helen e vi uma rosa brotando-lhe das nádegas. Estranha doença. Por sorte, o instrutor nos explicara que, uma vez em nosso nível, poderíamos ver coisas simbolicamente: deduzi então que algo fora removido do corpo de Helen e adivinhei que ela passara por uma histerectomia. Meu esforço foi bem-sucedido, mas não queria dizer muita coisa, pois naquela época, 1974, os médicos viviam tentando convencer as mulheres da necessidade de tratamentos hoje considerados opcionais ou mesmo perigosos, e removiam úteros como se fossem tonsilas.

Era a minha vez de apresentar um caso — e, não deixando ainda de ser um adolescente, é claro que resolvi brincar um pouco. O nome do meu paciente era Dana, substantivo neutro o bastante para não dar nenhuma pista. E Dana não era propriamente um enfermo: 1,80 m de altura e ainda crescendo, musculoso, jogador de basquetebol do colégio que machucara o joelho com tamanha gravidade que precisava usar um aparelho ortopédico complicado. Minha parceira se decidiu por "paralisia na perna", diagnóstico realmente de impressionar, embora bem pudesse ser que eu a houvesse conduzido a isso, inadvertidamente, movimentando-me ou por outro modo qualquer chamando-lhe a atenção para minha própria perna.

Em seguida, ela acrescentou que Dana "tinha alguma coisa no ombro, um pedaço de fruta". Aquilo foi demais para mim. Mamãe jogara fora o seu dinheiro e eu, o meu tempo. Dana Burke, hoje um médico respeitado, não saía por aí com frutas no ombro.

Pouco antes do término da aula, meu subconsciente atravessou por fim a grossa camada do meu crânio. Lembrei-me de que Dana machucara o ombro em outro episódio esportivo suficientemente mau ou suficientemente bom para impedir que ele participasse da guerra do Vietnã. O ombro tinha uma grande cicatriz por fora e um parafuso de metal por dentro.

É possível que eu me lembrasse subconscientemente daquele parafuso e, por meio de linguagem corporal involuntária, chamasse a atenção para o meu próprio ombro de maneira a levar minha parceira a intuir que havia ali um corpo estranho. Mas essa explicação é um tanto complicada. E como a melhor é sempre a mais simples, minha parceira deve, de alguma maneira, ter visto o ombro de Dana por dentro. Mas onde, exatamente, se formou essa imagem? Vernadsky responderia: na noosfera.

Minha segunda incursão nesse reino ocorreu quando Olga, minha intérprete, e eu atravessamos um bosque de bétulas coberto de neve, em Akademgorodok, rumo a uma pitoresca capela ortodoxa russa, a primeira estrutura religiosa erguida no país durante a *perestroika* (reconstrução) de Gorbachev. No interior, acendemos velas e oramos pelos mortos. Embora o momento fosse de elevação espiritual, não pude impedir-me de pensar que as preces não vão a lugar nenhum, pois os mortos também não estão em nenhum lugar: estão mortos. Às vezes, 2012 nos ofusca produzindo a imagem de cadáveres incontáveis, com preces fúteis por suas almas inexistentes. Olga continuava orando e, para não deixar frases sarcásticas escapar sem querer dos meus lábios, saí da igreja.

O Senhor age de maneiras misteriosas, mas aquele não era um bom momento para pensar nisso. Anne Stander, a meio hemisfério dali, na África do Sul, não se comunicou comigo de nenhum modo. Apenas noto que, enquanto esperava do lado de fora da igreja, lembrei-me de Johannesburgo e da leitura astrológica que ela me fizera sobre meu divórcio e outros assuntos. Muito sagaz, pensei; mas então ela insistira em que eu havia machucado seriamente a mão cinco anos atrás. Aquilo não fazia sentido para mim. Tempo demais na frente do computador me valera de vez em quando uma síndrome do túnel carpal, mas Anne não se referia a isso. Ela mencionava com insistência um ferimento sério na mão cinco anos antes.

Quando voltei a Los Angeles, perguntei à minha esposa se se lembrava de alguma vez em que eu houvesse ferido a mão. Ela me olhou como se eu tivesse ficado louco. Há quase exatamente cinco anos eu fizera um corte sério na mão ao descascar abóboras para uma torta. Tanto sangue se espalhou no banheiro que era como se eu houvesse sacrificado uma gazela. Levei cinco pontos no pronto-socorro.

Por uma combinação qualquer de amnésia histérica e empáfia de machão, eu esquecera completamente o episódio. Nenhuma cicatriz, nenhuma seqüela, nenhuma menção do fato durante anos. Anne Stander percebera isso com a maior clareza, mas não "leu minha mente". A informação estava por aí, em algum lugar — talvez na noosfera de Vernadsky.

O velho capitão dos mares da Islândia

O que possa acontecer à noosfera no caso de destruição da biosfera ou mesmo de incineração do Sistema Solar, pesadelo que me fizera rolar a noite inteira em minha cama de hotel, está além da intenção especulativa deste livro. Mas boa coisa não pode ser. De mais imediata preocupação, contudo, é se a noosfera preserva alguma informação vital quanto ao que talvez esteja guardado para nós em 2012.

Infelizmente, o homem que poderia detectar com maior clareza a aproximação da tempestade de 2012 já não se encontra entre nós. Tive o privilégio de vê-lo uma vez, embora o capitão Eirikur Kristofersson estivesse na época com 100 anos. O homenzinho robusto, com sua orla de barba prateada, comandara por décadas barcos da guarda costeira da Islândia. Era um verdadeiro herói. As paredes do seu quarto numa casa de repouso em Reykjavik estavam cobertas de placas, prêmios, recortes de jornais e livros nos quais se registrava um número impressionante de resgates no mar.

Destacando-se dessas lembranças, via-se a fotografia emoldurada de um homem de olhos negros e penetrantes: Magnus, médico e amigo falecido há muito tempo, era o guia espiritual de Kristofersson desde o fim da Segunda Guerra Mundial.

Ao longo de sua carreira, Kristofersson atribuía publicamente a capacidade de "ver e ouvir coisas que escapam aos outros", conforme se expressava, apenas a Magnus. E o capitão punha em prática o que pregava. Em 1956, Kristofersson acabara de trazer a salvo seu barco para o porto, em meio a uma furiosa tempestade do Atlântico Norte, quando Magnus o instruiu a voltar novamente ao mar. Nenhuma comunicação radiofônica, nenhuma transmissão (convencional) foi recebida, conforme atestaram mais tarde o aterrorizado operador de rádio e outros membros da tripulação. Ainda assim, Kristofersson reverteu o curso e mergulhou novamente na tempestade. O barco foi abrindo caminho até um ponto a vários quilômetros mar adentro. Ali topou com um navio inglês, o *Northern Star*, que estava submergindo há doze horas, como confirmaram todos os tripulantes, e afundou logo depois que o último deles, o capitão, foi resgatado. O Atlântico Norte, nas imediações da Islândia, é acossado por ventos e ondulações como poucos lugares na Terra. Ninguém sobreviveria mais que por alguns minutos naquelas águas geladas e tormentosas.

"No começo, eu não sabia de onde vinham essas instruções e tentei ignorá-las. Mas, quando descobri que quem as dava era Magnus, não hesitei em acatá-las", contou Kristofersson.

Gostaria de ter um guia espiritual como Magnus para me informar sobre 2012. Embora isto viole meu senso de honestidade intelectual, também tem um certo sabor perverso supor que o fim do mundo, ou algo semelhante, passará despercebido ou será negado pelas sofisticadas instituições tecnológicas que, apesar de todos os seus esforços em prol da exatidão e da objetividade, aferram-se ao *status quo*.

Depois que o capitão Kristofersson se entendeu com sua fonte de informações, pôde salvar inúmeras vidas. Todos saímos perdendo pelo fato de ele não mais poder consultar Magnus a respeito da tempestade de 2012 que parece estar a caminho. Deveremos ficar bem longe da Califórnia? Deveremos ir para lá na esperança de que, se o Yellowstone entrar em erupção, as cinzas voem em outra direção? Poderemos escapar para a Lua, para Marte ou até para fora do Sistema Solar? Ou o melhor será ficar onde estamos no aguardo do que der e vier?

Milhões de especialistas nos aconselham a tomar cuidado com milhões de perigos, mas convém aprendermos com a lucidez de Kristofersson. Ele era um capitão experiente que se valia de toda a instrumentação convencional sem deixar de atentar para sugestões vindas dos lugares mais inesperados. Se conseguirmos acomodar a diversidade de fontes e abordagens relativas a 2012 como aspectos de um todo coerente, então juntos poderemos preparar a nós mesmos, aos nossos entes queridos e a qualquer outra parcela do vasto mundo que formos capazes de influenciar, para os eventos que estão por vir.

Um porão na Sibéria

Os admiradores de Dmitriev nos cercaram e senti-me à vontade para perguntar-lhe a respeito de 2012. Ele me fitou longamente e mudou de assunto. Insisti, mas Dmitriev não queria se pronunciar sobre essa data. Ainda assim, para encerrar, afirmou: "A catástrofe global de que temos falado — furacões, terremotos e vulcões alimentando-se uns aos outros num circuito que fugirá ao controle, ameaçando a própria existência da moderna civilização — talvez aconteça em unidades, não em dezenas de anos."

Depois que Dmitriev foi literalmente seqüestrado por seu bando de admiradores, alguém me apresentou a Alexander V. Trofimov, diretor-geral do International Scientific Research Institute of Cosmic Anthropoecology, ISRICA [Instituto Internacional de Pesquisa Científica de Antropoecologia Cósmica] e chefe de laboratório do Helioclimatopathology Scientific Center of Clinical and Experimental Medicine [Centro Científico Helioclimatopatológico de Medicina Clínica e Experimental] da seção siberiana da Academia Russa de Ciências. Ele me levou ao porão e mostrou-me uma máquina estranhíssima.

O espelho Kozyrev parece um tubo de alumínio de uns dois metros de comprimento. Dentro, há um colchão e alguns travesseiros para o ocupante. Trata-se de um dos muitos inventos esquisitos de Nikolai A. Kozyrev, o lendário físico russo que pode ter sido tanto um gênio quanto um enganador, dependendo da pessoa com quem se fala e do assunto abordado. Para Kozyrev, o tempo flui em raios que atravessam livremente o vácuo do espaço exterior, mas são barrados pelo campo magnético da Terra à semelhança da luz, que também viaja em liberdade pelo vácuo, sendo difundida e refletida por objetos opacos como terra e nuvens.

O emprego desses raios, dizia ele, facilitará a comunicação psíquica, pois muito do que se diz ser telepatia pode explicar-se facilmente pela viagem no tempo: de maneira mais óbvia, as predições.

Kozyrev e seus colegas estudaram lugares sagrados, naturais e artificiais, e descobriram que uma elevada proporção deles se encontra em sítios cujo campo magnético é de baixa densidade. Depois, os pesquisadores levaram sensitivos para lá, compararam seu desempenho com os registrados em locais de campo magnético mais forte e apresentaram vasta quantidade de dados segundo os quais, quanto mais baixa for a densidade magnética ambiente, melhor se sairão os sensitivos.

Kozyrev resolveu então criar um campo magnético de baixa intensidade por conta própria, um espelho que reduzisse em quinhentas vezes o campo interno, ou seja, mais ou menos o equivalente ao que encontraríamos a mil quilômetros de altura na atmosfera. A seguir, levou seus espelhos para localidades de baixa densidade magnética (situadas em geral nas latitudes norte e sul extremas) e realizou mais experimentos psíquicos. Neles, um operador transmitia mentalmente símbolos a receptores distantes, que registravam e comentavam as mensagens captadas.

Ao que parece, os resultados foram suficientemente promissores para os soviéticos darem prioridade acadêmica e militar à pesquisa parapsicológica. Talvez, para compensar a necessidade humana fundamental de culto, que como se sabe fora banido de vez pelo regime, os soviéticos tenham empunhado a bandeira dos fenômenos psíquicos. A telepatia passou a ser usada como arma em tudo, desde desarmar mecanismos telemétricos de mísseis balísticos, conforme descrito por Thomas Pynchon em *V.*, até promover a espionagem, como se diz ter sido o caso quando os soviéticos, com sua estrutura devastada após a Segunda Guerra Mundial e poucas instalações de pesquisa e desenvolvimento ainda intactas, mesmo assim produziram uma bomba de hidrogênio quase tão rapidamente quanto os Estados Unidos. Será que algum burocrata soviético obscuro, contrapartida do capitão Kristofersson, ao dar com os olhos em segredos atômicos obtidos graças à espionagem psíquica, superou seu ceticismo e reconheceu o valor da informação, a despeito dos métodos bizarros e nada científicos pelos quais ela fora adquirida?

Trofimov escoltou-me de volta a seu escritório. Num impulso, perguntei-lhe a respeito de 2012.

"Você deveria perguntar isso ao nosso colega José Argüelles. Ele vem fazendo alguns experimentos conosco." E Trofimov apontou para o espelho Kozyrev.

Tratar-se-ia do mesmo José Argüelles que, com seu popular e influente livro *The Mayan Factor*,* fez mais que qualquer outra pessoa para alertar o mundo sobre 2012? Teria o artista holístico mexicano, que posa para fotos de publicidade com sua flauta de bambu, feito experimentos psíquicos num porão, ao lado de cientistas siberianos que usam protetores plásticos de bolso em suas camisas brancas de poliéster? De fato, à semelhança dos pesquisadores do ISRICA, Argüelles é um acadêmico, tendo lecionado em

---

* *O Fator Maia*, publicado pela Editora Cultrix, São Paulo, 1991.

instituições como Princeton e University of California em Davis. Mas as mentes desses estranhos colegas se coadunam mesmo é nas crenças sobre o espaço-tempo: "Os arqueólogos, não há como negar, vêem no calendário [maia] apenas um método de registrar o tempo. Mas por que gastar tanto tempo registrando o tempo? Essa pergunta permanece sem resposta. Parece que o tal calendário é mais que um calendário. O sistema numérico, tão estranhamente proporcionado, será também um meio de detectar ajustes harmônicos relacionados não apenas ao posicionamento do espaço-tempo, mas também às qualidades emanadas do ser e da experiência, a que nossa natureza e predisposição materialista nos deixam cegos?" É o que indaga Argüelles em *O Fator Maia*.

Foi justamente essa capacidade de pensar fora das limitações do espaço-tempo que os pesquisadores parapsicológicos da Sibéria, colegas de Argüelles, procuraram desenvolver. O espaço-tempo, ou aquilo que os maias chamavam de *najt*, é uma das questões mais esquivas da filosofia contemporânea, por isso vamos abordá-la aqui com prudência. Os adeptos da teoria das cordas (ou supercordas) sustentam que existem onze dimensões, ou melhor, dez, com as de números cinco a dez estreitamente unidas, tal como uma rede que apanha sua presa quadridimensional, mais uma dimensão extra que se manifesta quando as demais se desdobram plenamente. Assim, vivemos num "bolsão" de quatro dimensões encaixado num universo de onze. Essas teses são complicadas demais para os propósitos imediatos do presente livro, a menos que encontremos por acaso uma maneira de escapar ao nosso bolsão quadridimensional e ir para as outras sete dimensões (seguras) de agora até 2012.

Tradicionalmente, o espaço-tempo é expresso em quatro dimensões: comprimento, largura, altura e tempo. A descoberta de que este último é propriamente uma dimensão deve-se, como todos sabem, a Albert Einstein e de início foi recebida com espanto e incompreensão, mas acabou se tornando matéria de senso comum. No espaço-tempo de quatro dimensões, todo objeto é um evento. Pense, por exemplo, no primeiro apartamento que você visitou. As coordenadas para chegar até ele correspondiam a dois conjuntos correspondentes ao comprimento e à largura — neste caso, norte-sul e leste-oeste. Tratando-se de Manhattan, as coordenadas do apartamento poderiam estar na rua 67 entre o lado oeste do Central Park e a avenida Columbus. Em seguida, a terceira coordenada, altura, corresponderia ao andar onde o apartamento estivesse localizado. Entretanto, existe outro conjunto de coordenadas tão óbvio que nem sequer reparamos nele:

a dimensão do tempo. Se o edifício foi construído em 1980 e você o visitou, digamos, em 1979, o apartamento não se localizaria em nenhum andar. Sucederia o mesmo caso o prédio fosse destruído antes de sua visita. Portanto, o apartamento é um evento que começou em 1980 e terminará, por exemplo, em 2012.

"As estrelas são os pontos de condensação material da evolução que passam por etapas e processos até desintegrar-se ou explodir em supernovas, para finalmente retornar à condição de Deus", escreve Argüelles, ilustrando o conceito de "objeto-como-evento" em escala celestial.

Em certo sentido, a idéia do tempo como dimensão, de Einstein, condiz tão bem com o senso comum que parece mais a redescoberta de uma antiga sabedoria que um avanço da ciência moderna. É isso sem dúvida o que o xamã Carlos Barrios pensa, pois atribui muitos males contemporâneos à ruptura conceitual entre espaço e tempo. Mas antes de condenar o pensamento ocidental por outro erro grosseiro de cálculo, reconheçamos que uma das características fundamentais da dimensão é a possibilidade de nos movimentarmos por ela. Podemos ir para o norte e chegar à rua 68 ou para o sul e chegar à rua 66, para o leste até o Central Park ou para o oeste até a Broadway e subir ou descer no elevador até o andar que quisermos. Não podemos, entretanto, remontar no tempo até a época da construção do edifício, em 1980, ou avançar até o momento em que ele irá desaparecer.

A viagem no tempo, particularmente o movimento físico para diante e para trás, parece-nos hoje tão impossível quanto as viagens espaciais há um século. A viagem mental no tempo, talvez pela noosfera de Vernadsky, soa um pouco mais plausível. A ela é que Kozyrev aludia; sua mente se desgarrava enquanto seu corpo permanecia no lugar.

Dmitriev concorda em que a ciência deva estudar a possibilidade da viagem mental no tempo, ressaltando o fato conhecido de que certos animais parecem sentir, com horas ou mesmo dias de antecedência, a aproximação de terremotos e outras catástrofes.

"Os físicos não sabem como organismos vivos conseguem obter informação antecipada sobre eventos catastróficos, o que nos obriga a alterar nossa visão do mundo. Este não é apenas matéria e energia: é também informação", disse-me ele. Uma explicação alternativa seria, obviamente, que aqueles animais são bastante sensíveis a acontecimentos graves como terremotos e podem, por exemplo, captar os distúrbios geomagnéticos que os precedem. Por extensão, predições e percepções atribuídas a paranormais humanos talvez se expliquem como meros casos de sensibilidade superior, habilidades altamente desenvolvidas que, embora notáveis, não desafiam o paradigma básico de causa e efeito.

Uma coincidência impressionante caracteriza a colaboração intelectual entre russos e maias, que vem desde a época da Segunda Guerra Mundial. Existem inúmeras histórias apócrifas, mas tocantes, sobre como Yuri Knorozov, jovem soldado do Exército Vermelho quando da invasão de Berlim, correu para uma biblioteca em chamas a fim de resgatar um livro que (reza a lenda) era o único códice maia ainda existente no mundo. Embora na verdade houvesse outros códices, Knorozov não o sabia. O jovem guerreiro aceitou o desafio que o destino lhe impusera, passou a década seguinte estudando o códice e, nos anos 1950, compreendeu o segredo da escrita maia. Descobriu que aqueles hieróglifos, em voga já por volta de 500 a.C., são particularmente complicados: em parte fonéticos (alguns sinais representam sons da linguagem falada) e em parte logográficos (alguns sinais representam palavras inteiras ou conceitos).

Knorozov publicou seus resultados num jornal russo de lingüística, suscitando grande interesse acadêmico pela cultura maia na comunidade erudita de seu país e até em outras partes do mundo. No entanto, seu nome não é muito citado nos círculos maias. O governo guatemalteco lhe ofereceu um passeio grátis por alguns templos antigos, almoço incluído. Do governo mexicano, ganhou uma medalha de prata e um jantar.

Uma análise matemática em quatro volumes dos hieróglifos maias, seqüência do trabalho de Knorozov, foi publicada no início dos anos 1960 pela Novosibirsk State University, abrindo caminho para a atual colaboração entre a Foundation for the Law of Time [Fundação para a Lei do Tempo], um grupo dirigido por José Argüelles com sede no Oregon, e os pesquisadores do ISRICA em seu porão siberiano.

As regras do experimento eram simples. De 29 de maio a 24 de junho de 2005 Argüelles deveria, em horas predeterminadas, transmitir durante trinta minutos pensamentos e imagens de um lugar qualquer. Nem seus planos de viagem para os locais onde iria fazer as transmissões nem sua localização no instante em que as fizesse poderiam ser divulgados com antecedência a nenhuma pessoa envolvida com o experimento. A equipe do ISRICA, liderada por Taisia Kuznetsova, doutora em medicina com especialização em cardiologia na Novosibirsk State University, ficaria a postos dentro do espelho de Kozyrev nas horas estabelecidas para receber as transmissões.

Em julho de 2006, passei um dia inteiro com Kuznetsova, mulher de ares professorais e olhos brilhantes que fizera um diário volumoso das imagens e símbolos captados durante o experimento. O diário se dividia em três seções porque as transmissões vieram em três ondas. Kuznetsova informou-me, e Trofimov o confirmou, que a primeira onda de informação fora recebida no final de abril de 2005.

"Mas eu pensava que Argüelles só começou a transmitir em fins de maio de 2005", estranhei, virando páginas e páginas de desenhos de templos, artefatos, hieróglifos e símbolos aparentemente maias.

Dois gatos espreitando dois canários. Trofimov e Kuznetsova ostentavam aquele semblante luminoso e cheio de si com que muitos cientistas vivem sonhando. Haviam conseguido provar sua espantosa hipótese: a telepatia e outros fenômenos psíquicos desafiam as convenções do tempo. Por definição, ver o futuro exige atravessar o tempo como se ele fosse uma dimensão. Neste caso, Kuznetsova havia avançado no tempo para receber as mensagens que Argüelles transmitiria mais tarde do México, inclusive as imagens das pirâmides maias de Chichén Itzá, da tumba de Pakal Votan em Palenque, do Museu de Antropologia na Cidade do México, da Pirâmide do Sol em Teotihuacán, da Catedral de São Presário em Puebla, do balneário de Veracruz e da antiga cidade maia de Uxmal, no Yucatán. Vale lembrar que o ISRICA ignorou o paradeiro de Argüelles até mais ou menos quatro meses após o término do experimento.

Será que essa série de imagens, captadas um mês antes de Argüelles começar formalmente as transmissões nas horas predeterminadas, foi emitida quando ele estava planejando sua viagem ao México? Isso os cientistas do ISRICA não podem afirmar, mas sem dúvida investigarão.

As imagens constantes da segunda seção do diário de Kuznetsova foram obtidas, pela maior parte, quando ela se encontrava dentro do espelho de Kozyrev, enquanto Argüelles transmitia formalmente nas horas preestabelecidas. Essas imagens repetiam e ampliavam as da primeira seção, mas com muito mais cor e detalhe. Um esboço tosco do templo tornou-se um desenho elaborado com degraus, visitantes e cenário de fundo.

E quanto à terceira seção do caderno? Suas imagens foram captadas em setembro de 2005, três meses depois de Argüelles visitar aqueles sítios históricos, mas antes de os pesquisadores do ISRICA saberem dos pormenores do seu itinerário. Essa última série de imagens era a mais sofisticada em termos artísticos, com mais elementos da reação pessoal de Kuznetsova às mensagens psíquicas, não faltando páginas cheias de símbolos enigmáticos que pareciam expressar uma narrativa ou um comentário.

Ao todo, 42 transmissores e receptores participaram do experimento, incluindo Argüelles e Kuznetsova. Trofimov e sua equipe coletaram os dados das transmissões em tempo real e constataram um alto grau de correlação entre imagens transmitidas e imagens recebidas: os coeficientes dessa correlação, conhecidos como valores "R", chegaram a 0,7. Isso significa que em pelo menos 70% das vezes em que um receptor na Sibéria registrou uma imagem, esta correspondeu à que estava sendo enviada do México. Estatisticamente, temos aí uma evidência muito forte. Em geral, correlações de 60% ou mais traduzem o êxito de um experimento.

Trofimov confirma que os resultados do estudo amparam a massa de dados que a equipe do ISRICA vem coletando desde o início dos anos 1990, dados que repelem a noção segundo a qual predições psíquicas não passam de adivinhações bem-sucedidas ou exemplos de sensibilidade convencional apurada.

Os experimentos do ISRICA indicam claramente que os fenômenos psíquicos desafiam as noções corriqueiras de causa e efeito sobre o tempo. V. P. Kaznacheev e A. V. Trofimov escrevem:

> Importantes resultados foram obtidos no estudo das relações transpessoais. Nesses experimentos, as imagens transmitidas são captadas, *ou 24 horas depois ou 20-24 horas antes* [grifo dos autores] do momento de translação de um sinal por amostragem computadorizada aleatória. Em suma, quando um operador ainda não sabe qual programa irá transmitir, seus receptores já perceberam o processo no lapso de 24 horas, descrevendo ou desenhando uma imagem "futura" dele.

Mas os experimentos de Argüelles mostraram que comunicações telepáticas podem começar não apenas horas, mas até semanas antes do início das transmissões formais.

Terá Argüelles captado alguma verdade profunda a respeito de 2012? Trofimov apressa-se em esclarecer que nada com relação a esse ano foi incluído no experimento.

"Para mim, contudo, Argüelles é um homem de talentos incomuns", disse Trofimov, concluindo que por isso "hesitaria muito em descartar quaisquer impressões que [Argüelles] possa ter tido com respeito ao significado do ano 2012."

SEÇÃO V

Extinção

"Biscoitos gelados redondos já estão sendo vendidos no oeste da Pensilvânia!" *Isso, pelo que me lembro, apareceu na seção de novos produtos da revista* Progressive Grocer.

"Por que gelados? Por que redondos? Por que no oeste da Pensilvânia?", espantei-me. "Acaso estarei perdendo contato com a realidade?"

Se ficar de saco cheio é pecado, então minhas mais de cinco mil páginas, diagramas e tabelas de estudos de marketing sobre volume e valorização do dólar, fatores determinantes do crescimento futuro, cotas do mercado e situações de concorrência, posicionamento e gastos de propaganda, tendências e canais de distribuição, demografia e psicografia de embalagens de bens de consumo, feitos para a Packaged Facts Inc., subsidiária da FIND/SVP em Nova York, irão me precipitar no abismo quando for chegado o Dia do Juízo. Perpetrei O Mercado Americano de Batatas, *análise de duzentas páginas com enfoque nas "batatas fritas onduladas". Sou réu confesso de três estudos consecutivos de marketing sobre doces, biscoitos e bolinhos, que me valeram o apelido de Sr. Doçura. Mas, até prova em contrário, sou inocente de* O Mercado dos Desinfetantes de Vasos Sanitários: Tendências e Perspectivas.

No início deste livro, acho que menti um pouquinho ao dizer que nunca tive nenhuma visão psíquica significativa a respeito de 2012. Faltou-me coragem para confessar que minha experiência espiritual se relacionava com pesquisa de mercado. No início dos anos 1990, andava escrevendo um relatório sobre gerenciamento de categorias, que aparentemente se refere à arte dos varejistas de dispor bem os produtos nas prateleiras, mas no fundo à prática de atulhar as lojas com quinquilharias inúteis. Por exemplo, o protetor solar Sunscreen X agora vem em doze embalagens diferentes, com aroma de banana, morango, flores silvestres e goiaba — em spray, creme, gel e até supositórios gigantes para lugares onde não bate sol —, quando tudo o de que precisamos é um simples Coppertone. O mais engraçado é que essas versões todas dão prejuízo. Mas então por que estão lá? Para expulsar das prateleiras as boas marcas concorrentes.

A proliferação absurda é o que os biólogos populacionais identificam como um dos precursores da extinção. Sucede que algumas espécies desaparecem lentamente, enquanto outras começam por uma explosão populacional, esgotam seus recursos, provocam guerras e doenças, e acabam num nível mais baixo que no começo da explosão. Essa é a justificativa venerável para muita caçada que vem sendo feita. Dizimar o rebanho, como podar as árvores, é uma alternativa mais saudável que aguardar a hecatombe.

A explosão da população é geralmente atribuída à Revolução Industrial, que começou em meados do século XIX. Segundo os historiadores, até essa época, o número de seres humanos no mundo se estabilizara em torno dos dois bilhões durante cerca de um milênio. Essa cifra mais que triplicou no século e meio passado, chegando hoje a 6,5 bilhões. E não é tudo: as pessoas estão vivendo mais. No Ocidente, onde há mais consumo, a perspectiva de vida praticamente dobrou desde a Revolução Industrial, subindo de meros quarenta anos para quase 75. Portanto, o impacto direto da atuação humana sobre o planeta pode-se dizer que aumentou seis vezes num prazo que, pelos padrões históricos e ecológicos, equivale a um piscar de olhos.

Seremos então dizimados para nosso próprio bem em 2012? Podados até o talo a fim de poder um dia reverdecer como nunca? A combinação resultante de catástrofe e iluminação cumprirá sem dúvida a essência das profecias maias.

10

Uf!

Há uns 65 milhões de anos, um cometa ou asteróide com dez quilômetros de diâmetro caiu em Chicxulub, na península do Yucatán (México), abrindo uma cratera de 175 km bem no coração do que futuramente seria o império maia. O impacto, segundo Luis Alvarez, renomado físico de Berkeley e ganhador do prêmio Nobel, foi o que provocou a extinção dos dinossauros e de cerca de 70% das outras espécies do planeta.

Nenhuma tradição folclórica, nem mesmo a maia, remonta a 65 mil anos, quanto mais a 65 milhões. Todavia, perguntamo-nos se não há algum tipo de memória dos sentidos transmitida pela evolução, ou coisa parecida, que predisponha os maias às profecias cataclísmicas, tornando-os mais sensíveis aos ciclos em que elas se desenvolvem. Se o *Big Bang* continua vibrando pelo universo depois de quinze bilhões de anos, como demonstraram Arno Penzias e Robert Wilson, dos Bell Laboratories, quando dividiram o prêmio Nobel de física, por que o impacto de Chicxulub, duzentas vezes mais recente, não continuaria a ressoar no local? Isso talvez explique a obsessão dos maias com os céus.

Uma noite, após meu regresso da Guatemala, a lâmpada do meu quarto queimou, ou antes, explodiu. Em se tratando de contemplar estrelas, eu perdera a prática. Estava prevendo o fim do mundo com base em pesquisas sobre manchas solares, configurações planetárias e nuvens de energia interestelar sem, entretanto, poder lembrar-me da última vez em que de fato admirara um belo céu estrelado. A maioria das pessoas se encontra na mesma situação. Pela primeira vez na história humana, mais gente vive nas cidades que no campo. A poluição luminosa transformou o majestoso firmamento em alguns buracos cintilantes que, segundo nos ensinam, estão a uma distância inconcebível e não têm nenhuma importância para a vida cotidiana. A civilização se isolou do céu noturno.

Era tempo de fugir às luzes da cidade.

Nos meses de julho e agosto, a Terra cruza a cauda do cometa Swift-Tuttle, cujas partículas de poeira atingem a atmosfera a uma velocidade de mais de duzentos quilômetros por hora, provocando a chuva meteórica de Perseida. O apogeu noturno geralmente ocorre a 12 de agosto, por isso depois da meia-noite percorri as duas horas que me separavam da Base Aérea de Edwards, onde a nave *Discovery*, uma espécie de estrela cadente, aterrissara no dia anterior. Estacionando num trecho escuro da estrada, longe da área residencial, saltei do carro e ergui os olhos para o esplêndido céu noturno. Meteoros o riscavam a cada segundo, deixando rastros luminosos que logo se extinguiam. Mas, e se um deles não se apagasse e fosse ficando cada vez maior, mais perto, transformando-se numa "estrela barbada", como Nostradamus certa feita a chamou, vermelha e ameaçadora, mutável e instável, a girar como uma espiral de fogo?

Isso é o que os dinossauros devem ter visto há 65 milhões de anos, quando o asteróide assassino se aproximou, agredindo-lhes os olhos e depois os ouvidos com sons retumbantes, cortantes, lancinantes. Mesmo seus pequeninos cérebros perceberam sem dúvida que o terror estava a caminho. Os mares logo iriam ferver, as florestas queimar, as montanhas dissolver, as terras ficar alagadas, o ar encher-se de um cheiro pútrido. Será que o holocausto levou os dinossauros a lutar uns com os outros? Não há dúvida quanto ao que aconteceria entre seres humanos, a buscar refúgio não importa por que meios sangrentos e horríveis.

A uns quinze metros do meu carro, um coelho olhava para o céu. De repente, fugiu. Em menos de um segundo um falcão noturno fendeu sobre o local onde o bichinho estivera. Quase apanhara desprevenida a presa encantada com o firmamento. Depois de espiar em torno para certificar-me de que ninguém me observava também, tranqüilizei-me pensando que fora ótimo o animal manter a cabeça erguida. Se ficasse olhando distraidamente para o chão, teria se transformado numa ceia da meia-noite.

Voltando para casa, acendi a lâmpada para consultar um mapa. Uma luz na noite facilita a visão de perto, mas dificulta a de longe. A mesma vantagem/desvantagem se aplica logicamente à luz das idéias: coisas novas se iluminam, mas aquilo que antes se discernia fica na sombra. Que perspectiva eu abrira, perguntei-me, e qual outra bloqueara ao acender minha lâmpada em meio às trevas de 2012?

Ciência para as idades

Shampoo, filme sensual e divertido estrelado por Warren Beatty ainda jovem e Julie Christie, tem uma cena de que os críticos não gostam. Inesperadamente, o filho de uma personagem morre num acidente de carro. Todos lamentam, depois retomam sua vida normal. O enredo do filme não muda por causa do acontecido, fato que provocou os comentários adversos. Mas Pauline Kael, crítica de *The New Yorker*, entendeu a mensagem. Acidentes acontecem. Pessoas nascem e morrem. E a vida continua.

Eu também gostei do modo como esse momento foi tratado no filme porque a mesma coisa sucedeu ao meu pai: ele sofreu um acidente e morreu. Acho que o acontecimento me traumatizou, mas, pelo que sei de mim, prefiro que as coisas surjam de repente, do modo como os meteoros caem do céu. Assim, não preciso perder um tempo valioso me preocupando, discutindo, fazendo preparativos, fugindo. Francamente, um dos aborrecimentos do trabalho de pesquisa de 2012 é que estamos sempre buscando argumentos para decretar se ele será ou não um ano apocalíptico, elaborando hipóteses, avaliando provas e esmiuçando alternativas de sobrevivência. E uma coisa digo ao leitor: se eu não tivesse filhos, não escreveria este livro, pelo menos não da maneira como estou escrevendo. Se você tem filhos, vive preocupado com o futuro e faz o possível para mantêlos em segurança. Não há escolha. Contudo, se você é solteiro, bem, "pois amanhã morreremos" torna-se um estilo de vida mais simples.

James Lovelock, a quem muito admiro, publicou um artigo na revista *Science* pedindo que alguém escrevesse um livro cujo conteúdo fosse uma compilação do conhecimento científico básico (sugiro o título de *Science for the Ages* [*Ciência para as Idades*]). O livro seria impresso em material durável e amplamente distribuído, para nos defendermos da possibilidade de uma catástrofe aniquilar nossa civilização, pulverizar as redes eletrônicas e mergulhar-nos de novo na Idade das Trevas. Que nós, a raça humana, possamos perder o conhecimento de como, digamos, o sistema circulatório funciona, as epidemias são contidas ou se fabricam lasers parece, à primeira vista, um medo idiota. Mas basta pensar um pouco para perceber que, no curso da história, períodos de prosperidade foram seguidos de períodos de decadência, perdendo-se tudo o que antes se sabia. Não é preciso ir além da Grécia antiga, quando muita coisa já era conhecida, como a esfericidade da Terra. Mas pela maior parte do milênio e meio que se seguiu, tolices de todo tipo acabaram predominando.

Nada nos destruiria mais depressa e mais completamente do que outro impacto como o que extinguiu os dinossauros há 65 milhões de anos. Depois de uma catástrofe desse porte, bem que precisaríamos do *Ciência para as Idades* de Lovelock — e talvez de alguém que nos ensinasse a ler.

Más Notícias: Já Ultrapassamos a Data de Nossa "Extinção"

Com essa manchete alarmente, o *Guardian* nos informa que a qualquer momento, daqui para a frente, a maioria dos seres humanos, animais, plantas e micróbios poderá ser varrida da face da Terra.

O jornal comentava o artigo "Cycles in Fossil Diversity" [Ciclos da Diversidade Fóssil], publicado em 2005 na revista *Nature* pelos físicos Richard Muller e seu aluno de pós-graduação Robert Rohde, da University of California, Berkeley. Muller e Rohde encontraram indícios sólidos e confiáveis de que extinções em massa ocorrem em períodos regulares de 62/65 milhões de anos. Infelizmente, a última catástrofe desse gênero, que liquidou os dinossauros, aconteceu há 65 milhões de anos. Já estamos "passando do ponto".

A hipótese da extinção em massa, de Muller e Rohde, baseia-se numa análise de computador, que levou três anos, dos registros fósseis de 542 milhões de anos compilados por Jack Sepkoski, o falecido paleontólogo da University of Chicago cuja obra póstuma, *Compendium of Fossil Marine Animal Genera*, constitui a melhor referência disponível para o estudo da biodiversidade e das extinções. Sepkoski passou décadas metido em bibliotecas, à cata de relatos de descobertas fósseis. Em vez de classificá-los por espécie, método que agrupa criaturas tão geneticamente similares que podem gerar híbridos, Sepkoski preferiu dispô-los por gênero, uma ordem taxonômica acima da espécie. Um exemplo de gênero é o *Felis*, que inclui os gatos domésticos, os linces e os pumas. No gênero *Canis* agrupam-se cães, lobos e chacais.

Sepkoski descobriu que o período de 542 milhões de anos coberto por seu compêndio se dividia por camadas de mais ou menos três milhões de anos cada uma. A seguir, identificou as camadas mais antigas e mais recentes em que cada gênero apareceu. Por exemplo, os pumas e outros gatos não haviam surgido ainda na época em que os dinossauros se extinguiram, mas as cobras provavelmente vieram antes deles e talvez sobrevivam a nós.

Muller e Rohde resumiram o grosso compêndio de Sepkoski, analisaram os resultados no computador e descobriram, chocados, que com a mais cristalina regularidade cerca de 50 a 90% dos gêneros desaparecem entre 62 e 65 milhões de anos, ou seja, no espaço de três milhões de anos que, segundo Sepkoski, separa uma camada fóssil da próxima.

Comentando a hipótese de extinção em massa de Muller e Rohde, James Kirchner, geólogo planetário (também de Berkeley, mas não participante do estudo), declarou na *Nature* que os indícios "praticamente saltam dos dados". Acompanhei a carreira de Kirchner por dezessete anos. Ele é um cético "furador de balões": vive farejando falhas e contestando teses duvidosas. Não obstante, atribui à evidência estatística de Muller e Rohde nada menos que 99% de certeza: ou seja, literalmente a próxima extinção em massa, da ordem do mega-holocausto de há 65 milhões de anos, está a caminho.

Um acontecimento assim resultaria provavelmente na morte de bilhões de pessoas, devido à força do impacto, às conflagrações sísmicas e vulcânicas conseqüentes, e depois à ruína da infra-estrutura e da ordem social que não deixaria de ocorrer. E isso se nosso planeta conseguisse de novo preservar sua integridade estrutural depois de tamanho abalo.

O epitáfio da civilização será escrito em Berkeley. Assim como Rohde estudou com Muller, Muller foi aluno de Luis Alvarez e teve o privilégio de ver em primeira mão seu agora famoso mestre elaborar a teoria do impacto para explicar o desaparecimento dos dinossauros. Para Alvarez, a prova maior era uma substância chamada irídio, um pó que cobre asteróides e cometas. O irídio só existe na Terra em quantidades microscópicas, exceto por uma camada abundante que data de 65 milhões de anos no registro fóssil, com nível mais alto de concentração na cratera de Chicxulub, no Yucatán. Isso, mais o fato de milhares de rochas aos lados da cratera terem sido pulverizadas na mesma época do aparecimento do irídio, dá o toque final à teoria do impacto.

Quando, em 1980, Alvarez divulgou sua teoria, suspeitou que extinções em massa como a que liquidou os dinossauros ocorriam em bases regulares; só não sabia com que freqüência. (Vale lembrar que só trinta anos depois Muller e Rohde fariam sua pesquisa.) Assim, Alvarez desafiou Muller a explicar que tipo de mecanismo poderia eliminar a maior parte da vida terrestre periodicamente. Muller respondeu com sua ora famosa hipótese Nêmesis, segundo a qual o Sol, como muitas outras estrelas de sua idade e classe, tem um companheiro: talvez uma anã vermelha ou parda, ou mesmo um buraco negro, praticamente invisível. Muller aventou que a órbita de Nêmesis o faria aproximar-se a cada período de alguns milhões de anos, abalando gravitacionalmente o Sol e desestabilizando o sistema solar inteiro.

Mas, escavando os registros fósseis, Muller e Rohde acabaram descobrindo que as extinções em massa ocorrem a cada 65 milhões de anos. Por que uma estrela levaria tanto tempo para descrever uma órbita em torno de outra? Encontrar-se de 65 milhões em 65 milhões de anos é um caso amoroso de longuíssima distância, mesmo por padrões estelares. Não poderia o Sol (e/ou Nêmesis) achar um parceiro mais próximo? Mais tarde Muller repudiou sua teoria, mas ela continua a atrair adeptos, muitos dos quais acreditam que o período orbital do companheiro do Sol é bem mais curto, de uns 26 mil anos — um *pas de deux* mais plausível. Lembremonos de que 26 mil anos são o tempo que os céus, vistos da Terra, levam para completar uma rotação, com a estrela polar passando de Poláris para Vega e vice-versa.

O Binary Research Institute em Newport, Califórnia, produz uma avalanche de gráficos e tabelas em apoio da teoria Nêmesis revista, mostrando que certas oscilações no eixo terrestre e anormalidades no comportamento orbital do Sol podem ser atribuídas somente a uma influência gravitacional externa, ou seja, a um companheiro binário. Trata-se de um conceito romântico, do tipo yin/yang, positivo/negativo, treva/luz, e nem um pouco absurdo porque muitas outras estrelas, ao que parece, têm seus companheiros. Contudo, até o momento, a falta de prova obtida por observação direta tem impedido que a hipótese Nêmesis seja plenamente aceita.

Mas, se não é Nêmesis, o que vem então abalando o Sistema Solar? O Planeta X, considerado por alguns o décimo, foi descoberto em 2005 e oficialmente denominado 2003UB313. Ele bem que poderia ser o "fator X". Dezoito por cento maior que Plutão, segundo se acredita, o Planeta X gira três vezes mais longe do Sol que ele. No entanto, segue uma órbita muito estranha, diferente do plano orbital dos outros planetas e que às vezes o leva para mais perto do Sol que os planetas exteriores. Essa órbita poderia, teoricamente, provocar efeitos gravitacionais e eletromagnéticos imprevisíveis.

Os astrônomos sumérios talvez hajam descoberto o Planeta X há uns cinco mil anos, dando-lhe o nome de Niburu. O reaparecimento de Niburu durante a recente guerra do Iraque, onde boa parte da Suméria se localizava, logo estimulou animadas especulações sobre o fim dos tempos. Mas, entre os cientistas, o Planeta X é visto mais como um novo bebê do que como uma ameaça à família planetária.

Muller acredita hoje que, a cada período de 62/65 milhões de anos, a órbita do Sistema Solar atravessa uma região da Via-Láctea onde a densidade gravitacional é gigantesca. Ele acha que abalos gravitacionais súbitos e extremos lançam uma chuvarada de cometas e/ou asteróides na direção do Sol e dos planetas, inclusive a Terra. Sua tese condiz bem com a da nuvem de energia interestelar de Dmitriev, a qual, por definição, é gravitacional e eletromagneticamente mais densa que o vácuo relativo onde está o Sistema Solar. O cenário projetado por Muller também se coaduna com as profecias maias, segundo as quais, a 21/12/12, o Sistema Solar eclipsará o centro gravitacional da galáxia — um buraco negro, o fenômeno gravitacional mais denso do universo, pelo que se sabe — e provocará o apocalipse.

Levantem a cabeça!

Para se ter uma idéia dos perigos que rondam o ambiente interplanetário da Terra, imagine um malabarista caminhando pela nave central de uma igreja durante a missa de domingo, fazendo mover três séries separadas de objetos pelo ar ao mesmo tempo. Os objetos mais altos, que quase batem no teto, parecem petecas, essas inofensivas coisinhas emplumadas — exceto pelo fato de conterem explosivos. A má notícia para o pobre malabarista (neste caso o Sol) é que ele precisa ficar constantemente arremessando essas petecas-bomba para o teto. A boa é que, uma vez arremessadas, não é necessário se preocupar com elas por algum tempo — elas voam para bem alto. De vez em quando uma peteca esbarra num pilar ou candelabro e explode, mas quase nunca alguém fica ferido.

Essas petecas-bomba movimentando-se lá em cima lembram a nuvem Oort, nos confins do Sistema Solar. Batizada com o nome do astrônomo holandês Jan Hendrik Oort em 1950, a partir de um trabalho antigo do astrônomo estoniano Ernst Opik, a nuvem Oort conteria mais de cem vezes a massa da Terra, espalhando-se por milhões de quilômetros. Existem ali, asseguram-nos os cientistas, milhões de núcleos de cometas, dos quais apenas uns poucos se tornam cometas propriamente ditos a cada ano. Os que provêm da nuvem Oort são em geral categorizados como de longo período, ou seja, levam mais de duzentos anos para descrever sua órbita em torno do Sol. É mais difícil rastrear os cometas de longo período que os de curto período, havendo, portanto, maior possibilidade de se chocarem com a Terra sem aviso prévio.

As petecas que o malabarista mantém em altura média são também bombas e, como ficam a meio caminho do teto, exigem pouco impulso, mas caem mais depressa. A esfera média é conhecida como cinturão de Kuiper, que se estende de Netuno até muito além de Plutão e do Planeta X. Os cometas do cinturão de Kuiper são de curto período, com órbitas de menos de duzentos anos, e por isso os astrônomos conseguem rastreá-los com facilidade. Muitos desses cometas são sugados e pulverizados por Júpiter, o maior planeta e o de mais forte campo gravitacional. Um exemplo é o poderoso cometa Shoemaker-Levy 9, que em junho de 1994 desceu sobre Júpiter arremessando bolas de fogo maiores que a Terra. Se ele houvesse se espatifado contra a Terra, toda a vida aqui se incineraria num segundo.

Os cometas vêm sendo associados a catástrofes desde o alvorecer da história humana. São, provavelmente, os fenômenos celestes mais registrados, figurando na religião, história e ciência ao longo das idades. Diz-se que eles anunciam eras novas, pressagiam tragédias e transportam alienígenas. Podem ser também o esperma do Todo-poderoso, ou algo muito semelhante a isso, se a moderna especulação científica estiver correta.

Com suas enormes cabeças brancas e longas caudas encurvadas, os cometas parecem mesmo células espermáticas. Nos últimos cinco bilhões de anos, eles têm fecundado a Terra com produtos químicos básicos, inclusive alguns minerais, e talvez nos tenham até fornecido nosso suprimento de água, de acordo com Louis Frank, físico da University of Iowa. Frank sustenta que nosso planeta é bombardeado diariamente por cerca de 25 mil a 30 mil cometas pequenos e frágeis — "bolas sujas de neve" de vinte a quarenta toneladas, constituídas principalmente de gelo e uma grande variedade de impurezas químicas. Ele calcula que os cometas depositam na superfície da Terra o equivalente a três centímetros de água a cada dez mil anos. Isso equivale a uma camada de água de doze quilômetros de profundidade desde o surgimento de nosso planeta, mais que o suficiente para explicar nossos mares e oceanos, mesmo face a estimativas generosas da quantidade de água presente nos organismos ou dissociada por processos químicos como a erosão e a fotossíntese.

A hipótese de Frank nos obrigaria a reescrever boa parte da história da Terra. Por exemplo, implicaria um período muito mais longo de existência relativamente a seco no planeta, com os volumes crescentes de água figurando no esquema evolutivo das coisas. A NASA acatou com algumas reservas as afirmações de Frank: "A NASA ainda não sabe ao certo quantos são eles, quanto pesam e quanta água estão trazendo para cá. Mas realmente existem pontos cegos em nossas imagens de satélite, que são objetos portadores de água a caminho", contou Steve Maran, porta-voz da NASA, em entrevista à CNN.

Um indício de que Frank talvez esteja superestimando a quantidade de água trazida à Terra por aqueles objetos foi o encontro espetacular do engenho espacial da NASA, o Deep Impact, com o cometa Tempel 1, a 4 de julho de 2005, façanha que glorificou ainda mais os Estados Unidos da América. O encontro ocorreu com atraso de apenas um segundo. Os dados ainda estão sendo analisados, mas pelo que se sabe até agora parece que o cometa é constituído menos de gelo que de um pó impalpável, semelhante ao talco, em quantidade maior do que se imaginava.

Recorrendo à imagem de milhares de pequenos cometas/espermatozóides que tentam atravessar a atmosfera/membrana de uma grande Terra/óvulo, Frank descreve vividamente o Sistema Solar como uma entidade orgânica. Independentemente de sua exatidão factual, esse quadro nos leva a encarar a vida no planeta como conseqüência de um processo distante. E, tal qual sucede na sexualidade humana, de vez em quando um atrevido cometa/espermatozóide consegue se insinuar pela membrana da Terra e chocar-se com sua superfície. De cometas assim é que são feitas as lendas; neles é que se baseiam as profecias mais assustadoras. Cerca de 750 cometas desse calibre potencialmente catastrófico já foram identificados e rastreados. A cada ano, de vinte a trinta enriquecem o banco de dados.

Em nenhum momento o malabarista deixa de se preocupar com a terceira e mais próxima série de objetos, que já não lembram petecas, mas bananas de dinamite. Por pouco não lhe caem sobre a cabeça e às vezes se rompem em fragmentos, explodindo no chão. Eis aí o cinturão de asteróides localizado entre Marte e Júpiter. Os asteróides são porções nojentas de lixo espacial, provavelmente o que restou de um planeta que não conseguiu segurar os intestinos, uma coisa inominável cujo vingativo clamor de imortalidade agora ameaça indiscriminadamente a vizinhança com pedaços de seu antigo eu. Os asteróides não têm nem a dignidade nem a química vital, seminal, dos cometas. São a escória do universo.

Inútil nos preocuparmos. Nem a poesia dos céus nem a sublime harmonia da infinita sapiência permitirão que a Terra viva, o mais formoso lugar do cosmos, seja agredida até a morte por sujeira espacial. Ou pelo menos isso é o que devemos continuar dizendo a nós mesmos enquanto mais e mais asteróides são descobertos a rondar pelas imediações. Nenhum dos duzentos objetos espaciais conhecidos como bólidos, que podem cruzar a órbita da Terra, fará isso nos próximos dois séculos; porém, quanto aos 1.800 ou mais ainda não identificados, que talvez estejam por aí, nada se sabe ao certo. Objetos de um quilômetro ou mais de diâmetro aparecem pelo que se sabe a cada meio milhão de anos e sem dúvida provocariam uma catástrofe global, inclusive a morte de milhões, talvez bilhões de seres humanos.

Em março de 1989, o asteróide 1989 FC, com cerca de 500 m de largura, aproximou-se a 690 mil quilômetros da Terra, cruzando-lhe a órbita num ponto onde ela estivera há apenas seis horas. O asteróide 1989 FC era de quinze a vinte vezes maior que o bólido responsável pela incineração, em 1908, de centenas de quilômetros quadrados na região de Tonguska, Sibéria, com a força de mil bombas atômicas de Hiroshima. Felizmente, registraram-se poucas mortes. Se o asteróide tivesse atingido uma área mais populosa ou caído no oceano, onde levantaria ondas de tsunami, a devastação resultante seria tão grande quanto a de qualquer das duas guerras mundiais.

Guarda-chuva?

Discute-se a utilidade ou não de criar e instalar sistemas de defesa contra cometas e asteróides. Segundo os adversários da idéia, afora o custo de trilhões, qualquer sistema eficiente representaria uma ameaça maior à civilização que os próprios asteróides e cometas cujo impacto deveriam evitar. Terroristas ou mesmo vilões do governo poderiam usar essas armas para inutilizar satélites e destruir alvos terrestres.

Os defensores da idéia dos sistemas de defesa vêm sofrendo há muito do "fator gozação" e contar com o apoio do ex-presidente Dan Quayle não os ajudou em nada. Mas a gozação não será na verdade uma espécie de tique nervoso, o tremor no escuro que nos assalta quando desconfiamos da proximidade do absurdo apocalíptico?

Não nos deteremos aqui sobre se é boa ou má a idéia de gastar um trilhão com um sistema de defesa contra asteróides e cometas, pois não há maneira de implantá-lo e pô-lo a operar já em 2012. Observaremos apenas que nosso planeta provavelmente sofrerá mais com as conseqüências de um impacto extraterrestre, hoje, do que no passado. Um dos efeitos do aquecimento global foi derreter geleiras que antes pressionavam as placas tectônicas. As conseqüências sísmicas de um impacto violento seriam, pois, mais danosas atualmente do que há um século, já que as placas estão se movendo com mais liberdade e colidirão mais catastroficamente se forem atingidas por um cometa ou asteróide. Pense-se na diferença entre um rochedo pousado sobre um lago coberto de gelo duro e sobre uma superfície parcialmente derretida. Quer ele se balance ou tente perfurar a crosta, a turbulência será maior na superfície constituída por pedaços de gelo e água.

De igual modo, se o vulcanismo for mesmo uma contrapartida ao aquecimento global, então um número maior de vulcões que estão "amadurecendo", como o Yellowstone e o Long Valley, será acionado por um impacto forte, tal como um tomate grande e maduro expelirá mais facilmente seu suco quando esmagado do que quando deixado na gaveta. Todos esses fatores, aliados à densidade sem precedentes da população humana, que beira os 6,5 bilhões, tornam possível uma hecatombe do tipo previsto confidencialmente por Muller e Rohde.

A maior parte do tempo, o malabarista tem as coisas sob controle, mas de vez em quando alguém ou alguma coisa esbarra nele e o faz deixar cair punhados de petecas-bomba sobre os fiéis. É a chamada hipótese Shiva, proposta em 1996 por M. R. Rampino e B. M. Haggerty. Batizada com o nome do deus hindu da destruição e da reprodução, essa hipótese sustenta que o Sistema Solar balança para cima e para baixo ao orbitar a galáxia, encontrando periodicamente anomalias gravitacionais e energéticas como a nuvem de Dmitriev. Shiva coincide com a hipótese de extinção em massa de Muller e Rohde, propondo que os tropeços no caminho do Sistema Solar desestabilizam a nuvem Oort e expelem chuvas de cometas assassinos.

Segundo a hipótese Shiva, nos últimos 540 milhões de anos, cometas oriundos da nuvem Oort foram responsáveis por pelo menos cinco extinções em massa na Terra. Estamos agora à espera da sexta. As profecias Shiva foram curiosamente antecipadas por Mãe Shipton, a lendária vidente do século XVI que penetrou no folclore inglês ao prever o turbulento e sanguinário reinado de Henrique VIII, além do grande incêndio de Londres. Sua última visão foi a da humanidade mergulhada na guerra e no caos suicida em resultado da sexta visita à Terra do "dragão celeste".

Um dragão terrível cruzará os céus
Seis vezes antes de a Terra morrer.
A humanidade tremerá e se assombrará
Ante o sexto arauto desta profecia.

Por sete dias e sete noites
O homem terá uma visão terrível.
As marés se erguerão além de seus limites
Para acossar as praias, e depois
As montanhas começarão a ruir
E os terremotos sacudirão a costa.

Águas turbulentas, avançando,
Inundarão as terras com tamanho estrondo
Que a humanidade se atolará nos pântanos,
Rosnando para seus semelhantes.

SEÇÃO VI

Armagedom

Eu estava na faculdade durante a era Watergate, quando a maioria dos professores e alunos de Ciência Política da Brown University afirmava com ares de superioridade que, ao contrário das insinuações da imprensa histérica, presidentes não são cassados por crimes da gravidade do que se atribuía a Richard Nixon. Quem estudara com afinco a história política americana, quem tinha experiência, sabedoria e maturidade para captar o quadro todo assegurava que Nixon não seria derrubado. Mas embora eu, pobre estudante de pós-graduação de inglês, sempre perdesse as discussões, sabia que estava certo.

Odiava Nixon, como bom liberal de nascença, mas também me sentia ligado a ele e até colaborara em sua campanha de 1968 para a presidência, no comitê de Nova York. Fazia trabalhos insignificantes, mas um dia me confiaram uma missão de prestígio. Parecia que nosso candidato gostava de colecionar peças publicitárias que o atacavam e assim, durante um dia inteiro, corri a cidade à cata de qualquer coisa que deixasse o homem furioso. Marquei um ponto quando apresentei a Ron Ziegler, mais tarde secretário de imprensa de Nixon, o cartaz de uma bonita negra em avançado estado de gravidez, exibindo o bottom *da campanha, "Nixon é o cara".*

Na noite em que Nixon renunciou, eu assistia a um balé no Lincoln Center, Nova York. Minha mãe me levara para ver Rudolf Nureyev numa de suas últimas exibições, creio que Giselle*. O espetáculo foi interrompido e apareceu no palco um televisor, para que todos víssemos e ouvíssemos o presidente dar adeus. Muitas pessoas aplaudiram. Mamãe não suportava Nixon, mas achou que não era adequado bater palmas num momento tão triste para a nação. Eu, sim, aplaudi. Como é bom estarmos certos!*

Para mim, 2012 é outro Watergate. Pessoas incrédulas e membros sisudos da intelectualidade oficial negarão 2012. Na medida em que estejam apenas tentando evitar o pânico geral, ótimo, nada contra. Mas ainda desta vez eu é que estou certo. Quando se aproximar a hora e todos perceberem que algo portentoso, sem precedentes, acontecerá em 2012, quero estar lá para ajudar meus semelhantes a se comportarem responsavelmente perante a ameaça. E fazer o possível para não rir.

11

Que venha o fim

Sempre quis escrever uma autobiografia na qual fosse uma personagem secundária. Mostraria assim que todos desempenhamos um papel na grande saga histórica e sentimo-nos felizes por isso. Ou então que somos organismos do vasto ecossistema da Vida e ficamos contentes por saber que ora devemos cooperar, ora competir. Seria um desses livros complicados em que os fios de minha existência e da história se entrelaçariam para tornar mais acessível o intricado esquema das coisas.

A história começaria com um rochedo negro e incandescente se chocando com uma duna do deserto arábico, transformando a areia à sua volta em vidro. Dependendo de quem contasse a história, o mosqueado rochedo negro seria um meteorito do cinturão de asteróides, um presente chamejante do arcanjo Gabriel ou um pedaço escuro, portanto malfazejo, desprendido da face branca e luminosa da Lua. Há três mil anos, ou talvez quatro porque ninguém sabe ao certo, um grupo de beduínos descobriu o rochedo, que está hoje alojado num modesto santuário em ruínas. Segundo a Hadith, tradição folclórica e de sabedoria do Islã equivalente ao Talmude judaico, os beduínos eram ninguém menos que Abraão e seu filho Ismael — e o santuário que descobriram fora construído por Adão, num local hoje conhecido como Meca.

Abraão e seu filho Ismael erigiram ali um novo e mais imponente santuário, a Caaba, a fim de abrigar a pedra negra. Quando terminaram, Abraão subiu a colina que domina Meca. Por quatro vezes assobiou e por quatro vezes um pássaro veio pousar-lhe no ombro. Obedecendo a uma ordem de Deus, Abraão estraçalhou cada ave e atirou os pedaços do alto da colina. A cada vez os pedaços se juntaram novamente, as aves voaram para Abraão e pousaram em seu ombro. O velho se dirigiu então à Caaba, onde o esperava Gabriel, que o instruiu e ao filho sobre a maneira correta de agradecer o presente e glorificar o Altíssimo. Mostrou-lhes como atirar pedras nas quatro direções, lavar-se ritualmente, vestir trajes brancos singelos e dar sete voltas em torno da Caaba — tal qual ainda hoje o fazem escrupulosamente milhões de peregrinos que visitam o lugar.

Ismael e sua mãe, Agar, foram sepultados em Meca, que ficou a cargo de seus descendentes. Todavia, no decorrer dos séculos, o propósito inicial do santuário — glorificar a Deus — foi esquecido. A tribo dos coraixitas se apossou de Meca e, na noite que se seguiu à batalha, seus guerreiros comemoraram a vitória reverenciando a pedra negra e "beijando tudo o que podia ser beijado", conforme reza a história. Logo correu o boato de que Meca era um ótimo lugar para se fazer negócios e as caravanas que cobriam a rota do olíbano, entre Salalah, no sul do Líbano, e Damasco, começaram a parar ali.

Os coraixitas instalaram seus ídolos na Caaba e não tardou que alguém tivesse a brilhante idéia de alugar espaços no santuário para os peregrinos também instalarem ali os seus. Assim, um milênio antes do Islã e quatro séculos antes do cristianismo, Meca se transformou num centro de peregrinação e comércio. Logo havia 360 ídolos na Caaba, um para cada dia do ano lunar. Esses ídolos iam de Alá, o magnífico, a Hubal, o belicoso, de Jesus e Maria a Al-Lat, Al-Uzza e Manat, as três filhas da Lua. Os cúpidos coraixitas nem mesmo hesitavam em quebrar pedaços da rocha sagrada para vendê-los aos peregrinos. Desse modo, espalhou-se o culto da pedra.

A tribo coraixita foi aos poucos se dividindo em gente próspera e gente humilde, conforme tivesse ou não propriedades na Caaba. Dos hashims, um dos clãs mais pobres, proveio um jovem e respeitado sábio de nome Maomé (a paz esteja com ele). Maomé esbravejou contra os excessos pagãos e o comportamento profano na Caaba. Suas profecias tenebrosas se cumpriram quando Meca, rodeada de montanhas, submergiu num dilúvio, que também destruiu a Caaba.

Todos os clãs coraixitas se uniram para reconstruir o santuário, mas, completado o trabalho, os chefes se puseram a disputar a honra de recolocar a pedra negra sagrada em seu nicho especial na muralha. Relutantes, concordaram em seguir o conselho de quem se pronunciasse primeiro. Então Maomé se adiantou, jogou ao chão seu manto e colocou-lhe em cima a pedra negra. Depois pediu a três chefes de clã que segurassem cada qual uma ponta do manto e ele próprio se encarregou da quarta. Assim, juntos, ergueram a pedra e repuseram-na no lugar.

Não muito depois de solucionar o problema, Maomé meditava numa caverna quando o arcanjo Gabriel apareceu para ele, recitando os primeiros versículos do Alcorão. A essência da mensagem era que só existe um deus, Alá, piedoso e onipotente. Gabriel revelou sistematicamente o resto do Alcorão ao profeta Maomé, cuja eloqüência de mestre, bem superior a quanto já se ouvira em Meca, logo lhe granjeou inúmeros seguidores fiéis.

Sou 100% descendente de cristãos libaneses com ancestrais muçulmanos e pagãos, além de apresentar uma acentuada afinidade judaica. Remonto minha linhagem a 1.600 anos, à tribo coraixita da península arábica — mas não, ai de mim, ao clã hashim do profeta Maomé. Minha família, bem ao contrário, provém dos makhzoums, liderados por Abu Jahal, o maior vilão da história do Islã. Três vezes meu ancestral tentou matar o profeta Maomé (a paz esteja com ele).

Abu Jahal era, em tudo, um sujeito descontrolado. Qualquer coisa que dissesse respeito a Maomé deixava-o fulo da vida, principalmente o ensinamento de que "Não há senão um Deus" e seu nome é Alá. A exigência de Maomé para que a Caaba fosse purificada de todos os falsos deuses e ídolos, com exceção de Alá, era uma ameaça direta aos interesses comerciais de Abu Jahal: seu clã auferia rendas da Caaba e vendia camelos aos peregrinos. Abu Jahal ficou furioso quando, mais tarde, Maomé explicou que quem não aceitasse Alá como o Deus verdadeiro iria para o Inferno.

E quanto aos ancestrais que morreram sem nunca ter ouvido falar de Alá? Isso era o que Abu Jahal desejava saber. Lamento, mas estão no Inferno, replicava Maomé.

Raciocínios como esses são comuns nas religiões organizadas. Dante, católico romano, achava que mesmo os grandes luminares da antiguidade, inclusive Virgílio, seu guia no Inferno, estavam condenados porque não aceitaram Cristo antes de morrer. Pouco se lhe dava que houvessem morrido antes de Jesus nascer e, portanto, nunca tivessem tido a chance de aceitá-Lo. Nos dias de hoje, os mórmons elaboraram o mais impressionante banco de dados genealógico com a única finalidade de recuar no tempo para salvar almas que de outro modo continuarão perdidas.

Na noite seguinte à sua discussão sobre quem iria ou deixaria de ir para o Inferno, Abu Jahal agarrou uma pedra, insinuou-se na tenda de Maomé adormecido, ergueu a arma improvisada bem alto acima da cabeça do profeta e... fugiu em pânico. Um camelo alado, enfurecido, bufando ameaçadoramente pelas ventas arreganhadas, emissário do arcanjo Gabriel (ou da própria consciência de Abu Jahal, dependendo de quem conta a história), interveio a tempo e expulsou o vilão.

O poder e a graça da fé do novo profeta eram coisa que os habitantes de Meca jamais haviam visto. Até Abu Jahal, a dada altura, deve ter percebido que resistir à glória crescente do Islã era atitude fútil e patética. O Alcorão, revelado por Deus a Maomé por intermédio de Gabriel, soava como uma sinfonia sublime; as réplicas de Abu Jahal não passavam de um grasnar sem sentido de pássaros. Exceto, é claro, pelos Versos Satânicos, que louvavam Al-Lat, Al-Uzza e Manat, as três deusas da Lua.

Povos do deserto, como eram e são os habitantes de Meca, reverenciam a Lua. A Lua aparece de noite e a noite é fresca, agradável. Ao contrário do Sol, que castiga quem o contempla, a Lua suaviza e seduz os olhos, mudando de forma todas as noites. O culto da Lua nem sempre leva à retidão moral e, no correr dos séculos, seus adoradores em Meca se entregaram ao deboche como tributo (sim, isso mesmo) às três divindades lunares de pupilas escuras. Maomé decidiu pôr um fim às orgias. Abu Jahal não queria perder seu negócio e suas rendas. Nem trocar sua genuína afeição pela Lua, que podia ver, por Alá, que olhos mortais nunca tinham contemplado. (É interessante notar que o crescente da Lua tornou-se o símbolo do islamismo.)

Satanás, segundo o conto folclórico antigo e indecente retomado por Salman Rushdie num livro famoso, sussurrou versos sobre as deusas da Lua aos ouvidos do profeta Maomé, para que fossem incluídos no Alcorão. Maomé se recusou a fazê-lo. Abu Jahal ficou tão fora de si com a exclusão do que viria a ser chamado de Versos Satânicos que reuniu um bando de espadachins, um de cada clã da tribo, para que nenhum clã ficasse marcado para vingança. Como era de esperar, a notícia desse complô se espalhou a tempo de Maomé e seus parentes fugirem de Meca para Medina.

Maomé arregimentou sua gente, voltou e derrotou o exército muito mais forte de Meca na batalha de Bedr. De novo foi assistido pelo arcanjo

Gabriel, que lançou uma nuvem de areia às faces do inimigo. Finda a batalha, Maomé ergueu bem alto a cabeça decepada de Abu Jahal e bradou: "Eis aqui o inimigo de Deus!"

Destino que seus descendentes pretendem a todo custo evitar.

Não posso negar, contudo, uma certa sintonia com meu ancestral pagão. Sua reverência pelas três divindades lunares lembra muito minha própria devoção à hipótese de Gaia, essa filosofia de uma Terra viva que venho expondo desde 1986. Gaia significa reverência para com o mundo natural, encarnado simbolicamente na Mãe Terra. Quanto à Lua, tão fascinante para meu antepassado, sempre propus editorial e empresarialmente sua colonização, na crença de que ela será o Oriente Médio, o grande reservatório de energia do século XXI. Ao contrário da Terra, a Lua possui vastas reservas de hélio-3, o combustível ideal para uso em fusão nuclear controlada, que é talvez a força mais impetuosa do universo.

Isso posto, declaro que sou um monoteísta convicto e feliz, batizado e casado na Igreja Católica Romana, confirmado como episcopal e contente com isso. As muitas bênçãos de minha vida, particularmente meus dois filhos, exigem que eu agradeça e preste culto ao Deus Todo-poderoso, que não teria sido tão bom para comigo caso ainda conservasse, depois de 1.600 anos, o rancor que Lhe mereceu meu ancestral. Estou, na verdade, contando com a Sua boa vontade perene porque, relativamente a este livro e em especial a esta seção, sinto-me obrigado a fazer sérios reparos ao personagem literário que certas partes da Bíblia e do Alcorão referentes ao fim dos tempos retratam como Deus.

Alguém tem que fazê-lo.

O código da Bíblia

Reza a Bíblia que Deus aniquilará a Terra em 2012.

Essa é a conclusão a que chegou Michael Drosnin em *The Bible Code*,* o *best-seller* mundial que alega ter decifrado um código secreto e divino embutido no texto da Bíblia. A base sólida dessa declaração é um artigo erudito intitulado "Seqüências de letras eqüidistantes no Livro do Gênesis", escrito por três matemáticos israelenses, Doron Witztum, Yoav Rosenberg e... Elias, na pessoa de Eliyahu Rips (Eliyahu é a transliteração da pronúncia hebraica correta do nome do ígneo profeta), artigo publicado na

* *O Código da Bíblia*, publicado pela Editora Cultrix, São Paulo, 1997.

revista *Statistical Science.* Esse trabalho notável de análise estatística verifica uma observação feita primeiramente por um rabino de Praga, H. M. D. Weissmandel, segundo a qual "se você saltar cinqüenta letras, mais cinqüenta e depois mais cinqüenta, a palavra *Torah* aparecerá no começo do Gênesis". A mesma seqüência salteada fornece a palavra *Torah* no Êxodo, Números e Deuteronômio, o segundo, quarto e quinto livros de Moisés. (Por alguma razão, esse processo não se aplica ao Levítico, o terceiro livro de Moisés, que prescreve as regras para a função sacerdotal.)

Essa descoberta chamou a atenção dos pesquisadores, ansiosos por saber o que mais poderia estar codificado. Tarefa difícil: Isaac Newton aprendeu hebraico sozinho e passou décadas procurando o código que supunha estar contido na Bíblia. Newton, talvez a mais brilhante mente científica da história, nada conseguiu. Isso porque não tinha um computador. Os três matemáticos israelenses percorreram o Livro do Gênesis, nos caracteres hebraicos originais, letra por letra: sem espaços e sem pontuação, tal como foram escritos os textos bíblicos. Em resumo, eles remanejaram o Gênesis como um gigantesco acróstico e depois circularam algumas palavras — verticalmente, horizontalmente e diagonalmente. Com a ajuda do computador, examinaram o acróstico em busca de termos compostos não apenas de letras adjacentes, mas também de letras separadas por um dado número de espaços, tal como fizera o rabino Weissmandel para encontrar a palavra *Torah*. Usando a mesma abordagem de letras eqüidistantes e código salteado, obtiveram graças à análise computadorizada os nomes de 66 rabinos lendários, dos quais praticamente todos viveram séculos ou milênios depois da redação do Gênesis. Em cada caso os nomes eram acompanhados ou interseccionados pelas datas de nascimento e morte dos rabinos, além dos locais de residência.

Decerto, nenhum mortal poderia saber e codificar sub-repticiamente os nomes desses homens veneráveis que ainda não haviam nascido. A implicação é óbvia: existe um código secreto na Bíblia, colocado ali por Deus. Eliyahu Rips, principal colaborador de Drosnin, explica a aparente impossibilidade citando um dos rabinos descobertos na Bíblia, um outro Elias, o famoso sábio Eliyahu de Vilna, que viveu no século XVIII: "Sem dúvida, tudo o que foi, é e será até o fim dos tempos está contido na Torá, da primeira à última palavra. E não apenas em sentido geral, mas nos detalhes de cada espécie e cada criatura, e nos detalhes dos detalhes de tudo quanto lhes haja sucedido do nascimento até a morte."

É como se a Constituição dos Estados Unidos enumerasse os nomes de 66 presidentes futuros, ladeados ou interseccionados por seus locais de nascimento e as datas de sua eleição. Ou se a edição de 1965 do anuário *Sports Almanac* trouxesse os nomes dos próximos 66 vencedores do Super Bowl com os resultados dos jogos.

A rigorosa análise estatística dos matemáticos israelenses concluiu que é praticamente de zero, em cinqüenta mil, a probabilidade de tudo isso ser um acontecimento casual. Suas extraordinárias alegações, é claro, logo se viram alvo de fortes ataques. Na década que se seguiu à publicação do artigo, vários estatísticos e matemáticos, inclusive especialistas da National Security Agency, nos Estados Unidos, contestaram seus achados impugnando a metodologia usada e fazendo testes semelhantes com outros dois textos originais hebraicos e com a tradução hebraica de *Guerra e Paz*. Pelo que sei, nenhum teste desses se fez com o Alcorão. Ainda assim, ninguém até agora lançou o desafio aos matemáticos israelenses. De fato, alguns dos que procuraram refutar a existência do chamado "código da Bíblia", contam hoje entre os que mais ardentemente o postulam.

O jornalista Drosnin começou a examinar os códigos da Bíblia em busca de pistas sobre o futuro. Sua descoberta mais famosa foi que o nome Yitzhak Rabin é fisicamente cruzado pela frase "assassino que assassinará". Novas decifrações revelaram um lugar, Tel Aviv, e uma data, 1995, que na época ainda era futura; Drosnin, obviamente, fez de tudo para alertar Rabin, mas sem êxito. Depois do trágico assassinato do estadista israelense, o nome Amir — assim se chamava o matador de extrema direita — apareceu codificado perto das informações sobre Rabin.

E o que mais? Drosnin logicamente queria saber. Fez inúmeras observações e predições, pela maioria relativas ao Oriente Médio. Drosnin tende, como tantos de nós que descendemos de semitas, a equacionar o desfecho do drama infindável dessa região com o destino do mundo. Nunca ouvi falar que uma pessoa do Hemisfério Sul colocasse nosso fado coletivo na dependência da solução de suas disputas regionais. Embora Drosnin fosse devidamente censurado por exagerar na interpretação do código da Bíblia, muitas de suas predições se realizaram, inclusive a de que um juiz (neste caso, a Suprema Corte dos Estados Unidos) favoreceria George W. Bush em detrimento de Al Gore por ocasião da eleição presidencial de 2000.

Rezemos para que Drosnin esteja enganado. Porque, de acordo com *O Código da Bíblia*, cometas abalarão a Terra em 2010 e 2012 (5772 no calendário hebraico), altura em que a profecia de "Terra aniquilada" deverá se cumprir. Por outro lado, sua análise também ressuscitou a frase "ele será fragmentado, afastado, eu o despedaçarei", aludindo ao cometa de 2012, embora isso possa ser uma bênção duvidosa, pois sujeitará o planeta a diversos impactos, potencialmente mais danosos que um choque único.

O Código da Bíblia fornece a mais cabal prova científica disponível de que a Bíblia foi divinamente inspirada. O trabalho dos matemáticos israelenses Rips, Witztum e Rosenberg tem resistido a todas as críticas científicas até agora. A boa notícia é que o livro no qual se baseiam tantos credos religiosos recebeu um apoio matemático sem precedentes. A má, sem dúvida, é o modo como a história da Bíblia termina.

O movimento Armagedom

> Então, vi sair da boca do dragão, da boca da besta e da boca do falso profeta três espíritos imundos, semelhantes a rãs. Porque eles são espíritos de demônios, operadores de sinais, e se dirigem aos reis do mundo inteiro com o fim de ajuntá-los para a peleja naquele grande Dia do Deus Todo-poderoso. (Eis que venho como vem o ladrão. Bem-aventurado aquele que vigia e guarda as suas vestes, para que não ande nu, e não se veja a sua vergonha.) Então, os ajuntaram no lugar que em hebraico se chama Armagedom.
>
> *Apocalipse* 16:13-16

Dizem alguns que do alto do Armagedom, a lendária colina que dá para a planície de Megido, em Israel, poderemos contemplar o fim do Tempo porque é lá que a Batalha para Pôr Fim a Todas as Batalhas será travada. (Em hebraico, *har* significa "colina" e Megido se transformou em "magedom".) Apontado pelo livro do Apocalipse como o cenário do choque definitivo entre o Bem e o Mal, isto é, entre os que aceitaram e os que não aceitaram Jesus Cristo, o Armagedom se alteia sobre um vale de 300 km de comprimento que um dia ficará atulhado de cadáveres — de dois a três bilhões deles, segundo os exageros de alguns estudiosos. Deverá ser uma visão e tanto. Mas que ninguém, vá por mim, poderá provar. Nunca estive no Armagedom. E espero nunca pôr os pés lá; quanto ao leitor, se já visitou o local, desejo ardentemente que não volte.

O Armagedom evoca a guerra geral e devastadora em que os povos da Terra um dia irão se atracar. O Apocalipse é o cataclismo natural/sobrenatural que deverá vir depois do Armagedom. Sou contra tudo isso, não importa quão "iluminada" venha a ser a era que se lhe seguirá. (Se ela valer a pena, então rastejarei para fora do meu refúgio, pronto a reconhecer que estava errado.) Pois bem. Tentar enfrentar catástrofes globais como erupções de supervulcões ou impactos de cometas seria tão pueril quanto combater a lei da gravidade. Mas o Armagedom é diferente. De todos os possíveis cataclismos, ele é ó único que um número significativo de muçulmanos, cristãos e judeus aguardam esperançosamente, implorando por ele e antevendo-o. E é a única profecia do final dos tempos que nós podemos de fato evitar — ou cumprir.

Karl Marx observou que, quando uma teoria subjuga as massas, torna-se uma força material; infelizmente, as teorias dele fizeram isso mesmo por mais de um século. A doutrina do Armagedom contaminou pequenos, mas muito motivados e influentes grupos nos Estados Unidos, Israel e países muçulmanos, e vai se tornando rapidamente uma força respeitável e talvez irrefreável na política global.

"Embora a maioria dos judeus, cristãos, muçulmanos e outros abominem os entraves do pensamento fundamentalista, a verdade é que a história não depende da maioria de nós... Em regra, as maiorias são governadas. É uma minoria de fanáticos, de quem talvez riamos um dia e fujamos no outro, que movimenta a história. Esse punhado de energúmenos, com sua mente estreita, dá-se ares de santidade e provoca confusões demoníacas", diz Jeff Wells no site *Rigorous Intuition.*

Bem mais perturbador do que sua influência sobre uns poucos fanáticos é o apelo generalizado do Armagedom. *The Late Great Planet Earth*, de Hal Lindsey, que previa a grande batalha do Armagedom para 1988 ou pouco depois, foi o livro de não-ficção mais vendido nos anos 1970. A indústria turística israelense viu seu negócio dobrar e redobrar à medida que cristãos emocionados dos Estados Unidos, Europa e outras partes afluíam em bando para a região. De fato, segundo pesquisa recente encomendada pelo ministério do Turismo israelense, dos dois milhões de visitantes que chegam ao país todos os anos, mais de metade são cristãos e, desses, 50% se identificam como evangélicos.

Os cristãos evangélicos constituem o grupo que mais anseia pelo Armagedom, antevendo o Êxtase, momento em que, pouco antes da batalha, os autênticos fiéis serão literalmente alçados aos ares para juntar-se a Deus no céu. Isso, não há dúvida, seria bem engraçado. Da segurança e conforto do Paraíso, eles poderão debruçar-se sobre a Terra e gozar o espetáculo da batalha entre dois grupos de combatentes: os cristãos que, devido a uma fé imperfeita ou a seu destino de guerreiros, não foram incluídos no Êxtase, e os seguidores do Anticristo, um falso messias carismático que ludibriou, entre outros, humanistas seculares, pagãos, hindus e budistas, bem como muçulmanos, judeus e cristãos pouco convictos. Espera-se, pela teologia evangélica, que larga proporção de judeus se converta ao cristianismo e assim lute do lado certo na batalha do Armagedom. Os que repudiarem Jesus irão, juntamente com outros incrédulos, explodir.

Quanto mais gente vai ao Armagedom, mais mística se torna essa colina e mais possibilidades surgem de que algum incidente, casual ou provocado, atice uma guerra trágica. Ondas e mais ondas de peregrinos logo tomarão de assalto o novo parque temático que está sendo construído nas imediações, numa faixa de 125 acres à margem do Mar da Galiléia, onde Jesus Cristo teria andado sobre as águas. O projeto, de cinqüenta milhões de dólares, é uma parceria do governo israelense com grupos evangélicos americanos. Segundo um porta-voz da National Association of Evangelicals [Associação Nacional dos Evangélicos], que com seus trinta milhões de membros se juntou ao projeto, o Galilee World Heritage Park deverá ser aberto ao público em 2011 ou começo de 2012.

As coisas estão indo muito bem para os armagedonistas nos dias atuais. O que pode ter sido o mais antigo templo cristão do mundo foi casualmente descoberto em Megido no final de 2005 por Ramil Razilo, um prisioneiro muçulmano que cumpria dois anos de pena por infrações de trânsito. Razilo fazia parte de um grupo de presidiários encarregado de ajudar na construção de uma nova instalação para deter e interrogar palestinos. A Igreja do Armagedom, como agora é conhecida, remonta ao século III ou IV, época em que os rituais cristãos ainda eram realizados em segredo. No centro de um mosaico de 700 m^2 que cobre o chão vê-se um círculo com a imagem de dois peixes. O peixe é um velho símbolo cristão; a pronúncia da palavra grega para "peixe" (*ychtus*) forma um acróstico do nome de Jesus Cristo. Os cristãos primitivos se saudavam traçando no ar os contornos de um peixe, que também aludia ao apóstolo Pedro, o pescador que acabou se tornando um "pescador de homens". O nome Pedro, que significa "pedra", era uma alegoria do rochedo sobre o qual foi erguida a famosa basílica de São Pedro no Vaticano, em Roma.

Embora não tenha sido prevista nos textos bíblicos, a descoberta já é saudada como outro sinal de que o fim está próximo. Data estimada para o encerramento dos trabalhos de restauração da Igreja do Armagedom: 2010-12.

Justiça divina

Há anos, eu e um amigo fomos procurar emprego como redatores no *Saturday Night Live*. Escrevemos uma sátira sobre Yasser Arafat e Ariel Sharon entoando "Tea for Two" em dueto sentimental e dançando com metralhadoras faiscantes em vez de bengalas. Nada feito.

Vinte anos depois, a morte de Arafat, terrorista que acreditava estar protegendo seu povo do *apartheid* e talvez do genocídio, não me comoveu particularmente. No entanto, para minha surpresa, recebi a notícia do derrame fulminante que liquidou Sharon logo depois como uma pancada na cabeça. Eu sempre desprezara o homem por sua ardilosa e bárbara invasão do Líbano em 1982, quando traiu o primeiro-ministro Menachem Begin tão descaradamente que ele, viúvo há pouco tempo, abismou-se numa depressão da qual jamais iria sair.

Sem dúvida Sharon, como Begin, às vezes agia como Nixon e transformava sua retórica de vendedor de rua em processo de paz, como a retirada israelense da faixa de Gaza. Isso merece respeito, mas não amor. Infelizmente, demagogos em Israel e outras partes, fracos e covardes demais para enfrentar Sharon cara a cara, iriam agora tentar mergulhar de novo a região no caos. Mas isso não era tudo. E se a violenta hemorragia cerebral de Sharon fosse mesmo, como afirmou o televangelista Pat Robertson, uma mostra da justiça divina? Não seria aquilo a maneira de Deus punir Israel por renunciar a um pedaço da "terra santa" e/ou evitar a segunda, bem mais controvertida, etapa do plano de Sharon, a retirada da Margem Ocidental?

"Ele estava dividindo a terra de Deus", disse Robertson a propósito de Sharon em seu interminável programa de televisão *700 Club*. "Ouçam bem: 'Ai do primeiro-ministro de Israel que voltar a fazer o mesmo para acalmar a União Européia, as Nações Unidas ou os Estados Unidos da América... Deus diz: 'Esta terra é minha e vocês devem deixá-la em paz.'"

Robertson foi censurado por suas ofensas e até excluído, pelo menos oficialmente, do projeto do parque temático Galilee Christian. Mas o televangelista apenas deu voz ao que muitos outros fanáticos da Bíblia preferem calar: Sharon traiu a estratégia de jogo do Armagedom e pagou caro por isso.

Satanás é forte e verde

Tim LaHaye é um pregador evangélico cuja série Left Behind de cenas de moralismo apocalíptico vendeu mais de sessenta milhões de exemplares que demonizavam as Nações Unidas. Seu arquivilão é um tal Nicolae Carpathia, ex-secretário-geral da ONU, muitas vezes referido como "o perverso". Narrador envolvente, LaHaye soube explorar o medo profundo de seus fiéis de que as Nações Unidas, com seus helicópteros negros sempre a rondar por aí, são um empreendimento ímpio para dominar o mundo.

A despeito das brigas religiosas no Oriente Médio, o Armagedom não será uma batalha entre cristãos, muçulmanos e judeus, mas entre os que temem a Deus e os que o desafiam, independentemente de qual messias escolham. LaHaye, que nas horas vagas ciceroneia grupos turísticos no Armagedom, pode parecer separatista pelo exclusivismo de sua teologia cristã, mas na verdade ajudou a unificar o movimento armagedonista ao criar um inimigo — descrito ora como Nova Ordem Mundial, ora como Governo do Mundo, ora pura e simplesmente como a volta do comunismo/socialismo em forma verde/pagã — a que, juntos, muçulmanos, cristãos e judeus devem se opor.

Scuttlebutt acha que o arquivilão Carpathia foi modelado à semelhança de Maurice Strong, o riquíssimo industrial canadense, magnata da mineração e ambientalista. Alvo predileto de publicações armagedonistas como *Endtime*, Strong é mesmo o tipo de figura tenebrosa, Nova Era, que condiz perfeitamente com o perfil do Anticristo/Carpathia. Ele se proclama socialista, convive com dezenas de líderes mundiais e freqüenta grupos como o Bilderberg, a cabala ultra-secreta com sede em Leiden, Holanda. Fundado em 1954 para ser o repositório da base de poder da Nova Ordem Mundial, o Bilderberg conta entre seus membros Bill Clinton, Melinda Gates, Henry Kissinger, Tony Blair e outros menos conhecidos, mas igualmente poderosos. Para agravar as suspeitas da extrema direita em relação a Strong, sua esposa Hanne dirige um retiro espiritualista, artístico e budista na vasta fazenda do casal no Colorado.

Strong é considerado o arquiteto do Protocolo de Quioto, que propõe a redução do volume de dióxido de carbono na atmosfera para um nível 5,2% inferior ao de 1990 até 2012. Quioto foi o auge de um processo de décadas que se iniciou em 1972 com a Conferência das Nações Unidas sobre o Meio Ambiente Humano. Esse encontro, ocorrido em Estocolmo, Suécia, conta a seu crédito o fato de haver injetado o ambientalismo no debate da política pública global graças a uma série de iniciativas "verdes", inclusive a suspensão por dez anos da caça comercial à baleia. A ele se seguiu, vinte anos depois, em 1992, a Conferência das Nações Unidas sobre o Meio Ambiente e o Desenvolvimento (ECO 92 ou Rio 92), no Rio de Janeiro, que reuniu mais de cem chefes de Estado e concentrou-se na preservação da floresta tropical e outras áreas ecológicas em risco.

Strong, que fugiu do colégio em Manitoba aos 14 anos, foi o secretário-geral de ambos os eventos.

Ele é um ardente defensor do governo mundial — e, convenhamos, um Anticristo/Carpathia que se respeita deve advogar exatamente isso como meio de estabelecer o domínio sobre toda a raça humana. Mas o que o distingue, aos olhos dos armagedonistas, do secretário-geral da ONU Kofi Annan (de quem Strong é o principal conselheiro) ou de Ted Turner e Al Gore (dois bons amigos) é que Strong dedicou grande parte de sua carreira a criar e dirigir a Nova Ordem Mundial.

Anticristo ou Salvador da Terra? Em franca comunhão de interesses, trabalhei com a equipe de Strong na ECO 92 e acho que me beneficiaria um pouco mais de sua subida ao poder que de sua queda, quando menos porque os adeptos do programa Gaia, tal como é, são hoje mais bem-vindos que nunca. Para fazer justiça às críticas dos cristãos evangélicos, Strong costuma cercar-se de criaturas estranhas e "ímpias" (sem vínculos com as religiões tradicionais). Por exemplo, sua colaboradora de longa data, Gro Harlem Brundtland, é outro dínamo humano pouco conhecido e pode ser considerada uma das mulheres mais beneficamente influentes do mundo. E uma socialista de marca maior.

Médica de família que foi três vezes primeira-ministra da Noruega, ex-líder do Partido Trabalhista, Gro Harlem é uma incansável defensora do feminismo, mas muito dedicada ao lar: certa vez, salvou de afogamento seu marido, um jornalista conservador. É ex-vice-presidente da Socialist International [Internacional Socialista], uma rede mundial socialista, e acredita que a assistência à saúde é um direito inalienável da humanidade, necessário ao funcionamento de qualquer democracia. Há pouco, entregou o cargo de diretora-geral da Organização Mundial da Saúde (OMS), a agência das Nações Unidas com sede em Genebra que promove a melhoria dos padrões de saúde globais. Gro Harlem foi muito criticada por sua resposta lenta à crise global amplamente politizada da AIDS, mas também elogiada pela rápida montagem da equipe da OMS que se mostrou tão eficiente no combate aos surtos de Ebola e SARS.

Como chefe da Comissão Mundial das Nações Unidas para o Meio Ambiente e o Desenvolvimento, informalmente conhecida como Comissão Brundtland, ela implantou a doutrina do "desenvolvimento sustentável", que vê na pobreza o maior dos agentes poluidores. Mas então por que sabemos muito mais a respeito de Paris Hilton? A sra. Brundtland é seca, enciclopédica, sem graça, o tipo da titia que dá passes de ônibus aos sobrinhos como presente de aniversário. E é também uma das maiores curadoras — de pessoas e do meio ambiente — que o mundo jamais viu.

Ombro a ombro com Strong, ela organizou em 1972 a conferência de Estocolmo da ONU e assessorou a ECO 92 no Rio de Janeiro. Diz-se que a dupla anda planejando outra megaconferência das Nações Unidas para 2012, cujo objetivo será consolidar e codificar preceitos ambientais em estatutos mundialmente aplicáveis.

"Esse entrelaçamento [da economia global com a ecologia da Terra] é a nova realidade do século, com profundas implicações para a estrutura de novas instituições de governo, nacionais e internacionais. Em 2012, essas mudanças deverão integrar-se plenamente à nossa vida econômica e política", garante Strong, que como Carpathia assumirá sem dúvida o controle de tudo.

Drenem o tumor do Oriente Médio

Entre numa farmácia e queixe-se de uma dor de ouvido: vão encaminhá-lo diretamente à prateleira onde estão os frascos de gotinhas. Procure um médico: ele examinará sua garganta, nariz e glândulas linfáticas, tanto quanto os seus ouvidos. O abscesso cheio de pus que precisa ser extirpado do Oriente Médio não está, em verdade, no Oriente Médio. Está na Europa, onde o Holocausto foi cometido, mas permanece até hoje sem reparação.

Responda rápido: quantos criminosos de guerra nazistas foram condenados pelo tribunal de Nurembergue?

(a) 1.213
(b) 674
(c) 87
(d) 19

Se você respondeu 19, acertou — e talvez esteja um tanto perplexo.

Julgamentos subseqüentes, além dos heróicos esforços de caçadores de nazistas como Simon Wiesenthal e pessoas ligadas às forças de segurança de Israel, aumentaram o número dos facínoras levados à justiça ou eliminados para, talvez, uns duzentos, de uma nação de setenta milhões que exterminou sistematicamente seis milhões de homens, mulheres e crianças, a maioria judeus. A isso se acrescentem uns poucos bilhões de marcos alemães pagos como indenização aos sobreviventes da chacina, num processo que se arrastou por duas décadas. A Alemanha e a Áustria fizeram um bom negócio, não há como negar.

Inacreditavelmente bom, afirma Mahmoud Ahmadinejad, o agressivo presidente do Irã. Ele vem há muito tempo insistindo numa verdade cristalina que, embora óbvia no mundo árabe, sempre foi rejeitada e negada com veemência no Ocidente: a Alemanha nunca pagou por seus crimes. Ahmadinejad conquistou o poder enfatizando um problema que nunca deixa de perturbar a mente dos árabes: se o Holocausto de fato ocorreu, como sustentam os europeus, por que a Alemanha se safou da responsabilidade com tanta desenvoltura?

Esqueça-se o genocídio. Imediatamente após o fim da Segunda Guerra Mundial, bilhões em fundos de reconstrução fluíram do Plano Marshall e fontes aliadas para a Alemanha e a Áustria, onde recuperaram infra-estruturas, indústrias e serviços vitais. Sim, a Alemanha permaneceu dividida por algum tempo, mas isso se resolveu com a queda do Muro de Berlim em 1989. Então, ou o Holocausto nunca existiu — coisa que nenhuma pessoa sã poderia afirmar — ou alguém mais (palestinos? muçulmanos em geral?) pagaram pelos pecados dos alemães.

Ahmadinejad e outros de mesma retórica jogam para a platéia clamando que os alemães — e, por extensão, os fascistas da Itália, França e Espanha seus aliados — não resgataram o débito porque, na verdade, nunca houve nenhum Holocausto. Isso é revoltante: o Holocausto foi provavelmente o episódio mais trágico e mais terrível da história humana. Mas ainda assim é compreensível a incredulidade da gente simples do mundo árabe, desnorteada pela propaganda.

Exceto talvez por reconhecer uma certa afinidade dos franceses com a cultura islâmica, que data da conquista napoleônica do Oriente Médio na virada do século XIX, o árabe comum vê as potências cristãs — Estados Unidos e Europa ocidental, inclusive a Alemanha — como um bloco só. Como pensa você que, aos ouvidos dos árabes, soa o discurso ocidental sobre os valores moralmente irrepreensíveis da democracia — na verdade, nosso maior valor secular —, quando esse discurso vem de líderes cujos governos, não faz muito, perpetraram o Holocausto e se perdoaram uns aos outros por isso? Você daria crédito a semelhante fonte?

Os céticos contra-atacam dizendo ser absolutamente impossível que sociedades civis sadias, como as da Europa cristã sem dúvida são, cometessem tais crimes e ficassem impunes, sem prestar contas às suas vítimas e a Deus. É nesse ponto que os funcionários dos governos da Alemanha e da Áustria começam a se inquietar. Eles promoveram o Holocausto e algo mais. Como puderam escapar ilesos? Acaso porque alemães e austríacos são povos brancos, portanto decentes?

A explicação mais comum para tamanha tolerância é o Tratado de Versalhes, que pôs fim à Primeira Guerra Mundial castigando desproporcionalmente a Alemanha. A poderosa nação do kaiser definhou na patética República de Weimar, onde se precisava de um carrinho de mão cheio de marcos para comprar um naco de pão. Desse caos emergiu o famigerado Terceiro Reich. Mas, como se diz, dois erros não fazem um acerto: ter destruído a Áustria e a Alemanha após a Primeira Guerra Mundial não justifica desculpá-las pelo genocídio da Segunda.

Platão nos aconselha a atacar os pontos fortes da argumentação do adversário, não apenas os fracos. Golpes retóricos talvez ajudem a refrescar cabeças quentes como a de Ahmadinejad, mas não conseguem refutar as verdades que ele ou quem quer que o venha substituir defendam. Reconhecer a validade da perspectiva islâmica sobre o Holocausto — que os europeus responsáveis por ele não foram punidos nem pagaram multa, e que o mundo árabe, sobretudo os palestinos, acabaram se tornando os bodes expiatórios — de nenhum modo subverte a posição básica ocidental de que a democracia deve ser implantada na região.

Eis uma nova proposta de paz para o Oriente Médio. Os palestinos recebem a Margem Ocidental e a faixa de Gaza para formar um Estado independente. Os judeus ficam com o território que possuíam antes do traçado de fronteiras de 1967, aliás maior que a Bavária.

☳

Não que vá valer a pena; mas se algum cataclismo e/ou revelação sobrevier em 21/12/2012, vou me sentir ao menos em parte consolado ao observar o espanto dos cultores da Bíblia e do Alcorão por terem cedido a palma, na mais importante profecia da história da humanidade, a um grupinho de pagãos das matas da América Central. Os teimosos insistirão em que o código da Bíblia previu o fim da Terra para 2012; mas, na verdade, 21/12/12 é, acima de tudo, uma profecia maia. Possa o bom Deus nos proteger desse desastre, mas não da omissão, não do medo saudável que deve acompanhar nossa existência coletiva. Todos precisamos levar a sério o sinal de alerta, principalmente os agressivos, belicosos povos do Oriente Médio — fanáticos religiosos que, não se sabe por qual razão, acreditam estar mais perto de Deus.

12

Viva o *status quo*

Meu perverso antepassado, Abu Jahal, tinha um sobrinho, Khalid, que acabou por rejeitar a fé pagã do tio e se tornou o maior general de Maomé. Aos 29 anos Khalid, conhecido como o Espada de Alá, já conquistara boa parte do mundo árabe em nome do Islã. Sua mais famosa campanha ocorreu em 635 d.C., uma travessia de 1.200 km pelo deserto até Damasco, com os guerreiros só parando para deixar os camelos tomar água. Por essa época, a cultura maia clássica estava em pleno viço e a data-limite de 2012 já fora profetizada por seus sacerdotes-astrônomos.

O Espada escorraçou os moradores bizantinos de Damasco e entrou na rica cidade em triunfo. Depois de desmontar, reverenciou o sítio onde São Paulo, cegado pela luz do Senhor, recuperara a visão. Ali mesmo sagrou cavaleiro um de seus primos, o mais veloz cavaleiro do esquadrão, Shehab, que significa "raio". Minha avó materna, fruto mais novo de um exército de 23 filhos, era uma Shehab de pai e mãe.

Os exércitos do Islã tomaram Jerusalém três anos mais tarde, em 638 d.C., e depararam com um local que as autoridades cristãs locais usavam como depósito de lixo. Esse lugar, o mais sagrado na religião judaica, se chamava

Monte do Templo. Segundo o Talmude, foi com terra daquela colina que Deus formou Adão. Ali também é que Abraão provou sua fé dispondo-se a sacrificar o filho Isaque. O rei Davi ergueu no local um altar, que alguns chamavam de trono. Seu filho Salomão construiu o primeiro templo na colina, que por isso recebeu o nome de Monte do Templo, cerca de 950 a.C. O Primeiro Templo foi arrasado pelos babilônios em 586 a.C. O Segundo, reconstruído em 515 a.C., ruiu por obra do futuro imperador romano Tito em 70 d.C. Os romanos, porém, não conseguiram destruir a muralha oeste, hoje conhecida como Muro das Lamentações.

O profeta Maomé teria sido o primeiro muçulmano a visitar o Monte do Templo em 621 d.C., depois de sua famosa viagem de uma noite. Foi transportado de Meca para um sítio vizinho à muralha oeste do templo, de onde saiu a passear pelo Céu e o Inferno, tal qual se diz que Jesus fizera. Maomé, continua a história, quebrou acidentalmente uma bilha e a água começou a escorrer. O profeta conseguiu viajar por todas as dimensões e galáxias, e voltar, antes que a água molhasse a mesa. Afora seu caráter miraculoso, a viagem de uma noite de Maomé é importante para o Islã porque associa fisicamente a religião a Jerusalém, portanto às grandes tradições bíblicas do judaísmo e do cristianismo. No Islã, Maomé é considerado o último e maior dos profetas numa linhagem que inclui Abraão e Jesus.

Os conquistadores muçulmanos limparam o Monte do Templo e, com preces e rituais, voltaram a consagrá-lo. Em 690 d.C. a Cúpula da Rocha, santuário islâmico, mas não mesquita, ergueu-se no lugar de onde Maomé ascendeu ao céu.

Os muçulmanos perderam o domínio de Jerusalém para os cruzados em 1099, mas recuperaram-no em 1187, quando o lendário guerreiro e estadista Saladino, em cujo exército se alistaram os shehabs, saiu de Damasco para derrotar Ricardo Coração de Leão na Terceira Cruzada. Jerusalém foi reconstruída no início do século XVI por Solimão, o Magnífico, califa do Império Otomano; a mesquita de Al Aqsa também foi restaurada e ampliada várias vezes (como a Cúpula da Rocha, ainda está de pé).

O controle do Monte do Templo, em Jerusalém, é hoje uma das questões mais potencialmente explosivas e menos discutidas com relação ao Armagedom. Embora se situe indiscutivelmente em território israelense, o local continua sob custódia muçulmana. É controlado pelo Waqf, um truste fundiário islâmico que opera com plena independência do governo de Israel. A defesa do mundo contra a catástrofe do Armagedom depende, pois, da estreita cooperação entre as forças de segurança israelenses e as autoridades muçulmanas locais.

O Monte do Templo é um lugar sagrado para os cristãos, sobretudo, porque estes consideram ambos os testamentos da Bíblia como sua herança. Mas importantes referências a Jesus também podem ser associadas ao local. Numa célebre passagem do Novo Testamento, Jesus expulsa os vendilhões e prestamistas do Segundo Templo. Diz-se que, após a morte de Cristo, o edifício veio abaixo, realizando sua profecia de que não ficaria "pedra sobre pedra" depois que ele ressuscitasse. No entanto, para a maioria dos historiadores, o Segundo Templo foi destruído alguns anos depois pelos invasores romanos.

Com base na importância religiosa, os judeus têm de longe mais direito a reivindicar o Monte do Templo. Com base na posse histórica, esse direito cabe aos muçulmanos, que preservaram e defenderam a área durante boa parte dos últimos 1.400 anos. Os muçulmanos consideram o Monte do Templo seu terceiro lugar mais sagrado, depois de Meca e Medina.

O fato de o Monte do Templo estar hoje dentro das fronteiras do Estado de Israel, mas sob custódia de uma autoridade islâmica, fala profunda e eloqüentemente a favor do governo israelense e daqueles que o apóiam. Sem dúvida, tentar apossar-se desse local provocaria um caos e um derramamento de sangue em escala maciça. Com efeito, a visita de Ariel Sharon ao Monte do Templo em setembro de 2000, durante a qual andou fazendo certas observações incendiárias quanto a seu futuro, teria, amplamente, provocado a Segunda Intifada ou sublevação palestina (além de facilitar, é claro, sua eleição para primeiro-ministro).

Não obstante, o consciencioso desprendimento mostrado quase sempre pelas autoridades israelenses, em termos políticos e religiosos, redunda em benefício de toda a humanidade. Tiremos o chapéu para os diplomatas que contornaram a situação depois que Israel se apossou da área leste de Jerusalém em junho de 1967, em seguida à Guerra dos Seis Dias. E fora com Pat Robertson e seu bando burguês de fundamentalistas ávidos por romper esse delicado equilíbrio.

O(s) messia(s) está(ão) chegando

As doutrinas cristã, islâmica e judaica concordam em que o Messias virá fisicamente à Terra um belo dia — primeira parada, Monte do Templo. Os três credos diferem, é claro, quanto à natureza do Messias e ao que ele irá fazer ali. Segundo a doutrina judaica, esse será o primeiro advento do Mashiach (messias), simples mortal dotado de uma alma divina extra, que se assentará no recém-reconstruído trono de Davi. Para o cristianismo, o Messias — Jesus Cristo, Filho de Deus, nascido outrora da Virgem Maria — voltará para ocupar esse trono.

Os muçulmanos aguardam o retorno do Mahdi. No Islã, especula-se amplamente sobre quem seja o tal Mahdi e de onde ele vem, sobretudo porque não há nenhuma menção dessa figura no Alcorão. Os sunitas, que constituem a maioria dos muçulmanos, costumam afirmar que o Mahdi será um descendente de Maomé por sua filha Fátima. Cumpre lembrar, no entanto, que Maomé é considerado apenas um ser humano, não divino, apesar de sua condição de último e maior dos profetas.

Os xiitas, que à semelhança dos cristãos evangélicos e dos judeus ortodoxos constituem uma minoria ativista no seio de sua fé, acreditam que o Mahdi, às vezes chamado de Décimo Segundo Imã, foi Muhammad ibn Hasan, desaparecido no século IX com a idade de 5 anos. O presidente Ahmadinejad está entre os líderes xiitas que julgam iminente a volta do Mahdi e conclamam todos os bons muçulmanos a apressar esse acontecimento como puderem, ainda que isso signifique precipitar uma guerra fatal aos cidadãos iranianos. É que, para sua mentalidade fanática, a glória do advento do Mahdi vale qualquer preço em sangue.

O Mahdi dará o ar da graça após um período de caos, guerras e pestilência, bem à maneira do que lemos no livro do Apocalipse. Dependendo da versão da história, também reivindicará o Monte do Templo. E, na seqüência do roteiro, comandará a vitória dos bons sobre os maus, personificados em Dajjal, espécie de Anticristo muçulmano, numa guerra que devastará o mundo inteiro. Muitos muçulmanos esperam que o Mahdi colabore com Jesus Cristo, depois de este derrotar o Anticristo/Dajjal.

Os que desejam apressar a (primeira ou segunda) volta do Messias/Mahdi/Mashiach concordam em que certas condições têm de ser preenchidas, a mais importante das quais é a construção do Terceiro Templo no mesmo local onde se ergueram os dois primeiros. No entanto, os teólogos muçulmanos discordam de seus colegas cristãos e judeus quando estes sustentam que o novo edifício exigirá a destruição da mesquita de Al Aqsa, apoiada na muralha oeste, a única coisa que restou do Segundo Templo. A mesquita sofreu vários ataques nos últimos anos. Em 1969, o australiano Michael Dennis Rohan tentou incendiá-la. O que tornou esse atentado ainda mais notável foi que Rohan era um zeloso discípulo de Herbert W.

Armstrong, fundador e líder, juntamente com seu filho Garner Ted Armstrong, da Worldwide Church of God. Os Armstrongs foram dos primeiros a fazer amplo uso dos meios de comunicação de massa para divulgar sua mensagem religiosa; numa célebre foto de jornal, Rohan aparecia com um exemplar de *Plain Truth* [Pura Verdade], a revista dos Armstrongs, metida no bolso. A pura verdade, no entender deles, era que os muçulmanos deviam ser expulsos do famoso monte e a mesquita destruída para, em seu lugar, poder ser edificado o Terceiro Templo. Então Jesus, o Messias, voltaria. E o Armagedom começaria.

Assim como a política de Ronald Reagan, antes de extrema direita, acabou sendo adotada pela maioria centrista, as pregações dos Armstrongs foram absorvidas pelo movimento evangélico nos Estados Unidos e outras partes, pela boa e simples razão de que constituem uma leitura literal da Bíblia. Se Deus quer o Armagedom, então que seja. Mas não apressemos a morte e a ruína com vistas à possibilidade de ulterior redenção. Expulsar os muçulmanos do monte e erigir o Terceiro Templo levaria ao caos e a um derramamento de sangue em tão grande escala que, diante disso, o atual conflito no Oriente Médio pareceria uma briga de colegiais. O Armagedom ou qualquer outra desgraça semelhante virá, com ou sem a participação de Deus. Haverá maneira melhor de inaugurar o novo parque temático cristão em Israel, evento marcado para 2012?

O Messias está aqui

A 13 de outubro de 2005 (10 de tishrae de 5766, pelo calendário hebraico), em pleno serviço religioso do Yom Kippur, o dia mais sagrado do ano judaico, o rabino Yitzhak Kaduri, o mais venerável cabalista de Israel, baixou a cabeça e mergulhou num transe que durou 45 minutos. Muitos dos presentes acharam que o velhinho de 105 anos estava tendo um ataque. Quando por fim abriu os olhos, ele anunciou com um sorriso luminoso: "Pela graça de Deus, o espírito do Mashiach ligou-se a um habitante de Israel." Quando o espírito do Mashiach liga-se a uma pessoa, não quer dizer que ela vá necessariamente se tornar o Mashiach, mas apenas que é candidata a essa missão. As chances de que isso aconteça, porém, são boas.

"O Mashiach já está em Israel. O que pensamos que não irá acontecer talvez aconteça e o que temos certeza de que virá pode ser que não venha. Mas, no fim, haverá paz no mundo. O mundo está se tornando *mitmatek mehadinim* [doce por obra da reta justiça]", declarou o respeitável ancião.

Kaduri esperava o Mashiach [transliteração do termo hebraico para *Messias*] há quase um século, desde que era menino, quando o lendário rabino Yosef Chaim — também conhecido como Ben Ish Chai —, do Irã, declarou que ele viveria para vê-lo. Outro luminar, rabino Menachem Schneerson, o amado líder Lubavitcher do Brooklyn morto em 1994, também anunciou publicamente que Kaduri veria o Mashiach. Kaduri faleceu em janeiro de 2006, sem jamais contemplar em carne e osso o Mashiach, embora talvez o haja vislumbrado em seu transe.

Seja como for, outra pré-condição necessária para o advento do Mashiach, além da construção do Terceiro Templo, é o retorno dos judeus à Terra Santa. No correr dos séculos, muitos grandes e doutos rabinos proclamaram equivocadamente que o Mashiach estava na iminência de regressar e que o fim dos tempos se avizinhava. Todavia, antes da fundação do Estado de Israel em 1948, as predições se baseavam no pressuposto muito vago de que, nesse meio tempo, os judeus adquiririam de alguma forma um lar. Pelo que sei, no entanto, nenhum homem santo da estatura do rabino Kaduri fez esse anúncio sobre o Mashiach desde que os judeus retornaram à sua morada espiritual em Israel.

Segundo os mais exigentes, o Velho Testamento prescreve que cada judeu do mundo vá para Israel antes de o Mashiach aparecer na Terra. Essa viagem é conhecida como "empreender a *aliyah*", termo hebraico que significa literalmente "subida" (o prefixo *al* em *aliyah* é o mesmo que aparece no nome da empresa aérea El Al) e usa-se em sentido figurado com a acepção de "ascender a um nível superior indo para Israel". Mas o consenso atual parece ser o de que, quando todos os judeus desejosos de regressar o fizerem, inclusive os necessitados de ajuda financeira ou outra, estará satisfeita a condição para o regresso do Mashiach.

Quase todos os rabinos mais prestigiosos de Israel evitaram induzir publicamente os judeus do mundo a voltar para a Terra Santa; ao contrário, deixaram que a decisão da *aliyah* ficasse a cargo de cada um. Percebem muito bem que o Armagedom é, por muitos modos, capaz de tornar-se uma profecia autocumprida. Se os judeus do mundo inteiro partissem em massa para Israel, uma guerra provavelmente estouraria, quisesse-a Deus ou não. Afora o impacto físico e econômico desestabilizador, essa migração gigantesca seria vista pelos países vizinhos como uma ameaça de proporções bíblicas. Mas, antes da volta do Mashiach, Kaduri achou conveniente lançar o apelo.

"Esta é uma declaração que, a meu ver, todos os judeus do mundo devem ouvir. Urge que eles voltem para a Terra de Israel face às terríveis catástrofes naturais que ameaçam o planeta.

"No futuro, o Santíssimo, abençoado seja Ele, fará chover calamidades sem conta sobre os países a fim de abrandar a ira contra a Terra de Israel.

"Ordeno a publicação desta advertência para que os judeus, estejam onde estiverem, se dêem conta do perigo e acorram para a Terra de Israel a fim de edificar o Templo e ouvir a revelação do nosso Mashiach, o justiceiro."

As predições de Kaduri, se corretas, significarão o fim do mundo tal qual o conhecemos, com uns poucos se reunindo a Deus e o resto morrendo e se abismando na perdição. Por isso, seus pronunciamentos suscitaram inúmeras discussões. Algumas pessoas puseram em dúvida se Kaduri de fato dissera aquilo, mas suas declarações foram confirmadas.

Os céticos observam que o rabino Kaduri era um homem muito político, membro do partido religioso de extrema direita Shas, que aparentemente não quer assumir nenhum compromisso com os palestinos ou árabes em geral e apóia linhas-duras como o ex-primeiro-ministro Benjamin Netanyahu. Em outubro de 2004, Kaduri foi um dos principais porta-vozes da convocação do tribunal religioso judaico conhecido como Sanhedrin (Sinédrio), reunido pela primeira vez depois de quase 1.600 anos.

Os 71 membros do Sanhedrin, todos eruditos rabínicos, eram na sua maioria adeptos de Meir Kahane, um terrorista de extrema direita famoso por ter fundado nos Estados Unidos a Jewish Defense League [Liga de Defesa Judaica], que tem por lema "A cada judeu, uma arma". Lembro-me bem disso porque namorei na faculdade uma garota judia cujo pai era um dos patrocinadores de Kahane. Em Israel, Kahane fundou o partido Kach, posto na ilegalidade pelo Knesset (parlamento israelense) devido às suas doutrinas racistas.

A primeira coisa que o Sanhedrin quer é a reconstrução do templo em Jerusalém. Kahane tentou pelo menos uma vez explodir a mesquita de Al Aqsa e, em 1980, foi condenado a seis meses de prisão por tramar esse ato de terrorismo. Suas idéias continuam a inspirar os atuais membros do tribunal, muitos dos quais estão ligados a grupos implicados em vários ataques às autoridades que controlam o Monte do Templo. Às acusações da autoridade islâmica Waqf, de que bandos judaicos andaram perfurando túneis à volta do monte para abalar os alicerces de Al Aqsa, grupos de judeus replicaram que os muçulmanos também quiseram derrubar o

Muro das Lamentações e, comprovadamente, destruíram antigos artefatos hebraicos.

No Oriente Médio, como sabemos, nunca faltam exemplos dessas perigosas atividades, de ambos os lados da equação política. É como um vulcão ativo que periodicamente expele um pouco de lava, ora para perder pressão, ora para preparar um golpe violento. A questão não é propriamente aquietar o vulcão ameaçador do Monte do Templo, mas sim evitar que alguém lance uma bomba em sua cratera.

O rabino Kaduri falava como se recitasse uma história divinamente redigida: "Segundo os escritos do Vilna Gaon, um sinal da guerra de Gog e Magog é seu início durante o feriado judaico de Hoshana Rabba [sétimo dia do feriado Sukkot], pouco depois do encerramento do sétimo ano shmitta [ano sabático agrícola]."

O rabino Eliyahu, o gênio de Vilna cujo nome foi descoberto no Livro do Gênesis pelos pesquisadores do código bíblico, é um religioso lendário. Suas profecias, à Nostradamus, são muito acatadas, mas difíceis de decifrar. Magog e seu rei Gog são os inimigos finais de Israel. Conforme se lê em Ezequiel 38 e 39, o fim da guerra contra Gog e Magog também montará o cenário para o início do conflito definitivo do Armagedom. (Durante o período da Guerra Fria, acreditou-se por algum tempo que a União Soviética fosse Magog, mas não parece que isso haja convencido muita gente.) Como quer que seja, os Estados Unidos começaram a bombardear as forças do Talibã e da Al Qaeda, no Afeganistão, na tarde de 13 de outubro de 2001 — um ano shmitta —, tornando viável a guerra do Hoshana Rabba sobre a qual falou o rabino Eliyahu de Vilna. Segundo a profecia, a guerra de Gog e Magog durará sete anos, depois do que, no outono de 2008, será feita uma revelação bombástica a respeito do Mashiach.

Kaduri também nos lembrou que, segundo o Midrash, coleção de comentários da sabedoria talmúdica, um dos sinais inequívocos da volta do Mashiach é o aquecimento global.

Quando um velhinho de 105 anos coloca toda a sua alma e coração numa profecia, precisamos olhá-lo com respeito. Se Kaduri se contentasse com mostrar o advento do Armagedom, oferecendo amparo e orientação durante o processo, todos nos beneficiaríamos disso. Mas se seus seguidores teimarem em precipitar os acontecimentos, agindo como se conhecessem os desígnios de Deus, então o ato agressivo contra a paz e a estabilidade terá de ser neutralizado.

Eu me sentiria tentado a cruzar os dedos e relegar todas as predições do venerável rabino Kaduri, como também de seu ainda mais respeitável antecessor, rabino Eliyahu de Vilna, à esfera dos mistérios talmúdicos não fosse pela intercessão de outro cabalista, postado no extremo oposto da escala cultural.

Joseph Michael Levry, estudioso da cabala de uma variante que só poderíamos denominar Nova Era, vê a aproximação da mesma série de eventos, mas descreve-os de modo muito diferente. Morador de Nova York, onde fundou o Universal Healing Center, Levry viaja constantemente pelos Estados Unidos, Europa e Israel, ensinando uma mistura de cabala e yoga kundalini. Ele diz que em 2004 o mundo entrou numa fase conhecida como Dilúvio, a Descida das Nuvens. Esse período de turbulenta transição, até agora coincidente com a guerra no Iraque, o Katrina e outras megatempestades, continuará sendo uma era de intenso conflito que culminará em 2012.

"Também a Terra luta pela sobrevivência. Com efeito, o mundo terá então passado por oito anos de purificação, uma espécie de experiência de quase-morte planetária, depois de uma série de catástrofes naturais e/ou guerras amargas", propala o cabalista. "O velho mundo ruirá para abrir caminho à edificação do novo, animado por uma consciência espiritual e coletiva em cujo âmago estará o amor universal. Teremos um mapa político alterado. Talvez haja até mesmo mudanças na estabilidade geofísica do planeta. Todos acabarão por entender que a nova era, precedida de devastações, foi uma purgação necessária para que a humanidade se transformasse."

Levry vê, em 2012, a aurora de uma consciência nova e superior: "Os humanistas, às vésperas de 2012, sentirão no peito a urgência da mudança, a atração de um destino novo que estará a seu alcance promover. Hoje, como nunca, a humanidade precisa de toda a ajuda possível para se transformar em homens e mulheres de luz."

Combatam a profecia

O Armagedom é aquilo mesmo que parece ser. Três mil anos de escrituras e pregações nos vêm inculcando esses sentimentos, tanto que poucos de nós permanecemos imunes à sua doutrinação, não importa como encaremos nossas crenças. Pintaram para nós um cenário e, cúmulo da ironia, de algum modo nos sentimos mais seguros achando que ele vai se realizar, mesmo significando isso a extinção, do que contestando ou negando os preceitos básicos da civilização judeu-islâmico-cristã. A promessa de salvação eterna é, sem dúvida, um grande atrativo. Mas, feitas as contas, a maioria de nós marchará para o Armagedom porque fomos instruídos a pensar desse modo, porque nos disseram que assim é a vida.

Quererá Deus realmente — não a personagem bíblica, mas o verdadeiro Deus amoroso, caso exista, como eu gostaria que existisse — que os não-cristãos sucumbam aos montes como extras de um filme de guerra, conforme sustenta na Bíblia a história do Armagedom? Asseguram-nos os evangélicos que todos os seres humanos terão a oportunidade de conhecer e aceitar Cristo. Mas os bilhões que permanecem fiéis às suas próprias tradições sagradas não irão, é claro, saltar por vontade própria no poço de chamas, pouco importa até que ponto o Oriente Médio escape ao controle.

Os povos do Oriente Médio e seus adeptos foram muitíssimo bem-sucedidos em identificar seu próprio destino com o destino do mundo, mas permanece o fato de que a maioria da população mundial (incluindo a da China, Índia e outros países não-cristãos, não-judeus e não-muçulmanos) naturalmente pensa de outro modo. Os ocidentais não vêem as coisas pelos mesmos olhos que o Oriente Médio. Sem dúvida, boa parte do petróleo do mundo vem daqueles países, mas eles precisam tanto de vendê-lo quanto nós de comprá-lo, de modo que tudo pode se acomodar. Trilhões de lucro potencial garantem que, de uma maneira ou de outra, o petróleo continuará a fluir.

O vício que precisamos mais urgentemente largar é nossa co-dependência servil do horror e da perversão daquela área, diariamente injetados em nossos lares. Temos de entender que a necessidade sombria e coletiva que sentimos de provar que nossa divindade particular é a maior — deverei dizê-lo? — está sendo falsamente atendida pelo melodrama do Oriente Médio e, portanto, convém nos libertarmos da superstição segundo a qual aquele conflito determinará o destino da humanidade. Infelizmente, às vezes, preferimos alimentar crenças primitivas e assustadoras a assumir com calma e reflexão nossas responsabilidades.

Mais fácil de dizer que fazer. O presidente George W. Bush assumiu o cargo com o louvável intento de tratar com mais lucidez os problemas do Oriente Médio. Bem ao contrário, a região, sobretudo o Iraque, ficou ainda mais irrequieta durante sua administração. Alguns grupos perderam a cabeça e conferências foram convocadas às pressas. Enquanto isso, a China vai devorando os recursos naturais do Hemisfério Sul e provoca o maior surto de poluição da história sem que ninguém ligue a mínima.

Haverá mesmo um plano, esboçado em Isaías e no livro do Apocalipse (com repercussões no Alcorão), para que tudo se resolva no Armagedom, quando, se você não ficar ao lado de Jesus, do Mahdi ou do Mashiach, ou, mesmo aceitando um deles, se acreditar em certas formas de governo mundial, será considerado inimigo de Deus e, portanto, explodirá? A doença de Sharon e a eleição de Ahmadinejad são os últimos de uma série interminável de episódios que, como o assassinato de Yitzhak Rabin, a descoberta do código da Bíblia e a escavação da Igreja do Armagedom em Megido, combinam muito bem com o desdobramento inexorável do panorama do Juízo.

Os fanáticos que nos acham merecedores do Apocalipse porque somos maus e, portanto, votados à ruína, porque necessitamos de uma redenção violenta a fim de nos reunirmos ao Onipotente, porque o Anticristo/Dajjal está conosco ou por qualquer outro motivo pueril — esses são perigosos não só em virtude da sua ideologia sanguinária, mas também do seu egoísmo, que talvez acabe forçando o cumprimento da profecia. Eles não conseguem esperar pelo espetáculo de fogos final e, se tiverem um fósforo e conseguirem chegar perto, apressarão o desfecho.

13

2012, a estranha sedução (attractor)

"Todos ficaremos numa boa — é assim que os americanos dizem, certo? — se você fizer uma coisa." Carlos Barrios piscou. Carlos, Gerardo e eu discutíamos sobre como os maias encaram cinco séculos de implacável dominação, perseguição e extermínio dos povos indígenas por obra de conquistadores do norte. Por razões que só posso classificar de patriotismo de reflexo patelar, vi-me defendendo políticas que nunca apoiara nem conhecia muito bem. Naquele momento Carlos recebeu uma chamada telefônica que tratava da viagem que ele e Gerardo fariam a Tóquio, onde fechariam negócio sobre fornecimento de horóscopos maias diários a usuários de telefones celulares japoneses. Carlos passou algumas instruções ao advogado, desligou e concluiu: "Pare José Argüelles!"

Parar José Argüelles? Argüelles inspirara as comemorações da Convergência Harmônica de 1987. É a pessoa mais estreitamente ligada, no mundo todo, à ciência e à cultura maias. Mais que ninguém, divulga a importância de 2012. Por que diabos Carlos queria detê-lo?

O problema é que Argüelles é uma espécie de torrada. Esfarele-o e ponha-o na sopa.

Considere-se sua predição para 21/12/12. Depois que as equipagens de sincronização galáctica instaladas nos nós da rede do corpo luminoso planetário receberem ordens da Galactic Federation [Federação Galáctica], unidades avançadas do Council of Solar-Planetary Affairs [Conselho dos Assuntos Solares e Planetários] entrarão em ação.

"O momento único, o momento de total sincronização planetária, 13.0.0.0.0. [21/12/12 em nosso calendário]... chegará — o fecho não apenas do Grande Ciclo, mas também do ínterim evolutivo chamado *Homo Sapiens*. Entre preparativos festivos e espantosos sinais solares galácticos psiquicamente recebidos, a raça humana, em harmonia com os reinos animal e outros, tomará seu lugar de direito no grande mar eletromagnético e se unificará como um circuito único. Transmissões de sons solares e galácticos inundarão o campo planetário. Enfim, a Terra estará pronta para o advento da civilização interplanetária", escreve Argüelles.

Nesse instante, o arco-íris refulgente da consciência humana coletiva se projetará de pólo a pólo e, num único revérbero multicolorido, todos seremos arremessados para a bem-aventurança do além.

Uau!

Talvez Argüelles seja um mitógrafo moderno, como Gene Roddenberry e George Lukas. Segundo *Hamlet's Mill: An Essay Investigating the Origins of Human Knowledge and Its Transmission Through Myth*, a maioria dos mitos surge como histórias sobre o céu. Em sua obra clássica e erudita, Giorgio de Santillana, professor de História e Filosofia da Ciência no MIT, e Hertha von Dechend, professora de História da Ciência na Universidade de Frankfurt, esmiúçam praticamente todos os mitos jamais divulgados, de Amaterasu (a deusa solar japonesa que baniu o irmão do céu depois que ele lhe atirou para cima a traseira do seu cavalo) a Zurvan Akarana (o poderoso deus iraniano do tempo que se acocora sobre o ovo do mundo empunhando um martelo de cobre pronto a golpear). Embora, às vezes, essa exegese enciclopédica pareça uma viagem pelo Maelstrom abaixo (o tormentoso rio nórdico que conduz à terra dos mortos), sua tese de que a mitologia nasce da astronomia é realmente curiosa.

Imagine-se vivendo numa sociedade primitiva. Nas noites escuras, sem névoa e sem Lua, você e seus amigos costumam ficar algumas horas contemplando a magnífica Via-Láctea. Com o tempo, tornam-se astrônomos amadores bastante aceitáveis. O céu noturno se transformará num cenário óbvio para histórias; as estrelas, mas, sobretudo, os planetas, que brilham intensamente e se movimentam, acabarão sem dúvida se identificando com homens e/ou serpentes, leões ou cavalos. Haverá melhor teste projetivo? As histórias que conseguirem atravessar os séculos passarão a constituir os mitos essenciais de sua cultura.

Quando entrou pela primeira vez em contato com a cosmologia maia, ou o que tomava por tal, Argüelles reagiu criativa, emocional e associativamente. Valia tudo, menos a interpretação literal. Nada contra, se seus livros trouxessem a advertência "ficção".

"Argüelles pode sair por aí contando as histórias que quiser sobre as estrelas. Mas não tem o direito de dizer que essa é a crença dos maias. Quer conseguir alguma coisa boa com seu livro? Faça Argüelles parar! Ele tem simpatizantes no mundo inteiro. Só na Austrália, meio milhão! O livro que o tornou famoso [*O Fator Maia*], escreveu-o sem nunca ter visitado o mundo maia, sem nunca ter conversado com nossa gente. A Cidade do México [de origem asteca] não conta", declarou Carlos. A seu ver, Argüelles não passa de um usurpador, mais perigoso que os outros porque é de origem hispânica e se apresenta como defensor nativo da cultura maia.

"Finalmente nos encontramos com ele há alguns anos. Prometeu-nos parar de dizer que se referia aos maias e esclarecer que aquelas eram apenas suas teorias pessoais. Mas então todos deixaram de prestar atenção nele e o homem voltou a propalar que sua obra se inspirava nos maias. De qualquer maneira, o mal está feito", acrescenta Gerardo.

Ultimamente, Argüelles tem chamado sua obra de "maia galáctica" e assina-se Votan, do nome da divindade maia cuja tumba foi escavada no final da década de 1950. Argüelles incorpora Votan e depois transmite suas revelações a Stephanie South, vulgo Rainha Vermelha. Essa inspiração tomou forma em *Cosmic History Chronicles*, uma "reformulação da mente humana" em sete volumes.

"A História Cósmica é um sistema de pensamento/técnica a ser aprendido e aplicado para que o homem possa dar o próximo passo no caminho da evolução conducente a um sistema perceptual holográfico", comunicou Votan à Rainha Vermelha.

Com jeito, perguntei aos irmãos Barrios se, como alega Argüelles/Votan, os maias acreditam que existem antenas no plexo solar humano para receber sinais do centro da Via-Láctea. O rosto de Gerardo pareceu petrificar-se. Carlos ingeriu um antiácido. Insisti. É verdade, a crermos no que escreve o cosmólogo Brian Swimme em seu prefácio a *O Fator Maia*, que do coração da galáxia se projeta um raio ao qual "toda pessoa pode conectar-se de maneira direta — sensual, sensorial e eletromagneticamente", por esse modo absorvendo no corpo sua energia/informação? O raio galáctico é um assunto que incomoda os maias, pois foi usado como justificativa das advertências e profecias relativas a 2012. Eis como Swimme resume a tese de Argüelles: "A história humana é moldada, em grande parte, pelo raio galáctico ao longo do qual o Sol e a Terra vêm viajando nos últimos cinco mil anos... uma grande transformação ocorrerá quando chegarmos à extremidade do raio, em 2012."

Nada de antenas na barriga, nada de raio, garantem os irmãos Barrios. Mas Vernadsky, o lendário ecologista planetário russo, não parece estar tão certo disso: "Radiações projetadas por todas as estrelas penetram a biosfera, mas nós só captamos e percebemos uma fração insignificante do total; essa fração nos vem quase inteiramente do Sol. A existência de radiação oriunda dos confins do cosmos não pode ser negada. Estrelas e nebulosas estão constantemente emitindo radiações específicas e tudo indica que o tipo das que foram descobertas nas regiões superiores da atmosfera... determina o caráter e o mecanismo da biosfera", afirma o cientista russo.

Ainda uma vez, nada de antenas na barriga; mas Vernadsky, como Argüelles, acredita sem sombra de dúvida que a biosfera, da qual o *homo sapiens* é parte integrante, depende para sua sobrevivência da radiação cósmica. Sucede o mesmo a Dmitriev, para quem "impulsos do centro da galáxia" são um dos três fatores mais injustificadamente subestimados pelos cientistas contemporâneos. E existe ao menos uma concordância poética entre essa percepção de uma conexão galáctica e a antiga crença maia segundo a qual a Via-Láctea é uma estrada de almas para o mundo inferior ou um vínculo umbilical entre céu e Terra, que será rompido pelo eclipse do Sistema Solar no centro da galáxia, em 21/12/12.

Minha ex-esposa, Sherry, costuma proteger seu plexo solar sempre que uma pessoa má ou instável entra no recinto. Embora eu duvide que sua sensibilidade chegue até o coração da galáxia, se há um plexo solar capaz de captar sinais tão distantes, é o dela. E talvez também o de Argüelles.

No fim das contas, a visão de Argüelles para 2012 é histérica e interesseira, mas não posso evitar a sensação de que ele pressentiu alguma coisa. Não terá tido um vislumbre da enormidade de 2012 e perdido as estribeiras por causa do que viu?

2012 e o I Ching

O espectro de 2012 sem dúvida impressionou algumas mentes invulgares, a começar por Terence McKenna, filósofo da Nova Era saudado pelo *New York Times* como sucessor de Timothy Leary que, aliás, apresentou

McKenna, certa feita, como "o autêntico Timothy Leary". Depois de obter seu diploma de Ecologia e Conservação no Tussman Experimental, departamento de vida curta anexo à University of California, Berkeley, McKenna passou alguns anos caçando borboletas e contrabandeando maconha na Ásia. Depois, em companhia do seu irmão David, foi para a Amazônia colombiana, onde ambos se puseram a "pesquisar" uma coisa chamada *oo-koo-he*, o "psicofluido violeta" local. Depois de um ano (ou década?) de convívio com os alucinógenos da floresta e com o I Ching, antigo livro profético e de sabedoria chinês, McKenna descobriu um complicado fractal codificado no oráculo. Deu-lhe o nome de "onda de tempo", na essência um diagrama repetitivo da trajetória do tempo. O fractal condiz com a predição maia básica de que o tempo, tal qual o conhecemos, terminará de vez em 21/12/12.

O I Ching, também conhecido como Livro das Mutações, foi escrito há pelo menos três mil anos. Combina imagens e idéias de antigos oráculos com a mitologia, a história e o folclore chineses. Segundo o psicólogo Carl Jung, explicações teóricas de causa e efeito não são importantes no I Ching. O livro insiste, ao contrário, no acaso; oferece ao leitor uma série de caminhos para que ele compreenda, e mesmo investigue, a coincidência a partir de um estado mental e espiritual pleno, no qual possa captar a totalidade dos detalhes que formam cada momento.

McKenna teve mesmo algum lampejo superior e estudou a fundo o I Ching para inspirar-se? Decifrou mesmo nosso destino? O I Ching começa com a chamada seqüência do Rei Wen de 64 hexagramas, que são desenhos constituídos por seis linhas inteiras e/ou partidas. Cada hexagrama tem seu significado e implicações, conforme explica o próprio texto. McKenna notou que essa seqüência corresponde ao calendário lunar de 384 dias usado pelos antigos chineses: 64 (número dos hexagramas) vezes 6 (número de linhas por hexagrama) é igual a 384. Assim, passou a acreditar que a seqüência do rei Wen representa de alguma forma o tempo. Mais investigações revelaram novas correspondências. O número médio de dias num mês lunar — os chineses usaram esse tipo de calendário por séculos — é 29,53. Multiplicando esse número por 13, quantidade de meses num ano lunar, obtemos 383,89, cifra que se pode arredondar para 384, o número mágico da seqüência do rei Wen.

Convencido, por isso, de que o I Ching representa o fluxo do tempo, McKenna se propôs a diagramar a história. As épocas de altos níveis de inovação foram representadas como picos; as outras, como depressões. Ele descobriu que o mesmo padrão básico de picos e depressões se repetia indefinidamente, mas a intervalos cada vez menores. Por exemplo, o mesmo gráfico que representa o período de trinta mil anos desde o surgimento do homem de Neanderthal até os primórdios da arte e da música também se aplica convenientemente ao espaço de quinhentos anos entre o surto da Peste Negra na Europa e o começo da Revolução Industrial. Idêntica série de gráficos ilustra períodos subseqüentes de um século, um ano, meses, semanas, dias e horas, à medida que a onda de tempo se aproxima do seu final em 2012. O tempo se iniciou como uma brisa suave, mas foi soprando cada vez mais violentamente no curso da história e é agora um furacão.

"Pois a beleza nada mais é que o começo do terror", escreveu o poeta alemão Rainer Maria Rilke nas *Elegias de Duino*. Uma mente psicodélica como a de McKenna não deixaria de embarcar nessa, sobretudo depois de descobrir que a data por ele determinada como o ponto final da história, o dia em que o tempo irá desfazer a realidade, era 22/12/12, apenas um dia a mais que a prevista pelas antigas profecias maias.

McKenna garante que chegou a essa conclusão de maneira independente. A bem da verdade, ele publicou sua teoria da onda de tempo, em *The Invisible Landscape: Mind, Hallucinogens, and the I Ching*, uns bons doze anos antes de o livro de José Argüelles, *O Fator Maia*, instalar o 21/12/12 no debate cultural.

O misticismo de 2012 no Ocidente

Gabado por Tom Robbins, esse brilhante romancista, como "o maior filósofo visionário de nossa época", Terence McKenna tornou-se o queridinho da turma do Santa Fe Institute, onde conceitos como caos e catástrofe estão sempre na ordem do dia. Antes de morrer em 2000, aos 53 anos de idade — de um tumor cerebral que seu médico garantiu nada ter a ver com a copiosa quantidade de drogas que ele vinha ingerindo desde a adolescência —, McKenna ainda escreveu, em co-autoria com dois pesos-pesados do Instituto, *Trialogues at the Edge of the West: Chaos, Creativity, and the Resacralization of the World*. O teórico do caos Ralph Abraham tem por especialidade determinar as condições sob as quais sistemas organizados desandam em anarquia, como por exemplo o colapso do ecossistema global devido a pressões internas ou externas. O filósofo naturalista Rupert Sheldrake sustenta que a Natureza possui uma espécie de reservatório de memória universal a que as criaturas recorrem vez por outra para apressar o aprendizado e a evolução — teoria que se encaixa perfeitamente na concepção de onda de tempo aceleradora de mudança, de McKenna.

Em 1987, o *New York Times* pediu-me para explicar por que Sheldrake abandonou sua estável posição de professor de Bioquímica na University of Cambridge e mudou-se para um *ashram* no sul da Índia, onde escreveu *A New Science of Life: The Hypothesis of Formative Causation*. Em resumo, Sheldrake sustenta que, se um grupo de ratos aprender uma série de truques em Los Angeles no prazo de um mês, outro grupo da mesma espécie em Londres aprenderá os mesmos truques em menos tempo que os ratos de Los Angeles. Isso acontecerá, diz o cientista, mesmo não havendo comunicação nenhuma entre os ratos, os instrutores dos ratos e os grupos de ratos, nem qualquer outra forma conhecida de troca de informações.

O fato de a Natureza ter uma mente implica que Ela seja, de algum modo, um ser dotado de sensibilidade — teoria boa para os místicos, mas não para os cientistas, que gostariam muito de ver Sheldrake ardendo na fogueira. O único colega de Sheldrake em Cambridge que defendeu seu trabalho foi Brian Josephson, ganhador do prêmio Nobel de 1973 por uma monografia de página e meia sobre o que viria a ser chamado "junção Josephson", um aspecto da mecânica quântica que trinta anos depois levou ao desenvolvimento dos supercondutores. Na época, Josephson estava muitíssimo interessado no modo como o universo se dobra sobre si mesmo e aventou a opinião de que Sheldrake talvez houvesse, sabe-se lá como, conseguido se insinuar numa dessas dobras.

Ótimo, mas não o bastante para um artigo de quatro mil palavras; por isso, dei um jeito de acrescentar mais quinhentos dólares às minhas despesas reembolsáveis e voei eu próprio para a Índia. Ali fui descobrir, surpreso, que era um sósia perfeito de Rajiv Gandhi, na época primeiro-ministro do país. Essa semelhança me valeu rasgos extraordinários de hospitalidade. Numa aldeia à margem do rio Cauvery, coroaram-me de flores de jasmim e presentearam-me com uma flâmula sob a forma de uma borboleta presa por um barbante.

Shantivanam, o *ashram* hindu-cristão nas imediações de Madras, hoje Chennai, onde Sheldrake escreveu seu livro, era dirigido por um homem inesquecível, o padre Bede Griffiths, sábio beneditino educado em Oxford que, antes de sua morte em 1993, publicou diversos livros onde harmonizava a espiritualidade cristã e hindu. Foi fácil perceber por que Griffiths influenciara Sheldrake. Ele comunicou ao jovem cientista a visão hindu de como é importante compreender o mundo invisível. Sem dúvida existe uma mente universal, pregava Griffiths, de onde provêm os ratos, as pessoas, as plantas, tudo. A mente universal é real; o mundo físico, sua maior manifestação.

"Desde o começo da história, pelo que sabemos, [a humanidade] tem reconhecido por trás dos fenômenos da natureza e da consciência um poder oculto... Não existe uma partícula de matéria no universo, um grão de areia, uma folha, uma flor, um animal ou homem que não tenha seu ser nesse Um e não seja conhecido na visão unificadora do Um. O que vemos é o reflexo da beleza da criação no espelho de nossos sentidos e de nossa imaginação, desdobrados no tempo e no espaço. Mas é na visão do Um, na unidade do seu ser que a multiplicidade da criação se contém, não na imperfeição de seu devir", escreve Griffiths.

Sempre achei a questão da unidade particularmente confusa. Trata-se da unidade tipo A — dez segundos para acabar o jogo que está em zero a zero, o centro-avante pega a bola e corre para o gol, nenhum zagueiro à sua frente, os torcedores prendem o fôlego? É dessa unidade que falam: o momento de delírio, a antecipação, o coração como que batendo forte para sempre?

Ou falam da unidade tipo B, em que todos transcendemos trivialidades como a de querer que esta ou aquela equipe vença o jogo quando o resto do mundo espera que o centro-avante marque o gol ou, pelo menos, se ele errar, que o tempo pare para surgirem novas oportunidades?

Talvez haja um tipo C, uma síntese hegeliana da preocupação e da não-preocupação, como se todos apenas esperássemos um jogo bom. A palavra hindu para o estudo que Griffiths empreendeu da verdadeira realidade por trás do mundo físico é *maya* — que agora vem rapidamente se tornando o termo hindu para "impudente pretensão indígena". Os indianos são os campeões da consciência cósmica e não aceitam de nenhuma maneira ser superados por bárbaros do Yucatán. A cultura indiana tem muito dinheiro e prestígio associados à sua filosofia e não ter percebido que o Tempo acabará em 2012 seria extremamente embaraçoso para ela.

Os estudiosos hindus remontam o começo da era atual, conhecida como Kali Yuga, ao dia da morte do corpo físico do Senhor Krishna, à meia-noite de 18 de fevereiro de 3102 a.C., data estranhamente próxima do ponto inicial maia, que é 13 de agosto de 3114 a.C. Ao final da Kali Yuga, ou Idade Degenerada, Kalki, o messias hindu, aparecerá. Kalki é o décimo e último avatar (encarnação) de Vishnu, um dos três aspectos da divindade suprema hindu; Vishnu, Brahma e Shiva compõem o que às vezes é conhecido como a trindade hindu. Kalki punirá os iníquos e inaugurará uma nova idade do ouro. Mas essa idade só começará no ano 428.898 d.C., portanto ninguém precisa se preocupar.

Ou melhor, ninguém precisava até Sri Kalki Bhagavan surgir em cena, há alguns anos, e fundar seu próprio *ashram* também nas imediações de Madras/Chennai, não muito longe do local onde, em 1991, Rajiv Gandhi ganhou um presentinho. Depois da explosão, só o que acharam foram seus tênis.

Kalki, como gosta de ser chamado, proclamou-se o décimo e último avatar de Vishnu, e garantiu que a idade do ouro se iniciará, depois de muito sofrimento e confusão, em 2012. Ele dá crédito às profecias maias, para grande desgosto das instituições espirituais brâmanes, que chegaram a processar o ex-empregado de uma companhia de seguros por fraude. O caso chegou à Suprema Corte Indiana, mas Kalki nem ligou. Com a ajuda de mais de um milhão de seguidores no mundo inteiro, muitos dos quais se beneficiam do êxito crescente dos seus negócios, ele e a esposa, Amma, dirigem a Golden Age Foundation e a Oneness University, além de estarem construindo o Templo da Unidade, que se diz ser a maior estrutura sem pilares da Ásia. Seu *site* ecumênico, o Global Oneness, é um dos mais acessados da Internet.

Kalki associa sua predição para 2012 ao trânsito de Vênus. Vênus transita o Sol, isto é, cruza sua face (da perspectiva da Terra) menos de duas vezes por século. A última foi em 8 de junho de 2004, num período de seis horas, e a próxima será em 6 de junho de 2012. Os mais recentes desses movimentos de Vênus ocorreram em 1874 e 1882. Praticamente todos os sistemas cosmológicos concedem um *status* especial a Vênus. Na astrologia maia, o calendário Cholqij de 260 dias foi ajustado para acomodar-se ao prazo de gravidez da mulher e também ao número de dias em que Vênus aparece de manhã no céu a cada ano. E os astrônomos maias, já em 400 a.C., determinaram que o ano sinódico de Vênus equivale a 584 dias terrestres, o que muito se aproxima dos 583,89 que lhe atribuímos atualmente. O ano sinódico é o tempo que um objeto leva para reaparecer no mesmo ponto do céu, relativamente ao Sol, da perspectiva da Terra. Estranhamente, o dia de Vênus precisa de 243 dias terrestres, quase metade do seu ano sinódico, para completar-se. Os antigos maias acreditavam que Vênus abrigava sua divindade suprema do bem, a serpente emplumada conhecida como Kukulcán.

Na mitologia védica, compartilhada por budistas e hindus, Vênus se chama Shukra, palavra sânscrita para "sêmen". Considerado um homem afeminado, que aprendeu a combater os deuses, Shukra dá nome à sexta-feira, sexto dia da semana. Por isso, na numerologia hindu, ele governa o número seis. Por sinal, o próximo trânsito de Vênus/Shukra se dará em 6/6/12 (6+6).

Mera coincidência para confundir. Mas 2012 é assim mesmo.

O mundo em 2012

A data apocalíptica de 2012 originou-se do desaparecimento da Atlântida, segundo Patrick Geryl e Gino Ratinckx, que defendem enfaticamente essa curiosa tese em *The Orion Prophecy*:*

> No dia em que a Atlântida mergulhou nas águas — 27 de julho de 9792 a.C. —, Órion, Vênus e mais algumas estrelas e planetas se colocaram em "posições codificadas". Os sumos sacerdotes que escaparam ao cataclismo guardaram para si seus conhecimentos e arquivaram-nos no labirinto (o Círculo de Ouro), no Egito. Ali mesmo traçaram um plano para advertir a humanidade sobre a próxima catástrofe. Essa história incrivelmente chocante precisa ser conhecida no mundo inteiro. É que, em 2012, as estrelas voltarão a ocupar os mesmos lugares em que estavam quando a Atlântida submergiu.

Quem sabe se Platão e os outros que falaram da Atlântida estavam mesmo certos ao acreditar em sua existência? Caso a ilha tenha de fato afundado aos poucos lá pelas bandas do Oriente, não há certeza de que aquelas bolhas sejam realmente pérolas de sabedoria. Geryl e Ratinckx devotam boa parte do seu livro a reconciliar as profecias maias e atlântidas, que chegaram até nós por intermédio dos antigos egípcios, asseguram-nos eles.

O conhecimento náutico necessário para navegar do Egito à América Central pode ter sido obtido pelos marinheiros fenícios, embora nesse caso estivessem transmitindo um conhecimento já antigo, pois vieram milhares de anos depois dos egípcios. E é possível também que a conexão haja

* *O Código de Órion*, publicado pela Editora Pensamento, São Paulo, 2006.

sido feita muito antes. Antigos viajantes podem ter saído do Egito, rumado para nordeste através da Ásia e atravessado a Sibéria até a ponte de terra de Bering, com mais de 1.500 km de largura, a qual, segundo os geólogos, cobria há apenas dez mil anos o que é hoje o estreito de mesmo nome. Os paleogeneticistas acreditam que os índios americanos descendem de asiáticos pré-históricos vindos por aquela ponte de terra.

Os antigos viajantes egípcios teriam depois avançado para sudeste ao longo do continente norte-americano até a América Central, onde toparam com a obscura civilização dos olmecas, que antecederam os maias de séculos, talvez milênios.

Um sítio arqueológico chamado Cuello, localizado no que é hoje o norte de Belize, passa por ser uma das mais antigas comunidades do mundo. Foi continuamente habitado de 2500 a.C. até o fim do período maia clássico, em mais ou menos 1000 d.C., segundo Thor Janson, estudioso/explorador local que vive na Guatemala desde os anos 1980. Janson tem por ponto de honra assinalar as semelhanças entre a civilização maia clássica e as do Egito, Índia e outras regiões.

"As insígnias maias reproduzem exatamente as do Velho Mundo: portadores de leques, cetros, trono do tigre, bastão de lótus, trono de lótus, dosséis, palanquins e a concha de molusco como trombeta real. Impressionantes similaridades existem também no conteúdo básico das mitologias dessas culturas supostamente isoladas do Velho e do Novo Mundo. Entre as figuras míticas comuns contam-se a árvore cósmica da vida sobre a qual pousa uma ave de asas distendidas, com uma serpente enroscada em suas raízes, as quatro cores sagradas, as quatro direções sagradas, os quatro elementos primordiais (fogo, água, ar, terra)", escreve Janson.

Gerardo Barrios mostrava-se cético quanto a possíveis conexões egípcias-maias até passar algumas semanas explorando as pirâmides egípcias em companhia de um antropólogo local. Voltou com um arquivo de fotos de hieróglifos muito parecidos aos dos maias, nos quais se vêem inclusive várias criaturas em forma de serpente emplumada que remetem de imediato a Kukulcán. Nenhum jaguar, porém.

Nada surpreendentemente, a data final de 2012 é comum nas culturas nativas americanas. Em *The Cherokee Sacred Calendar: A Handbook of the Ancient Native American Tradition*, o escritor Raven Hail, membro da Cherokee Nation [Nação Cherokee] de Oklahoma, ensina os leitores a calcular seus dias natalícios e, assim, encontrar seu lugar na astrologia nativa americana. As efemérides começam a 11 de janeiro de 1900, data conhecida como Dia 1º do Coelho, e avançam identificando o Dia 1º de cada "semana" de treze dias (à semelhança do calendário maia cholqij) pelos próximos 112 anos, terminando sem comentários no Dia 4 da Flor, 21 de dezembro de 2012. A flor, diz-nos Hail, é o mais sagrado dos signos dos vinte dias porque encerra um ciclo. Sobre as treze energias, escreve: "O quatro é, entre todos, o número mais sagrado, pois identifica os quatro quadrantes da Terra, as quatro estações, as quatro etapas da vida humana (donzela, mãe, maga e meia-noite)."

O ponto de vista cherokee condiz com o dos índios q'ero do Peru. Em *Keepers of the Ancient Knowledge: The Mystical World of the Q'ero Indians*, Joan Parisi Wilcox, iniciada nos ritos desse povo, afirma sem rodeios que o folclore tribal chama ao período de 1990 a 2012 a "Idade do Reencontro", depois da qual o Tempo cessará.

21 de dezembro de 2012 é também a data mágica para os hopis do Arizona. "A profecia hopi é uma tradição oral de histórias que, no dizer dos índios, previram a chegada do homem branco, as guerras mundiais e as armas nucleares. Elas prevêem também que o tempo acabará quando a humanidade passar para o 'quinto mundo'", relata Richard Boylan em *Earth Mother Crying: Journal of Prophecies of Native Peoples Worldwide*. Os hopis escondem ciosamente suas profecias do público em geral, a ponto de às vezes processarem aqueles que as divulgam. No entanto, sabe-se que o calendário hopi combina basicamente com o dos maias: ambos marcam o começo do Quinto Mundo, ou Idade, para 21/12/12.

Estranha sedução

"À medida que nos aproximamos do Ano de Nosso Senhor 2012, sentimo-nos instintivamente fascinados, como se no céu houvesse uma estranha sedução emanada do tempo. Como lagartas em processo de metamorfose para se transformar em borboletas, talvez estejamos realmente codificados para, na devida hora, assumir novas formas", escreve Barbara Hand Clow, astróloga e mestra de cerimonial.

Quer se trate de uma codificação universal de DNA, quer de um mero efeito ondulatório, o fato é que, para Clow, o ano 2012 vai rapidamente assumindo o caráter de ponto final, com todas as previsões apocalípticas se acelerando para se encaixar na cronologia maia.

Tomemos, por exemplo, o papel de 2012 nas antigas lendas dos maoris, povos indígenas da Nova Zelândia. A mitologia maori prevê a reunificação de Rangi (o Céu) e Papa (a Terra), tão estreitamente que esmagará entre eles os seus filhos. Depois de anos de luta, os filhos, que nesse mito representam a humanidade, enfim conseguem separar Rangi e Papa, mas acabam por brigar entre si. Depois que os filhos se exterminam mutuamente, Rangi e Papa se unem de novo, destruindo tudo e todos que se encontram no meio. Antes da conflagração final, uma grande canoa desce dos céus e recolhe o punhado de gente que conseguiu preservar sua natureza espiritual.

A reunião de Rangi e Papa começará em 2012, segundo os anciãos maoris, que não quiseram ser citados diretamente. Sua relutância em gravar entrevistas vem do fato de boa parte dos mitos e lendas maoris ter sido criadas, no início do século XIX, por antropólogos ocidentais que visitaram a Nova Zelândia e, ou interpretaram muito mal, ou inventaram de ponta a ponta balelas que foram aos poucos se incorporando ao folclore da tribo. Um século e meio depois, as verdadeiras origens dessas histórias foram descobertas e os maoris se viram diante de um dilema: renunciar ou não ao que, de qualquer maneira, passara a integrar sua cultura durante todo aquele tempo. Depois de muita discussão e conflito, parece que os maoris decidiram conservar as tais histórias e passá-las adiante como parte de sua tradição. Mas de nenhum modo querem que isso aconteça de novo.

Em vista disso, as lendas maoris realmente prevêem o fim do mundo para 2012? Ou essa data apenas soa plausível aos ouvidos de alguns anciães encarregados de manter a tradição? Não sei dizê-lo. A lição a ser extraída disso é que estamos no auge da proliferação de comentários sobre 2012, data que de fato se tornará um estranho e poderoso fascínio, como prevê Clow. Toda tradição antiga e obscura se acha vulnerável a uma "descoberta" relativa a 2012. Os puristas podem vir lá com seus protestos, mas meu objetivo neste livro é esmiuçar a verdade a respeito de 2012, não policiar seu uso lingüístico. Nessa altura, sinto-me um tanto inquieto, mais ou menos como deve ter acontecido ao pessoal da Xerox quando sua querida marca registrada se tornou sinônimo de "fotocópia" a ponto de penetrar na linguagem comum. Não sou, obviamente, proprietário de 2012, mas tenho enorme interesse em que o termo não prolifere de maneira tão absurda que as possibilidades reais, assustadoras, a ele associadas deixem de ser temidas.

Até certo ponto, a mesma coisa sucedeu à palavra "Gaia". Quando me pus a escrever pela primeira vez sobre esse assunto, em 1986, havia uma só teoria Gaia, aventada por James Lovelock e Lynn Margulis. Hoje existem pelo menos doze propostas especulativas com o mesmo nome, inclusive a do pagão chamado Otter G'Zell. Gaia também inspira *merchandise*, ervas, roupas, pesquisas geológicas, chás e por aí além. Felizmente, a aura fatídica de 2012 deve poupá-lo de tornar-se uma marca registrada, exceto talvez para capacetes protetores.

Pessoas já me confidenciaram seriamente que 2012 é o ano previsto na antiga Grécia para o fim do mundo. Isso é tolice. Não há indícios de que os gregos hajam dado a mínima para essa data. Mas alguém ouviu isso de alguém em alguma parte e a coisa se tornou verdadeira. Os crédulos podem tagarelar sobre o que quiserem, não tenho nada com isso. Entretanto, se a tagarelice chega a um ponto em que pessoas cultas, responsáveis e potencialmente influentes apenas balançam a cabeça e ignoram a ameaça genuína de 2012, todos passamos a correr perigo. É como a história do garoto que sempre gritava "lobo!" — mas, nesse caso, o lobo talvez esteja mesmo rondando a casa.

Nosso juízo final favorito

Brian Cullman, escritor e compositor de Nova York, conta que, estando certa vez numa livraria, espiava com o canto do olho um livro intitulado *How to Prepare for the PAST.* Noção paradoxal. Cullman apanhou o volume e só então descobriu que o título era na verdade *How to Prepare for the PSAT*, um exame vestibular padronizado. Mas a idéia de que o passado é uma coisa para a qual nos devemos preparar inspirou-o a compor uma deliciosa canção, onde diz que a história de qualquer um — pessoal, política, evolucionária — pode tomar contornos inesperados a qualquer momento.

Periodicamente, a mania da quase-morte volta à moda e é bem provável que vá acompanhar a abordagem de 2012. Assim como as feições descaídas eram o "quente" quando a tuberculose devastava o mundo na virada do século XX, e as caras manchadas, pálidas e sujas do "visual heroína" reaparecem periodicamente em certos bairros trágicos de Seattle, Nova York e Los Angeles, um "chique apocalíptico 2012" está talvez à vista. Já há bandas de rock nessa onda, inclusive a Downfall 2012 de Houston (seu logotipo é uma imagem da Terra com um estopim aceso enfiado nela) e a Multimedia 2012 de São Petersburgo, Rússia. Um sujeito que se intitula dr. Paraíso viajou pelo mundo com seu show Paraíso 2012, um concerto de luz e cor cujos padrões estavam sintonizados com as freqüências específicas dos chakras da cabeça e do corpo.

Estaria então certo Maximón, o santo *playboy* de Santiago Atitlán? O ano 2012 será apenas uma desculpa para farrear, como foi 1999? Há lógica nisso. Se 21/12/12 for mesmo o fim dos tempos, ou algo igualmente assustador, haverá melhor maneira de se despedir que segurar uma garrafa de champanhe com uma mão e apertar a de um grande amigo com a outra? Seja o momento maravilhoso, horrível ou tremendamente decepcionante, poderemos prolongar a festa pelo Natal e o Ano Novo, para sossegar um pouco em janeiro — quando estivermos todos gordos, alquebrados e fartos. Então, talvez compreendamos. Estivemos festejando para manter longe de nós a catástrofe ou, no fundo, queríamos que a divindade pusesse um ponto final a tudo?

Margaret Mead observou certa vez nunca ter conhecido ninguém que não cultivasse um mito de criação. Quer se trate da mitologia eterna da Grécia, da batalha amorosa entre Marduque e Tiamate, contada pelos babilônios, ou apenas de dois amantes e uma serpente num jardim, as pessoas precisam de uma explicação para o começo das coisas. E, aparentemente, para o seu fim: aquecimento global irrefreável, holocausto nuclear, Armagedom e agora 2012. Quando menos, o fator 2012 ajudou a realçar nosso anseio por aquilo que Frank Kermode, o respeitável crítico literário de Oxford, chamou de "senso do fim" em seu brilhante livro com esse nome.

Aqueles que profetizam o juízo final quase sempre alegam temê-lo e abominá-lo; dizem rezar para estarem errados. Mas, cuido eu, o juízo final é um atrativo profundo e indescritível para quem se sente infeliz consigo mesmo, com a sociedade, com o Criador. Acreditar que o fim está próximo dá imensa satisfação a essa gente, certa de possuir o conhecimento mais importante do mundo, diante do qual tudo o mais é pueril e equivocado. Trata-se de uma espécie de vingança postiça contra a injustiça da vida.

O juízo final também ajuda a preencher o vazio deixado pelo paradigma do holocausto nuclear americano-soviético, que assombrou nossa imaginação coletiva até o fecho da década de 1980 e que, curiosamente, não pôde ser preenchido pela ameaça do terrorismo global — abominável do mesmo jeito, mas pouco apocalíptico. A iminência da catástrofe unirá nações e povos contra o "inimigo" comum da extinção? Quanto medo será necessário para que as pessoas ponham de lado seus velhos instintos belicosos? A perspectiva de 2012 serve de ponte conceitual para a possibilidade tremendamente assustadora de que, cedo ou tarde, a vida tal qual a conhecemos irá desaparecer de maneira horrível.

Em qualquer ponto da história, sempre se ergueu um coro de excêntricos proclamando o fim do mundo. A única diferença, hoje, é o consenso em grande escala sobre a data de 2012. Como explicar o fato de tradições tão disparatadas quanto a Bíblia, o I Ching e os maias, além do afluxo das recentes evidências científicas, indicarem que tudo irá para os diabos em 2012? Haverá na cultura contemporânea uma ânsia secreta de extinção, talvez uma resposta medrosa, primitiva à globalização crescente, que encontra seu veículo no fator 2012? Bom seria se a maior parte das informações sobre esse ano não violasse o senso de contenção intelectual: profecias de feiticeiros maias, hipóteses interestelares de obscuros geofísicos siberianos, devaneios de místicos sul-africanos, decretos de rabinos cabalistas! Com efeito, nenhuma fonte única, por mais convincente que seja, poderá ou deverá nos induzir a ponderar o imponderável: o mundo a transformar-se desordenadamente em 2012. Mas quando culturas e disciplinas tão diversas concordam no fundo em que uma mudança fatal e dramática está a caminho, é mais prudente tomar cuidado e, juntos, nos prepararmos, aos nossos entes queridos e a qualquer fração do vasto mundo que possamos influenciar, para os acontecimentos futuros.

䷀

Ratos devorando nossos rostos. O outro lado da moeda é que o juízo final encarna nossos piores medos, como o terror de Winston em *1984*. Cada qual tem um medo que o afeta desproporcionalmente. Existem duas grandes categorias: o mal e a insensibilidade. Alguns, por exemplo, acham a idéia de levar um tiro e morrer pela mão de um assassino mais assustadora do que, digamos, levar um tiro e morrer acidentalmente (do modo como o vice-presidente Dick Chaney quase conseguiu fazer com seu amigo durante uma caçada). Sendo a dor e todo o resto iguais, prefiro o assassino. Pelo menos há aí um relacionamento, não um mero giro de comutador.

Algumas visões do juízo final tendem para a insensibilidade. Os cínicos captam naturalmente a perversa lógica emocional de estarem sendo traídos pelo Sol, o amigo mais íntimo da Terra. Afinal, na esfera humana, os crimes violentos não são perpetrados mais freqüentemente pelos conhecidos do que pelos estranhos?

Os mais inclinados ao suicídio talvez prefiram algo como o espasmo vulcânico autodestruidor e o renascimento que sempre se segue a isso. Os fatalistas dão de ombros e resmungam: "Que posso fazer?" ante a perspectiva de a Terra ser espancada por um cometa ou asteróide valentão. Moral da história: não existe moral. O que esses camaradas desejam é apenas um espetáculo maravilhoso para tornar fascinante o momento derradeiro.

2012 não quer a morte

Quando iniciei minha pesquisa sobre 2012, tencionava recolher abundante material sobre os modernos cultos apocalípticos como Aum Shinri Kyo, do Japão, Branch Davidians (David Koresh, Texas), Heaven's Gate (Califórnia), Jeffrey Lundgren (Mórmon), Movimento pela Restauração dos Dez Mandamentos de Deus (Uganda) e Templo do Povo (Jim Jones, Guiana). Não encontrei uma única referência a 2012 em quase um ano e meio de pesquisas diárias sobre o tópico.

O motivo de eu não ter encontrado cultos apocalípticos nessa investigação é que 2012 não trata da morte — pelo menos não das perspectivas dos maias, da nuvem de energia interestelar ou da mudança do Sol. Ele trata de uma gigantesca transformação que pode acarretar inúmeras mortes, humanas e outras; mas, ao contrário dos tais cultos, não há nada no espírito de 2012 que preceitue a morte como um meio de transcendência ou seja lá o que for. A morte é um acontecimento provável, não uma solução recomendada.

Ainda assim juízo final é juízo final; e, ante a possibilidade de extinção de tudo o que conhecemos e amamos, precisamos ter fé em que alguma coisa virá depois.

Na noite em que cheguei à África do Sul, fui jantar na casa de Pierre Cilliers, conhecido pesquisador do Hermanus Magnetic Observatory. Nossa correspondência revelara que Cilliers era um homem cortês e, portanto, eu esperava uma noitada aprazível de conversa sobre mudança de pólos, declinação magnética e coisas assim. Mas fui encontrar alguns cristãos devotos e hospitaleiros, que partilharam livremente comigo o amor a Deus e Seu Filho Jesus Cristo.

Meu editor certa vez me chamou de "o cara das boas e más notícias", sempre em busca do equilíbrio, do meio-termo. Eu, por certo, não estou no número dos fundamentalistas, embora às vezes admire e até inveje a força de suas crenças. E com o passar dos anos notei que quando pessoas de mente decidida e coração bondoso acreditam apaixonadamente em alguma coisa, de um modo que ilumina suas vidas, parece que Deus sorri através delas. Dois dos convidados de Cilliers, sul-africanos brancos, contaram como haviam conseguido, com 45 dólares e muita fé em Jesus, montar sem pressa uma escola elementar ao norte de Johannesburgo. Mantiveram-na e até a expandiram, apesar dos atentados a bomba por parte de separatistas brancos que odiavam aquela instituição integrada. Outro convidado relatou que ele e a esposa haviam, durante anos, tentado desesperadamente ter um filho. Por fim nasceu um bebê encantador, mas que morreu sete meses depois de câncer, doença que também levou a mulher em pouco tempo. Explicou que Deus não é a causa nem dos males nem das alegrias da vida. O importante é saber que, independentemente dos acontecimentos, Ele está sempre conosco e só deseja que voltemos ao Seu seio.

A fé daquelas pessoas fortalecera-as perante as adversidades de um modo que, para mim, não seria possível. Essa fé as teria tornado também mais sensíveis à verdade do Todo-poderoso?

Em nenhum momento, durante o jantar, qualquer delas expressou o mínimo desejo de que o Armagedom ocorresse, mas estava claro que isso não as incomodaria. Achavam-se prontas para receber o amor de Deus na forma em que viesse. Eu queria saber o que Cilliers pensava sobre o livro do Apocalipse e o Armagedom, mas esperei até a manhã seguinte, quando ele estivesse em seu escritório, metido nos negócios e na ciência, a fim de evitar uma resposta vaga, de fim de noite, que ele talvez se esforçasse por amenizar à luz do dia.

"O Senhor advertiu que o sinal do fim dos tempos seria o recrudescimento de tempestades, terremotos e outras catástrofes. Ele é o autor da Bíblia e da Natureza. Quando vemos conflitos, isso se dá, ou porque não compreendemos Sua Revelação, ou porque nossas observações são confusas", disse Cilliers, arranjando às pressas seus papéis. Ele ia comparecer no dia seguinte a uma conferência de físicos atmosféricos, na qual apresentaria sua pesquisa sobre a relação entre a variabilidade solar e as flutuações no campo magnético da Terra. Entretanto, fez uma pausa para citar o que Jesus Cristo dissera a respeito do assunto:

"Tempo virá em que ouvireis falar de guerras e de rumores de guerras; vede, não vos assusteis, porque é necessário assim acontecer, mas ainda não é o fim. Porquanto se levantará nação contra nação, reino contra reino, e haverá fome e terremotos em vários lugares; porém tudo isso é o princípio das dores", disse Jesus Cristo (Mateus 24: 6–8).

As dores do parto vão aumentando à medida que se aproxima o episódio final. A pergunta é: as guerras, o terror, a fome, as doenças, os furacões, os terremotos e os vulcões do século passado, principalmente os do começo do novo milênio, são mesmo contrações uterinas ou mero rebate falso? Estaremos mesmo grávidos? Ou tudo não passa de uma indigestão em massa?

Perguntei a Cilliers o que ele pensava da possibilidade de nosso mundo, tal qual o conhecemos, chegar ao fim ou sofrer uma mudança tão profunda quanto abrupta em 2012.

"Não é nada difícil que isso aconteça ainda em nosso tempo", replicou o sexagenário geofísico.

Lisa nos mostrará o caminho

Mãe-Pai-Filho. Pai-Filho-Espírito Santo. Vishnu-Brahma-Shiva. Tese-Antítese-Síntese. Amante-Amado-Amor. Hidrogênio-Oxigênio-Hidrogênio. Executivo-Legislativo-Judiciário. Corpo-Mente-Espírito. LISA.

Os triângulos, conceituais ou não, são sagrados — mas nenhum tanto quanto LISA (*laser interferometer space antenna*, antena espacial de interferômetro a laser), o incrível e gigantesco triângulo eqüilátero desenhado pela Agência Espacial Européia e a NASA para captar ondas gravitacionais enquanto gira ao redor do Sol:

> Lisa será capaz de detectar ondas de choque gravitacionais emitidas menos de um trilionésimo de segundo após o Big Bang. Consistirá de três satélites na órbita do Sol, conectados por raios laser, formando no espaço um enorme triângulo com lados de cinco milhões de quilômetros. Toda onda gravitacional que atingir o Lisa afetará os lasers e essa distorção mínima será captada pelos instrumentos, registrando a colisão de dois buracos negros ou o próprio Big Bang após o choque. Lisa é tão sensível — pode medir distorções equivalentes a um décimo do diâmetro de um átomo — que conseguirá testar várias hipóteses propostas para o universo anterior ao Big Bang, inclusive a teoria das cordas.

Caramba! Um triângulo de raios laser com lados de cinco milhões de quilômetros girando em volta do Sol, estremecendo a cada onda de gravidade infinitesimal emitida no primeiro trilionésimo de segundo da Criação! Que fecho melhor para nossa história, ou ao menos para este capítulo dela, do que provar cientificamente que o Big Bang, nosso derradeiro mito da criação, se baseia mesmo em fatos?

Por isso encarreguei Gregory Benford, físico da University of California em Irvine, de interpretar os dados. O artigo de Bedford em *Nature*, "Teologia Matemática Aplicada: Há uma Mensagem para Você", é uma intrigante fábula sobre cientistas que encontram um padrão na radiação cósmica deixada pelo Big Bang: "No céu de microondas havia espaço nas flutuações detectáveis para cerca de 100.000 bits — cerca de 10.000 palavras... Mas o que significava? Certamente não eram em inglês ou qualquer outra língua humana. O único idioma possível era a matemática."

Os maiores físicos, matemáticos, filósofos e teólogos do mundo trabalharam juntos, na história de Benford, para decifrar a mensagem. Hoje, as mentes privilegiadas estão adquirindo mais e mais certeza de que tal mensagem existe, embora não possam dizer qual seja. Mas o simples fato de ela existir — vinda de Deus, o Universo, o Criador — motiva e esclarece multidões, anima a economia, inspira reverência pelo meio ambiente.

A visão de Benford pode bem ser o que os maias sempre previram: a aurora de uma nova idade das luzes. Talvez Deus vá dedilhar nos raios laser de LISA sua melodia imortal.

O lançamento de LISA está marcado para 2011. A ciência começará em 2012.

Conclusão

Meus ancestrais shehabs permaneceram muçulmanos, pela maior parte, até 1799, quando Napoleão Bonaparte enviou uma espada (na verdade, um suborno) a Bashir Shehab II, um rústico emir que governava as montanhas do Líbano. Sem dúvida, esse Bashir foi meu antepassado mais cabeludo, com uma barba que lhe descia até o umbigo e sobrancelhas tão hirsutas que um pardal poderia fazer ali seu ninho.

Bonaparte, então com 30 anos, decidira já ser hora de conquistar a Terra Santa e punha cerco ao porto otomano de São João d'Acre, hoje Akko, na costa mediterrânea norte de Israel. Acre era defendida principalmente pela esquadra britânica, que Napoleão achava poder vencer sozinho; mas precisava de alguém para subjugar Al-Jazzar, o paxá otomano da costa mediterrânea oriental. Al-Jazzar estava desmantelando seu próprio porto e atulhando-o para que nenhum navio conseguisse entrar. Cristão bósnio que se vendera como escravo, o homem merecia seu nome, cujo significado é "açougueiro", e estava às ordens de Ali Bey, sultão muçulmano do Egito.

Assim, Bonaparte enviou ao emir Shehab uma fina espada cravejada de pedras e pediu-lhe que descesse de suas montanhas para atacar a retaguarda de Al-Jazzar. A vitória asseguraria ao meu antepassado o controle do

Mediterrâneo oriental, coisa que seu descendente hereditariamente pobre nunca esqueceu.

O emir Shehab aceitou o presente, mas dispensou a batalha, e depois de um assédio de 61 dias Napoleão se retirou, derrotado. A França logo se viu expulsa da região. Para saldar as dívidas dessa campanha, Napoleão, que entrementes se coroara imperador, fez o que jurara nunca fazer: vendeu o território da Luisiânia a Thomas Jefferson num pedaço só, em vez de dividi-la entre várias nações a fim de evitar a criação de uma superpotência norte-americana.

Quando o emir Shehab soube que Al-Jazzar iria executá-lo de qualquer maneira, por não tê-lo ajudado a expulsar Napoleão, meu ancestral galopou montanha abaixo com sua espada e tomou um barco para a ilha de Chipre, onde pelos próximos quatro anos ficou escondido num mosteiro, rezando para Al-Jazzar morrer, o que aconteceu em 1804. Diz a história que o emir entrou muçulmano no mosteiro e dali saiu cristão, sendo esse um dos motivos pelos quais, no Líbano de hoje, quase metade da população é adepta do cristianismo. Na verdade a coisa foi um pouco mais complicada que isso, mas aqui basta dizer que o emir Shehab reclamou seu trono e, após vazar os olhos de alguns primos traidores, voltou a dar as cartas nas montanhas do Líbano praticando os cultos dos cristãos, muçulmanos e drusos (uma espécie de Islã sem Maomé) simultaneamente. As coisas correram bem e o emir Shehab construiu um grande palácio, Beit Eddine, que atualmente é a residência de verão do presidente libanês.

No correr das décadas, a espada de Napoleão tornou-se objeto de amarga disputa entre os Shehabs. A ala cristã da família queria-a como herança, mas a ala muçulmana desprezava a espada como símbolo da corrupção ocidental/cristã e sabia que o objeto valia uma fortuna. Assim, no início dos anos 1930, o primo Kamil Shehab, cristão maronita, roubou-a, levou-a para os Estados Unidos e confiou-a à guarda de minha avó, em seu prédio de quatro andares sem elevador, no Brooklyn, onde era zeladora. Ela envolveu a espada num cobertor do exército e escondeu-a atrás da tábua de passar roupa.

A espada não fez mais que roubar espaço em nosso único armário embutido. Não podíamos sequer dependurá-la na parede, por causa de ladrões. Então, um belo dia, um curador do Museu Metropolitano de Arte telefonou: queria mostrá-la numa exibição especial. Minha avó, de 1,50 m de altura e 50 kg, embrulhou a espada numa bonita manta, vestiu um casaco que pedira emprestado à sra. Subt, desceu os quatro lances de escada, caminhou até a estação ferroviária da Sétima Avenida, mudou de trem na rua Jay/Borough Hall, subiu a escadaria e a rampa da estação Broadway/Nassau para pegar o trem número 4 até a rua Oitenta e Seis e a avenida Lexington, e subiu mais uma escadaria até a entrada do museu na Quinta Avenida e rua Oitenta e Um, distante um bom meio quilômetro. Ela até poderia ter apanhado um táxi: mas ninguém fazia isso do Brooklyn até o centro.

O curador levou minha avó até a galeria onde uma imagem do emir Bashir Shehab II, envolto em sedas e faixas, mas ainda parecendo o diabo das cartas de tarô, brandiria a espada dentro de uma caixa de vidro. Com base em gravuras da espada e alguns documentos que lhe caíram nas mãos, o curador chegara à conclusão de que ela fora originalmente confeccionada para Ivã, o Terrível, com muita probabilidade no final dos anos de 1500.

Fosse esta uma história de ficção e a espada na caixa de vidro brilharia como trinta moedas de prata. Um matreiro e insinuante curador de museu a substituiria por uma falsificação, provocando um assassinato e uma vingança do tipo Código Da Vinci. Nada disso. A espada de Napoleão foi exibida e voltou intacta para seu armário. Honestamente não creio que, depois de guardá-la por mais de trinta anos, meus avós tenham pensado jamais em vender a espada. Afinal, o aluguel do apartamento era de apenas 48 dólares por semana.

Essa história me enche de orgulho. Oito famílias vivendo no mesmo edifício quase em ruínas, matando as mesmas baratas, subindo à mesma laje nas noites de verão para tomar um pouco de ar. E uma delas, tão pobre quanto as outras, está sublimemente convicta de integrar o grande esquema da história, com todos os asteriscos e notas ligados aos nomes verdadeiramente grandes. Muito antes de saber quem era Napoleão ou que Ivã, o Terrível, talvez não tenha sido boa coisa, mas foi decerto um grande rei, eu já tinha consciência de que meu ancestral o fora. Quando criança, eu também alimentava a idéia de ser rei, por isso, quando visitávamos minha avó, eu tirava a espada do armário e ia brincar com ela na sala. Mas logo me chamavam a atenção porque as jóias cravejadas na bainha arranhavam o assoalho sempre brilhante.

Já vêem os leitores por que quero ser uma personagem secundária em minha própria autobiografia. Começo com um meteorito caindo no deserto, cerco esse episódio com sonoros nomes históricos, recheio-o com um simbolismo pretensioso, ponho uma pitada de história pessoal para que os leitores se liguem e depois emito a mensagem: a situação no Oriente

Médio é apenas o enésimo assalto da luta entre o Islã e o cristianismo, que é mais ou menos como os muçulmanos vêem as coisas e nós mesmos veríamos se não estivéssemos um pouco tontos depois de nocautear os fascistas e comunistas. Depois encontro um editor, de preferência alguém que use preto e fume, alicio alguns críticos politicamente corretos demais para desprezar uma historinha do Terceiro Mundo e coloco-a na estante, em capa dura, a fim de que os filhos dos filhos dos meus filhos leiam a obra de seu grande ancestral. Finda uma tarefa dessas, a pessoa já pode morrer, embora a tanto não seja obrigada.

Venho tentando evitar isso nos últimos vinte anos. Não sou Michael Jordan, mas até parece que Alguém lá em cima me ajudou. Ninguém pode escapar à sua própria história, por menos importante que ela seja.

䷀

Muitos escritores relutam em encerrar suas memórias porque isso pode ser encarado como um fim de vida. Na verdade, é muito difícil acabar um livro que nos interessa. Subconscientemente, mas não muito fundo na psique, tal como uma baleia que sobe de vez em quando à tona para se reabastecer de ar e depois mergulha de novo, sempre há o medo de romper o que acabou se tornando um relacionamento intenso e envolvente. A vida depois de um livro lembra uma cama vazia.

Normalmente, esse contratempo é compensado pela perspectiva de receber o resto do dinheiro prometido, pagar as contas e voltar a viver. Mas para mim terminar *Apocalipse 2012* é como fechar o livro do meu casamento, após o que morrerei, como aconteceu com meu pai depois de ser abandonado pela esposa. Mas isso são apenas melancolias de fim de tarde.

Que recomendações se devem dar antes do Apocalipse? Ponha a cabeça entre as pernas e diga adeus a seu traseiro? Ah, ah, Primeiro de abril? A próxima vida será melhor, Deus garante? Pegue seus trastes e vá para as montanhas, para a Lua, para Alfa Centauri?

䷀

Há muito que a espada de Napoleão regressou ao Líbano, para ficar dependurada no palácio de Beit Eddine construído por meu antepassado cabeludo. Só o que me restou foi a tradução das inscrições cirílicas. Abaixo da Santa Cruz, no punho, lê-se o seguinte:

POR MEIO DA CRUZ A IGREJA AGE,
NA CRUZ ELA DEPOSITA SUAS ESPERANÇAS.
POR MEIO DA CRUZ INICIAMOS NOSSOS EMPREENDIMENTOS
E GRAÇAS A ELA OS CONCLUÍMOS.

Na lâmina, duas preces curtas estão gravadas numa caligrafia delicada:

Ó tu, Santa Cruz, sê minha força e meu amparo,
Minha defesa e salvação contra aqueles
Que querem atacar-me.
Sê minha armadura e minha proteção,
E ajuda-me a vencer.

A Cruz preserva o Universo,
A Cruz embeleza a Igreja,
A Cruz é o símbolo dos tzares,
A Cruz é a força do crente,
A Cruz é o orgulho dos anjos e
O terror dos demônios.

No outro lado da lâmina, por baixo de uma imagem da Santa Virgem Maria, há um pedido mais singelo:

Em Ti coloco todas as minhas esperanças,
Ó Virgem Maria, Mãe de Cristo!
Abriga-me na sombra de tuas vestes sagradas.

Ah, se eu pudesse pôr as mãos nessa espada! Faria em tiras o cometa de um bilhão de toneladas que voa ao nosso encontro. Espetaria as manchas solares que logo derreterão a face do Sol. Barraria com ela o fluxo de lava dos supervulcões. Ou apenas seguraria firmemente seu cabo, como um pênis de reserva, e rezaria para que o mal passasse.

Reze

A melhor maneira de nos livrarmos do holocausto de 2012 é implorar a proteção do Onipotente. É claro que, se não houver nenhum Onipotente ou se Ele, em Sua infinita sabedoria, decidir não nos proteger, estaremos fritos. Mas encare as coisas assim: só uma divindade todo-poderosa conseguirá nos ajudar na situação que os profetas anunciam para 2012, portanto, que alternativa temos a não ser cair de joelhos?

A vida inteira rezei, quase sempre pedindo socorro, como da vez em que supus estar tendo um ataque cardíaco, mas na verdade levara apenas uma bolada no peito, jogando futebol. Quando não por mera etiqueta espiritual, aprendi que convém iniciar a prece com um agradecimento: por tudo de bom que está prestes a acontecer em nossa vida, pelo fato de haver lá em cima Alguém a quem mostrar gratidão ou simplesmente por estarmos vivos, conscientes o bastante para poder orar. Também me parece conveniente perguntar a Deus como Ele está passando e desejar-Lhe tudo de bom.

Se você for cristão, não se esqueça de Maria: mãe melhor, mais afetuosa, não poderia existir. Mas não a aborreça. Como explicou um velho missionário italiano que acabara de escapar aos massacres de Serra Leoa, Maria é aquela para quem nos voltamos quando Deus e Jesus não querem ouvir mais nada. Perca-a e você estará perdido.

Eu também gostaria de cumprimentar Gaia, embora estejamos todos numa era de confusão e não acreditemos muito nela; mas, se existe, não deve estar acostumada à gratidão, muito menos aos cumprimentos humanos. Nós, contudo, nos damos bem. Tenho a nítida impressão de que Gaia enrubesce — por favor, caro leitor, aceite minhas desculpas caso achar ofensiva a comparação seguinte — de um modo que me lembra a ocasião em que, impulsivamente, abracei uma lésbica amável, gorda e tímida.

Sim, reconheço que os parágrafos anteriores talvez nada mais sejam que arroubos de imaginação e, portanto, com pouca ou nenhuma utilidade para seja lá quem for. Mas é que quase ninguém fala em preces. Já em se tratando de meditação, todos são doutores. As experiências fora do corpo entraram na moda desde que pararam de ser consideradas devaneios. Quanto à prece... bem, tornou-se algo tão pessoal que quase nada mais se precisa dizer a respeito, exceto talvez recomendar uma versão resumida:

> Querido Deus:
> Obrigado pelos milhares de anos maravilhosos que o Senhor nos deu nesta Terra. Obrigado por Seus infinitos dons de alegria, amor, excitação e satisfação, tanto quanto por outros sentimentos magníficos, exprimíveis ou inexprimíveis.

Dentro em breve, no ano 2012, uma grande Catástrofe talvez altere para sempre nosso modo de vida. Se nós, Seus filhos, precisarmos do medo do Apocalipse 2012 para nos unirmos num propósito comum e esquecer nossos pecados, que seja. Aceitamos com humildade Sua sabedoria. Mas por favor, querido Deus, se for de Sua vontade poupe-nos a morte e a destruição do Apocalipse 2012. Se não em nosso benefício, ao menos no dos bons e fiéis servidores que de outro modo não terão chance de conhecer e retribuir Seu amor. Amém.

Ofereça um sacrifício

A pena, dizem, é mais forte que a espada — alegação feita, não é de surpreender, por um literato. Mas nem a espada nem a pena são mais fortes que o símbolo: a Cruz, o Crescente da Lua, a Estrela de Davi, a bandeira americana. Ou, no caso, a bandeira branca.

䷊

Temos de apaziguar a Mãe Terra, pressurosa e imediatamente.

Não há maneira, até 2012, de reverter o aquecimento global, restaurar a camada de ozônio e impedir os outros cataclismos ecológicos já em curso. O máximo que podemos esperar é amenizar-lhes um pouco o impacto. Assim, ficamos reduzidos a orar para que a Mãe Terra exista de forma consciente o bastante para reconhecer o valor de nossas tentativas simbólicas de melhorar as coisas.

Comecemos pela dessacralização de um ícone.

Os *humvees* são certamente um alvo tentador, tanto quanto Arnold Schwarzenegger, que dizem ser dono de alguns desses veículos funestos. Que o governo federal haja por tanto tempo isentado *humvees* e outros utilitários esportivos da lei de quilometragem de proteção ambiental, por serem "caminhões leves", é uma agressão ao bom senso e ao bem-estar público que faria corar um magnata dos cigarros. A lei abriu uma brecha, como qualquer pessoa inteligente diria, grande o suficiente para deixar passar um caminhão — exatamente o que as empresas automobilísticas e de petróleo fizeram, é claro. Políticos que defendem essa vergonha deveriam ser derrotados, processados na forma da lei e, pior para esses pregadores de sociabilidade compulsivos, evitados.

Tais veículos, sobretudo os que têm uma terceira fila opcional de bancos, pelo menos exibem a qualidade redentora de serem úteis, capazes de levar muitos passageiros e muita bagagem. Assim, quem quiser economizar recursos para adquirir um veículo e depois despedaçá-lo cerimonialmente em fragmentos recicláveis deve pensar no novo Volkswagen Phaeton de doze cilindros e quatro lugares, um sedã de luxo que custa $ 101.300 dólares. Segundo o *site* cars.com, o Phaeton está entre os dez piores carros do mundo em termos de quilometragem, fazendo vinte quilômetros por galão na cidade e menos de trinta na estrada, isso quando se encontra perfeitamente calibrado, com os pneus cheios na medida certa e usando combustível de boa qualidade. Em comparação com o Phaeton, os *humvees* são simples híbridos.

O Phaeton é o ponto alto da linha de automóveis Volkswagen e fazê-lo em pedaços, de maneira segura e legal, enviará uma mensagem insistente aos fabricantes mundiais para que parem de introduzir modelos sedentos de gasolina em nossos dias. Isso parece bastante razoável quando se pensa na origem do nome. Faetonte (Phaeton), na mitologia grega, era filho do deus solar Hélios. Pediu certa vez ao pai que o deixasse guiar seu carro pelos céus, mas não era um bom motorista e perdeu o controle. Vendo que o rapaz estava a ponto de espatifar-se, Zeus liquidou-o com um raio a fim de salvar a Terra de um incêndio.

O Phaeton tem a atração extra de ser fabricado pela Volkswagen, a companhia que produziu tantos tanques e anfíbios excelentes para o regime nazista alemão. A Volkswagen redimiu sua imagem com o encantador Fusca, a Kombi e agora o novo Beetle, que já vem com flores artificiais, muitas delas esmagadas nervosamente entre os dentes dos altos executivos apanhados em 2005 usando fundos da companhia para comprar iates. Talvez esses homens nos regalem, por alguns trocados, após a cerimônia do despedaçamento do Phaeton.

Sem dúvida, as chances de a Mãe Terra entender nosso simbolismo são mínimas. Mas, a esta altura, pouco mais nos resta fazer. E, mesmo que ela entenda, as manchas solares e as nuvens de energia interestelar estão fora de seu controle. Os atos simbólicos, contudo, têm grande importância também para quem os pratica. Quando menos, aumentam a concentração e fortalecem a resolução para a obra séria que nos aguarda. E, à falta de coisa melhor, dão a satisfação ilusória de fazermos algo quando não há nada que realmente possamos fazer — caso o Apocalipse de fato esteja a caminho.

A trombeta

Quando tentamos decifrar o enredo de 2012 para saber como essa história se desenvolve, o tema que sempre reaparece é: "ameaça de cima". Do máximo solar ameaçador aos antigos maias calculando eclipses da Via-Láctea, à nuvem de energia de Dmitriev, ao Deus colérico descendo do céu para o Armagedom e mesmo à singela ameaça de nossa rede de satélites sendo desfeita no espaço, é quase como se a humanidade fosse castigada por ir além de seus limites naturais ou procurar a todo custo expandir-se pelo universo.

Minha opinião é que 2012 se transformará numa espécie de desafio para a sociedade de alta tecnologia. Talvez estejamos presenciando uma batalha com a Natureza na qual nenhum dos lados tem o monopólio da virtude. A Mãe Natureza pode reagir negativamente, se não conscientemente, por havermos ultrapassado nossa esfera de direito. Escapar da atmosfera, última camada da Terra, é coisa fisicamente difícil para espaçonaves: a maior parte do combustível se gasta apenas para romper essa barreira. Parece, pois, óbvio que escapar econômica e culturalmente também oferecerá um desafio extraordinário. Se a metamensagem para 2012, vinda do alto, for que prestemos mais atenção à Terra sob nossos pés, ótimo. Vimos há séculos violando a regra de senso comum: "Não cuspa no prato em que comeu"; e, se para mudarmos de idéia, for necessário um cataclismo mundial... bem, que assim seja. Mas se de algum modo a Mãe Terra estiver nos ordenando para não ir além dos seus limites, então ela, como qualquer pai possessivo, talvez queira apenas estabelecer amorosamente sua autoridade.

Haverá evento melhor que a catástrofe de 2012 para precipitar a colonização humana do espaço? Idealmente, é claro, terá sido apenas o medo que nos impeliu à ação; o fato de, nesse cenário, não haver devastação alguma poderá ser fonte de piadas e reflexões divertidas sobre como a Vida teve lá sua maneira cômica de preencher o resto do século. Não importa como ela vá agir, gosto de imaginar um monumento para 2012, do mesmo modo que em Enterprise, Alabama, há um monumento para a lagarta do algodão, que devastou as plantações e forçou o Sul a diversificar sua economia. Melhor erguer três estátuas para imortalizar como a perspectiva de 2012 nos obrigou a colonizar o espaço: uma para o Johnson Space Center em Houston, outra para a Lua, e outra, se o Apocalipse realmente visar ao Sistema Solar inteiro, para alguma galáxia distante.

Juntar bilhões

Em 1995, escrevi um artigo de opinião, "Quem irá prospectar a Lua", criticando o pouco progresso que os físicos vinham fazendo no controle da fusão nuclear apesar de contar com bilhões de dólares em fundos de pesquisa. A fusão nuclear é talvez a maior força do universo: é a força do Sol e das bombas de hidrogênio. Controlá-la é um objetivo nobre e poderá, no futuro, fornecer suprimentos quase inesgotáveis de energia. Fará da queima de combustíveis fósseis coisa do passado. Problema: a fusão nuclear é um processo tão violento, o clímax da manifestação de $e = mc^2$, que é necessária mais energia para impedir o reator de explodir do que a própria energia que ele produz.

A sugestão do meu artigo era, simplesmente, que 10% dos fundos fossem empregados em abordagens alternativas mais promissoras ao controle da fusão. O *Times* mandou meu cheque de $150, Dan Rather escreveu uma carta simpática, um homem que se dizia embaixador telefonou convidando-me para um almoço, mas depois cancelou. Nem um centavo dos fundos foi questionado e muito menos redirecionado. Neste momento, passados mais de onze anos e com provavelmente outros tantos bilhões escorridos pelo ralo, os cientistas do ramo continuam longe de seus objetivos na área da fusão.

É tempo de desligar a tomada.

O que proponho, especificamente, é uma moratória em todos os fundos para pesquisa de fusão nuclear controlada, de imediato e até 2012. Aplicar esses fundos na prevenção e alívio da catástrofe é um bom começo. Toda pessoa que sobreviver ao ataque se encontrará sem dúvida em situação de terrível necessidade. A prevenção deverá voltar a ter máxima prioridade política, como sucedeu durante a Guerra Fria, quando até mesmo as crianças de escola eram treinadas sobre o que fazer no caso da explosão de uma bomba atômica, sem que suas pequeninas psiques fossem agredidas. Assim como os londrinos se abrigavam no metrô durante a Segunda Guerra Mundial, o mesmo farão, se houver outra catástrofe, eles e os habitantes de Nova York, Paris, Moscou, Tóquio e outras grandes cidades abençoadas com um sistema de transporte coletivo subterrâneo. Fato surpreendente, existem também inúmeras cidades antigas sob a terra pelo mundo afora, as quais, se recuperadas, poderiam proporcionar abrigo. Uma das maiores é Derinkuyu, Turquia, originalmente planejada para duzentos mil habitantes.

Preparar redes subterrâneas, antigas e modernas, para influxos súbitos e maciços, é antes de tudo questão de garantir robustez estrutural e proporcionar instalações sanitárias adequadas, água, alimentos, remédios, roupas, cobertores. Medidas similares garantiriam que estádios, escolas, auditórios e outros locais públicos de reunião ficassem prontos para a chegada repentina de refugiados. Imagine quão mais humano teria sido o dia seguinte ao Katrina se o New Orleans Superdome tivesse sido preparado a tempo para acolher as vítimas.

Uma vez que se acredita cada vez mais no aquecimento global como causa das megacatástrofes, que tal um impostozinho sobre o gás de estufa para cobrir os custos de limpeza, funerais e coisas assim? O aquecimento global talvez não venha a ser a causa única do Apocalipse 2012, mas certamente está agravando nossas vulnerabilidades sísmicas e vulcânicas, ao mesmo tempo que intensifica os problemas de sobrecarga de energia que logo nos apresentarão os tumultos solares e/ou a nuvem de energia interestelar. Os complexos governamentais/industriais da China e da Índia precisam diminuir sua farra de poluição, essa brecha no Acordo de Quioto que lhes permite lançar à vontade dióxido de carbono na atmosfera, sem temer represálias. Os Estados Unidos, campeões na emissão de gases, também estão cordialmente convidados.

O dinheiro virá aos montes ou em parcelas. Acho que sei como juntar uns oitocentos mil, menos despesas pessoais e de negócios. Logo depois de chegar à África do Sul, fui abordado por dois jovens cavalheiros empreendedores que me haviam observado durante algum tempo, concluindo que eu poderia valer-lhes num negociozinho especial. Explicaram discretamente que haviam desviado quatro milhões de sua empresa. Pelo simples favor de levar a bolada numa maleta para os Estados Unidos e colocá-la num cofre de banco, eu ganharia uma comissão de 20%.

A perspectiva da cadeia ou, quem sabe, da baía de Guantanamo, uma vez que transferências ilegais de fundos parecem ser agora questão de segurança nacional, desanuviou minha mente. Mas amigos sul-africanos me censuraram depois, quando lhes contei a história. Disseram ser imoral *não* ter embolsado o dinheiro, ainda que este houvesse sido roubado, talvez de uma instituição pública. Do modo como correm as coisas na África do Sul, explicaram eles, todo golpe de sorte é ilegal, em termos formais ou morais, como por exemplo no caso de diamantes e ouro, que vão sempre parar nas mãos dos brancos. Assim, quando o Destino faz uma oferta, nosso dever é aceitá-la, doar 10% aos pobres e zelar para que o resto seja aproveitado com responsabilidade. Como comprar Phaetons da Volkswagen para esmigalhá-los.

Preparar a mente

Como nos defendermos do colapso psicológico maciço? Um homem prevenido vale por dois, reza o ditado. Certamente, o trauma será menor se não formos apanhados de guarda baixa.

Em *Embattled Selves: An Investigation into the Nature of Identity through Oral Histories of Holocaust Survivors*, Kenneth Jacobson pergunta como conseguiram os judeus superar psicologicamente ilesos o holocausto nazista. Sua primeira resposta, muito simplificada, é generosidade. Aqueles que ajudaram os outros a resistir ou escapar tenderam a levar vidas mais serenas, mais sãs depois da guerra. Aqueles que apenas agiram egoisticamente — e Deus sabe que o egoísmo em face do mal absoluto é bem justificável — sofreram mais nos anos seguintes. Que a generosidade não é somente boa para nós, mas constitui elemento essencial da sobrevivência psicológica, eis um fragmento de sabedoria que deveríamos todos absorver.

A segunda resposta de Jacobson é identidade: a recusa em esquecer quem somos antes do início da crise. Isso foi muitíssimo importante no holocausto nazista porque a identidade genética era fator decisivo para a escolha de quem iria ser perseguido e exterminado. Os judeus que negaram sua herança para escapar sofreram mais posteriormente do que os que não o fizeram, embora tivessem uma chance melhor de viver para contar a história.

Entre as centenas de relatos e lembranças registrados nesse livro notável, um resume os achados de Jacobson. Graças a uma série de astúcias e subterfúgios, Maurits Hirsch, um judeu, conseguiu ser confundido com um gentio e foi nomeado pelos nazistas prefeito/administrador de uma cidade. Seu instinto de sobrevivência dizia-lhe para fugir antes de ser desmascarado, mas ele foi ficando porque, fingindo-se de porco nazista, cuspindo nas pessoas em vez de realmente persegui-las, podia fazer muito em defesa do povo local. Para não enlouquecer de vez, Hirsch empreendia longas caminhadas pelos bosques e, quando não via ninguém por perto, cantava baixinho canções iídiches.

Sabedores de que o apocalipse talvez venha mesmo em 2012, e de que a generosidade e a preservação da identidade minimizarão sem dúvida quaisquer distúrbios de stress pós-traumático que daí possam advir, entoemos nossas canções e enfrentemos com coragem até as mais negras possibilidades.

Abram caminho aos maias

Vejam as coisas da seguinte maneira. Se se concretizarem as previsões para 2012 e esse ano for cheio de catástrofes, ou quase, os maias, que anteviram isso há dois milênios, ocuparão nos próximos séculos o banco do motorista.

Portanto, de hoje até 21/12/12, diz o senso comum que lhes demos ouvidos, arranquemos esses velhinhos de suas cavernas, apresentemo-los em programas de televisão e contratemo-los como consultores. O resultado, posso garantir, será ao mesmo tempo confuso e edificante. Confuso por causa da língua e das diferenças culturais, porquanto seus padrões de rigor e consistência lógica são inferiores aos nossos, e nossas metáforas e símiles são inferiores aos deles. Edificante porque o núcleo das profecias maias para 2012 é a transformação, não as catástrofes que parecem destinadas a acompanhá-la. Os maias realmente acreditam que 2012 será a melhor oportunidade, nos últimos 26 mil anos, para o homem se iluminar e se aproximar dos deuses.

Meio por brincadeira, perguntei aos irmãos Barrios quais investimentos eles aconselhavam para 2012. O básico: alimento, abrigo, roupas, computadores.

"Então, o que faremos?", perguntei, como se me pusesse à discrição do tribunal.

"Dizem os anciãos que precisamos regressar das máquinas para os homens", explicou Carlos.

"Devemos transformar nossa curiosidade em objetivo sério, ajudando os semelhantes e a Mãe Terra", sentenciou Gerardo.

Para as montanhas

Jerusalém. Meca. Angkor Wat. Tikal. Thingvellir. Vaticano. Berea, Kentucky.

De todos os lugares sagrados do mundo, nenhum personifica melhor os valores santos dos maias, de servir à humanidade e à Mãe Terra, que a cidade de Berea, Kentucky. Erguida nos montes Apalaches, diretamente ao norte do território maia, Berea é encantadora, mas modesta. O "coração" da cidade é o Berea College, freqüentemente classificado como uma das mais importantes instituições de artes liberais dos Estados Unidos, com padrões acadêmicos excepcionalmente altos e valores morais severos.

O Berea College não recebe ajuda financeira federal, estadual ou municipal, mas ainda assim acumulou mais de duzentos milhões de dólares em doações caritativas. E note-se que os alunos não pagam mensalidade e provêm de lares pobres. Mais ou menos três quartos são da Appalachia, mas nem mesmo os filhos de ex-alunos são admitidos caso sua renda familiar ultrapasse o nível da classe média baixa. Todos os matriculados trabalham um mínimo de vinte horas por semana produzindo cerâmica, ferro forjado e artesanato em madeira, tudo de tão boa qualidade que a escola não consegue atender à demanda. A madeira é obtida de uma mata renovável próxima ao *campus*.

Desde minha visita em 1993, a escola construiu uma EcoVillage, um complexo esteticamente agradável de cinqüenta apartamentos para famílias de alunos que gasta 75% menos água e energia que as moradias convencionais, além de reciclar pelo menos 50% do lixo.

Os preconceitos de raça e sexo vêm sendo bravamente combatidos em Berea desde sua fundação em 1855. Quando Kentucky ainda era um Estado escravocrata, a primeira turma da escola contava com 96 negros e 91 brancos, sendo praticamente igual o número de homens e mulheres. O nome Berea foi inspirado em Atos 17:10, no qual se menciona uma cidade receptiva ao Evangelho, e a escola baseia-se na crença de que "Deus fez de um só sangue todos os povos da Terra".

Sim, isso é cristão com C maiúsculo; não, a comida da Boone's Tavern, o antigo restaurante da cidade, não é lá grande coisa, mas considere isto: por cerca de 250 mil dólares, você pode adquirir uma casa de três quartos num belo pedaço de terra numa das regiões mais estáveis sísmica e vulcanicamente da América do Norte.

Se há um lugar imune ao Apocalipse 2012, esse lugar é Berea, Kentucky.

Seja cauteloso

Leve 2012 a sério, mas nada de pânico. Faça planos emergenciais, mas sem pressa. Temos trabalho pela frente daqui até lá, muitos preparativos, como sociedade e como indivíduos, para o teste que nos espera. Se atentarmos para todos os detalhes, conseguiremos superar a ameaça.

Notas

Meu primeiro emprego depois da faculdade, em 1974, foi como pesquisador bibliotecário, que significava basicamente batalhar na Mid-Manhattan Library, entre a Quadragésima e a Quinta Avenida, do outro lado de sua irmã mais famosa, e infinitamente mais lenta, a New York Public Library. Ficar tonto com a fumaça das copiadoras que sempre funcionavam mal ou acabar enjoado de tanto rebobinar microfilmes era parte do trabalho. Embora eu dê graças a Deus pela Internet, que só estraga os olhos das pessoas, tenho saudades do contexto e da autoridade que os bibliotecários emprestavam à pesquisa nos velhos tempos. Eles conheciam seus periódicos e orientavam os consulentes no rumo da melhor informação. Hoje, na Internet, cada qual é seu próprio bibliotecário.

O valor do bibliotecário foi posto à prova na pesquisa deste livro, que afinal de contas vai de ciência pura a fantasia, de visionários a excêntricos, ao longo de todas as línguas e continentes. E as fontes abaixo, conforme o assunto, vão do irrepreensível ao idiossincrático.

Várias citações são da obra de Tony Phillips, editor da Science@NASA (science.nasa.gov), um *site* oficial da NASA para informação e educação pública em ciência espacial. Como editor, Phillips escreve os artigos que lá aparecem, embora ele de fato faça parte de uma equipe de produção que funciona como um canal de informação e observações da NASA e de outras fontes que esta considera confiáveis, como a Agência Espacial Européia e o Jet Propulsion Laboratory (JPL) em Pasadena,

Califórnia. Phillips colabora também, com seus serviços editoriais, para um *site* afim, o spaceweather.com.

INTRODUÇÃO

13. "Não acho que a raça humana ...": Highfield, "Colonies in Space", 12.
14. VIM-2, que anula o efeito dos antibióticos: Agência France Press, "Ultra Superbacteria".
15. "todo um zoológico...": Kaku, "Escape from the Universe", 16.
15. forma hiperdensa de matéria: Rees, *Our Final Hour*, 120-21, 123-25.
15. *gray goo*: Drexler, *Engines of Creation*, 171.
18. Tempestade radioativa de março de 1989: Kappenmann et al., "Geomagnetic Storms".
19. "últimos onze mil anos": Solanki, 1º/11/04.
20. Fraturas do tamanho da Califórnia: Bentley, "Earth Loses Its Magnetism".
20. maior supervulcão: BBC2, "Supervolcanoes".
20. a cada ciclo de 62 a 65 milhões de anos: Rohde e Muller, "Cycles in Fossil Diversity".
22. extensão do mês lunar: Sharer e Traxler, *The Ancient Mayan*, 116.

O APOCALIPSE NO TRIBUNAL: ACUSAÇÕES A 2012

26. atividade solar atingirá o próximo pico: Dikpati et al., "Unprecedented Forecast".
26. inversão polar: Bentley, "Earth Loses Its Magnetism".
26. nuvem de energia interestelar: Dmitriev, "Planetophysical State".
27. impacto de um cometa: Rohde e Muller, "Fossil Diversity".
27. erupção mais recente: Smith e Siegel, *Windows into the Earth*.
27. Filosofias orientais: McKenna e McKenna, *Invisible Landscape*.
27. movimento "armagedonista": Drosnin, *Bible Code*.*

Seção I: Tempo

CAPÍTULO 1

35. "À primeira vista... planejamento urbano": Malmstron, *Cycles of the Sun, Mysteries of the Moon*, 13.
37. degradação ambiental: Diamond, *Collapse*.
37. "É de espantar": Ibidem, 177.
39. ciclos de Milankovitch: Locke, "Milankovitch Cycles".
40. ciclo conhecido como obliqüidade: Ibidem.
41. "Antes do século XV": Barrios e Barrios Longfellow, *The Maya Cholqij*, 2.
42. Conforme se lê: Barrios e Barrios Longfellow, *The Maya Cholqij*, 4.

---

* *O Código da Bíblia*, publicado pela Editora Cultrix, São Paulo, 1997.

Capítulo 2

50. centro de um império: Jenkins, *Maya Cosmogenesis.*

51. aponta 2011, e não 2012: Calleman, *Mayan Calendar.*

Seção II: Terra

Capítulo 3

65. pólos se inverteram pela última vez: Bentley, "Earth Loses Its Magnetism".

65. "Quanto às mudanças... dando nascença a *samambaias*": Hutton, "Small Pole Shift".

66. "No primeiro mecanismo": Ibidem.

66. "Esse tipo de deslizamento... movimentos tectônicos na crosta": Ibidem.

66. processo talvez leve um milênio: Bentley, "Earth Loses Its Magnetism".

67. satélite dinamarquês: Associated Press, "Report".

67. controvérsia sobre o ozônio: Joseph, *Gaia.*

68. mecanismo de destruição do CFC: Ibidem.

Capítulo 4

71. como Surtsey desenvolvera um ecossistema: Joseph, "Birth of an Island".

72. cenário nuclear: Sagan e Turco, *Path Where No Man.*

72. enormes reservas de urânio: Smith e Siegel, *Windows into the Earth.*

73. reportagem de capa: Wicks et al., "Uplift, Thermal Unrest".

73. supervulcão Yellowstone: BBC2, "Supervolcanoes".

74. "Seria": Ibidem.

74. "Não sei": Ibidem.

75. "colunas ou rolos... manto e a crosta": Smith e Siegel, *Windows.*

75. "Dos cerca de... ilhas Galápagos": Ibidem, 29.

75. "As bolhas de basalto... do oceano": Ibidem, 28.

76. doença de Marie: BBC2, "Supervolcanoes".

77. novas fendas de vapor: LeBeau, "Letters".

77. "A única conclusão razoável": Trombley, "Forecasting of the Eruption".

77. Segundo Steve Sparks: BBC2, "Supervolcanoes".

79. "inquieta" e "em elevação": Hill et al., "Restless Caldera".

79. Os de maior intensidade... caldeira por baixo": Ibidem.

80. "Há indícios... aberto à discussão": Rymer, *Encyclopedia.*

82. "Há pouco, constatou-se": Irving e Steele, "Volcano Monitoring".

84. "foi seguida por pelo menos: McGuire, *End of the World*, 104.

Capítulo 5

89. ditador guatemalteco: Blythe, "Santiago Atitlán".

93. "À medida que processos compensatórios": Dmitriev, "Planetophysical State".

93. posto de abastecimento de furacões: Kluger, "Global Warming".
93. provocar terremotos: Cowen, "Surprising Fallout".

Seção III: Sol

Capítulo 6

100. clarão: Phillips, "X-Flare".
101. clarão X7: Phillips, "Sickening Solar Flares".
102. "As CMEs explicam": Phillips, "New Kind".
103. "a mais intensa tempestade de prótons": Ibidem.
103. "Um transplante de medula": Ibidem.
104. numa das semanas mais turbulentas: Ibidem.
104. "Exceto talvez": Solanki, "Solar Variability".
105. passam de um estado estável: Kluger, "Global Warming".
105. "no ritmo lento... um toque de comutador": Ibidem.
107. aquecimento global... está ocorrendo": Dougherty, "Lonnie Thompson".
107. "O turismo é a maior": Ibidem.
107. há 5.200 anos: Thompson, "50,000-Year-Old Plant".
107. "aconteceu alguma coisa... também": Ibidem.
108. "a calota com quase certeza": Ibidem.
111. conforme esperado, bastante turbulento: Phillips, "Solar Minimum".
111. maior clarão solar: Whitehouse, "Explosion Upgraded".
112. "As equações de equilíbrio energético... partir de 1850": Rottman e Calahan, "SORCE", 2.
113. "A nosso ver": Dikpati e Gilman, "Unprecedented Forecast".
113. "Quando essas manchas decaem": Ibidem.
114. descobertas da equipe do NCAR: Dikpati et al., "Predicting the Strenght".

Capítulo 7

115. África se partirá: Associated Press, "New Ocean Forming".
115. "Acreditamos... presenciamos a evolução do fenômeno": Ibidem.
117. "Todos os furacões atlânticos... furacões violentos": Sullivant, "Hurricane Formation".
120. bem abaixo da média: Phillips, "Long Range Solar Forecast".
124. "O campo magnético terrestre". Pasichnyk, *Vital Vastness*, 869.

Seção IV: Espaço

Capítulo 8

133. "A atividade solar crescente... é otimista": Dmitriev, "Planetophysical State".
141. "dessa onda de choque... ao Sistema Solar": Ibidem.

142. hidrodinâmica do plasma interplanetário: Baranov, "Interstellar Medium".
143. Gêiseres parecidos aos do Yellowstone: Phillips, "Radical".
144. "Monitoramos": Phillips, "Jupiter's New Red Spot".
145. "A missão... na Terra": Wolfe, "Alliance to Rescue Civilization", 2.

Capítulo 9

148. "Cianobactérias... ao sol": Margulis e Sagan, *Microcosmos*, 55.
149. urânio foi oxidado: Joseph, *Gaia*, 193.
150. "Os efeitos aqui na Terra... vida na Terra": Dmitriev, "Planetophysical State".
151. "Como a Terra... superfície terrestre": Ibidem.
153. "A biosfera... não existe": Vernadsky, *Biosphere*, 44.
157. "No começo... acatá-las": Joseph, *Common Sense*, 41.
160. "Os arqueólogos... nos deixam cegos": Argüelles, *Mayan Factor*, 20.
161. "As estrelas... de Deus": Votan, *Cosmic History*, 212.
162. como Yuri Knorozov: Coe, *Maya Lode*, 220-222.
164. "Importantes resultados... imagem dele": Kaznacheev e Trofimov, *Reflections on Life*, 38.

Seção V: Extinção

Capítulo 10

169. provocou a extinção: Sharpton, "Chicxulub", 7.
170. "estrela barbada": Leoni, *Nostradamus*, 175.
171. conhecimento científico básico: Lovelock, "Book for All Seasons".
172. ser varrida: McKie, "Bad News".
173. extinção em massa: Rohde e Muller, "Cycles in Fossil Diversity".
173. "praticamente saltam dos dados": Kirchner e Weil, "Biodiversity".
173. a prova maior: Sharpton, "Chicxulub", 7.
176. eles têm fecundado a Terra: Kellan, "Small Comets".
177. "A NASA... objetos portadores de água": Ibidem.
178. Asteróide 1989 FC: Gerard e Barber, "Asteroids and Comets".
179. Hipótese Shiva: Rampino e Haggerty, "'Shiva Hypothesis'"
251. "Um dragão terrível... seus semelhantes": Roads, "Mother Shipton's Complete Prophecy", 17.

Seção VI: Armagedom

Capítulo 11

189. reservas de hélio-3: Joseph, "Mine the Moon".
189. código divino embutido: Drosnin, *O Código da Bíblia*.

189. artigo erudito: Witztum, Rosenberg e Rips, "Equidistant Letter Sequences".
190. "Sem dúvida... até a morte": Drosnin, *O Código da Bíblia*, 19.
191. Yitzhak Rabin: Ibidem, 15.
191. cometas abalarão: Ibidem, 155.
192. "Então, vi... em hebraico se chama Armagedom": Ebor, *New English Bible.*
193. "Embora a maioria dos judeus... confusões demoníacas": Wells, "Unholy Mess".
193. previa a grande batalha: Lindsey, *Planet Earth.*
195. "Ele estava dividindo... devem deixá-la em paz": Associated Press, "Divine Punishment".
198. "Esse entrelaçamento... controle de tudo": MacNeill, Winsemius e Yakushiji, *Beyond Interdependence*, xxxii.

Capítulo 12

205. "Pela graça de Deus": Gordon, "Kabbalist Urges Jews".
205. "O Mashiach... reta justiça": Ibidem.
207. "Desta advertência... nosso Mashiach, o justiceiro": Ibidem.
208. "Segundo os escritos... ano sabático": Ibidem.
209. "Também a Terra... humanidade se transformasse": Levry, "Next 7 Years".
209. "Os humanistas... mulheres de luz": Ibidem.

Capítulo 13

213. "O momento único... civilização interplanetária": Argüelles, *O Fator Maia*, 194.
214. "A História Cósmica... Votan, *Cosmic History*, 114.
215. "A história humana": Argüelles, *O Fator Maia*, 9.
215. "Radiações projetadas por todas as estrelas... da biosfera": Vernadsky, *Biosphere*, 47.
216. complicado fractal: McKenna, "Temporal Resonance".
216. seqüência do Rei Wen: Ibidem.
217. "Pois a beleza nada": Rilke, *Duino Elegies*, "The First Elegy".
217. chegou a essa conclusão: McKenna e McKenna, *Invisible Landscape.*
219. "Desde o começo... na imperfeição de seu devir": Griffiths, *Marriage of East and West*, 89, 92.
221. No dia em que a Atlântida... submergiu": Geryl e Ratinckx, *O Código de Órion*, 28.
222. "As insígnias maias... ar, terra": Janson, *Tikal*, 4.
223. "O quatro é, entre todos": Hail, *Sacred Calendar*, 6.
223. "A profecia hopi... Quinto Mundo": Boylan, "Transition from Fourth".
223. "À medida que nos aproximamos... novas formas": Clow, *Catastrophobia*, 10.
229. "Tempo virá... princípio das dores": Ebor, *New English Bible.*
230. Lisa será... teoria das cordas": Kaku, "Escape from the Universe", 19.
231. "No céu de... era a matemática": Benford, "Mathematical Theology", 126.

Conclusão

240. usando fundos da companhia: Landler, "Scandals".
242. um artigo de opinião: Joseph, "Who Will Mine".
244. psicologicamente ilesos: Jacobson, *Embattled Selves.*
244. prefeito/administrador de uma cidade: Ibidem, 33.
246. "Deus fez": Peck e Smith, "First 125 Years", 26.

Referências

Abraham, Ralph, Terence McKenna e Rupert Sheldrake. *Trialogues at the Edge of the West: Chaos, Creativity, and the Resacralization of the World*. Rochester, VT: Bear & Co., 1992.

Agence France Presse. "Ultra Superbacteria Spreads to Asia". *Sydney Morning Herald*, 18 de julho de 2002. smh.com.au/articles/2002/07/17/1026802710763.html.

Andersen, Peggy. "Mount St. Helens' Lava Baffles Scientists". Associated Press, 2 de janeiro de 2006. news.yahoo.com/s/ap_on_sc/mount_st_Helens; _ylt=Ap53RM2yAENx.

Argüelles, José. *The Mayan Factor: Path Beyond Technology.* Rochester, VT: Bear & Co., 1996. [*O Fator Maia*, publicado pela Editora Cultrix, São Paulo, 1991.]

Associated Press. "New Ocean Forming in Africa". CBS News, 10 de dezembro de 2005. cbsnews.com/stories/2005/12/10/tech/main/111579.shtml.

______. "Report: Earth's Magnetic Field Fading", CNN International, 12 de dezembro de 2003. edition.cnn.com/2003/TECH/science/12/12/magnetic.poles.ap.

______. "Robertson: Sharon's Stroke Is Divine Punishment", *USA Today*, 5 de janeiro de 2006. usatoday.com/news/nation/2006-01-05-robertson_x.htm.

Astronomical Applications Department, U.S. Naval Observatory, "The Seasons and the Earth's Orbit — Milankovitch Cycles", 30 de outubro de 2003. aa.usno.navy.mil/faq/docs/seasons_orbit.html.

Baranov, V. B. "Effect of the Interstellar Medium on the Heliosphere Structure" (em russo). *Soros Educational Journal* nº 11, 1996, 73-9.

Barrios Kanek, Gerardo e Mercedes Barrios Longfellow, *The Maya Cholqij: Gateway to Aligning with the Energies of the Earth*. Williamsburg, MA: Tz'ikin Abaj, 2004.

Benford, Gregory. "Applied Mathematical Theology", *Nature* 440 (2 de março de 2006) BBC2 frompg. ff.126.

Bentley, Molly. "Earth Loses Its Magnetism". BBC Online, 31 de dezembro de 2003. news.bbc.co.uk/2/hi/science/nature/3359555.stm.

Blythe, Stephen. "Santiago Atitlán, Guatemala — A Human Rights Victory", 2004, gslis.utexas.edu/~gpasch/tesis/pages/Guatemala/otr04/hmnrts.htm.

Borchgrave, Arnaud de. "Later Than We Think". *Washington Times*, 6 de fevereiro de 2006. washingtontimes.com/functions/print/print.pho?StoryID=20060205-100341-6320r.

Boylan, Richard. "Transition from Fourth to Fifth World: The 'Thunder Beings' Return". Earth Mother Crying: Journal of Prophecies of Native Peoples Worldwide. wovoca.com/prophecy-rich-boylan-thunder-beings-htm.

BBC2. "Supervolcanoes". 3 de fevereiro de 2000. bbc.co.uk/science/horizon/1999/supervolcanoes_script.shtml.

Calleman, Carl Johan. *The Mayan Calendar and the Transformation of Consciousness*. Rochester, VT: Bear & Co., 2004.

Cameron, Alastair Graham Walte. "The Early History of the Sun". Smithsonian Miscellaneous Collections 151, nº 6 (15 de julho de 1966).

Clow, Barbara Hand, *Catastrophobia: The Truth Behind Earth Changes in the Coming Age of Light*. Rochester, VT: Bear & Co., 2001.

Coe, Michael D. *The Maya*. Nova York: Thames & Hudson, 1999.

Cowen, Robert C. "Global Warming's Surprising Fallout". *Christian Science Monitor*, 19 de agosto de 2004, p. 16.

De Santillana, Giorgio e Hertha Von Dechend. *Hamlet's Mill: An Essay Investigating the Origins of Human Knowledge and Its Transmission Through Myth*. Boston: Godine, 1977.

Diamond, Jared. *Collapse: How Societies Choose to Fail or Succeed*. Nova York: Viking, 2005.

Dikpati, Mausumi, Giuliana de Toma e Peter A. Gilman. "Predicting the Strenght of Solar Cycle 24 Using a Flux-Transport Dynamo-Based Tool". *Geophysical Review Letters* 33 L05102.doi:10.1029/2005/GL025221.

Dikpati, Mausumi e Peter Gilman. "Scientists Issue Unprecedented Forecast of Next Sunspot Cycle". NCAR (National Center for Atmospheric Research) e UCAR (University Corporation for Atmospheric Research) Officce of Programs, 6 de março de 2006. ucar/edu/news/releases/2006/sunspot/shtml.

Dmitriev, Alexey N. "Planetophysical State of the Earth and Life". *IICA Transactions* (1997), trad. por A. N. Dmitriev, Andrew Tetenov e Earl L. Crockett, Millenium Group, 1º de janeiro de 1998. tmgnow.com/repository/global/plane tophysical.html.

Dobson, Andrew e Robin Carper. "Global Warming and Potential Changes in Host-Parasite and Disease-Vector Relationships". In *Global Warming and Biological Diversity*, org. por R. L. Peters e T. E. Lovejoy. New Haven: Yale University Press, 1994.

Dougherty, Maren. "Q&A with Glaciologist Lonnie Thompson". National Geographic Adventure Magazine, agosto de 2004. nationalgeographic.com/adventure/0408/q_n_a.html.

Drexler, K. Eric. *Engines of Creation: The Coming Era of Nanotechnology*. Nova York: Anchor Books, 1986.

Drosnin, Michael. *The Bible Code*. Nova York: Touchstone/Simon & Schuster, 1997. [*O Código da Bíblia*, publicado pela Editora Cultrix, São Paulo, 1997.]

______. *Bible Code II: The Countdown*. Nova York: Viking/Penguin, 2002. [*O Código da Bíblia II: Contagem Regressiva*, publicado pela Editora Cultrix, São Paulo, 2003.]

Ebor, Donald, org. *The New English Bible with the Apocrypha*. Nova York: Oxford University Press, 1971.

Freidel, David, Linda Schele e Joy Parker. *Maya Cosmos: Three Thousand Years on the Shaman's Path*. Nova York: William Morrow, 1993.

Gerard, Michael B. e Anna W. Barber. "Asteroids and Comets: U. S. and International Law and the Lowest Probability, Highest Consequence Risk". *New York University Environmental Law Journal* 6, nº 1 (1997): 3-40.

Geryl, Patrick e Gino Ratinckx. *The Orion Prophecy: Will the World Be Destroyed in 2012?* Kempton, IL: Adventures Unlimited Press, 2001. [*O Código de Órion: O Fim do Mundo Será Mesmo em 2012?*, publicado pela Editora Pensamento, São Paulo, 2006.]

Golub, Leon e Jay M. Pasachoff. *Nearest Star: The Surprising Science of Our Sun*. Cambridge: Harvard University Press, 2001.

Gordon, Baruch. "Kabbalist Urges Jews to Israel Ahead of Coming Disasters", 17 de outubro de 2005. Arutz Sheva, israelnn.com/news/phh3?id=89850.

Griffiths, Bede. *The Marriage of East and West: A Sequel to the Golden String*. Springfield, IL: Templegate Publishers, 1982.

Griffiths, Bede. *A New Vision of Reality: Western Science, Eastern Mysticism and Christian Faith*. Springfield, IL: Templegate Publishers, 1990.

Hail, Raven. *The Cherokee Sacred Calendar: A Handbook of the Ancient Native American Tradition*. Rochester, VT: Destiny Books, 2000.

Hegel, G. W. F. *The Phenomenology of Mind.* Trad. por J. B. Baillie. Nova York: Harper, 1967.

Highfield, Roger. "Colonies in Space May Be Only Hope, Says Hawking". *Daily Telegraph*, 16 de outubro de 2001, p. 12.

Hill, David P., et al. "Living with a Restless Caldera: Long Valley, California". USGS online, 29 de junho de 2001. quake.wr.usgs.gov/prepare/factsheets/Long Valley/,Fact Sheet 108-96.

Howland, Jon. "Foes See U.S. Satellite Dependence as Vulnerable Asymmetric Target: Commercial Space Boom Comes with Risks, Absense of Public Debate Disturbing". *JINSA (Jewish Institute for National Security Affairs) Online*, 4 de dezembro de 2003. globalsecurity.org/org/news/2003/031204-jinsa.htm.

Hutton, William. "A Small Pole Shift Can Produce Most, If Not All, of the Earth Changes Predicted in [Edgar] Cayce's Readings". *The Hutton Commentaries*, 27 de julho de 2001. huttoncomentaries.com/PSResearch/Strain/SmallPole-Shift.htm.

Irving, Tony e Bill Steele. "Volcano Monitoring at Mount St. Helens: 1980-2005". Course description, University of Washington, julho de 2005. depts.Washington.edu/Chautauqua/2005/2005/Irving2.htm.

Jacobson, Kenneth. *Embattled Selves: An Investigation into the Nature of Identity through Oral Histories of Holocaust Survivors.* Nova York: Atlantic Monthly Press, 1994.

Janson, Thor. *Tikal: National Park Guatemala, A Visitor's Guide.* Antigua, Guatemala: Editorial Laura Lee, 1996.

Jenkins, John Major. *Maya Cosmogenesis 2012: The True Meaning of the Maya Calendar End-Date.* Rochester, VT: Bear & Co., 1998.

Joseph, Lawrence E. *Common Sense: Why It's No Longer Common.* Reading, MA: Addison-Wesley, 1994.

______. "Birth of an Island". *Islands*, maio/junho de 1991, 112-15.

______. "Who Will Mine the Moon?". *New York Times*, 19 de janeiro de 1995, p. A23.

______. *Gaia: The Growth of an Idea.* Nova York: St. Martin's Press, 1990.

Kaku, Michio. "Escape from the Universe: Wild, but Fun, Speculations from Physicist Michio Kaku". *Prospect* 107 (fevereiro de 2005): 7-16.

Kappenman, John G., Lawrence J. Zanetti e William A. Radasky. "Geomagnetic Storms Can Threaten Electric Power Grid". *Earth in Space* 9, nº 7 (março de 1997): 9-11.

Kaznacheev, V. P. e A. V. Trofimov. *Cosmic Consciousness of Humanity: Problems of New Cosmogony.* Tomsk, Rússia: Elendis-Progress, 1992.

______. *Reflections on Life and Intelligence on Planet Earth: Problems of Cosmo-Planetary Anthropoecology.* Los Gatos, CA: Academy For Future Science, 2004.

Kellan, Ann. "Scientist: Small Comets Bombard Earth Daily", 28 de maio de 1997. CNN.com/TECH/9705/28/comet.storm/.

Kirchner, James W. e Anne Weil. "Biodiversity: Fossils Make Waves". *Nature* 434 (10 de março de 2005): 147-48.

Kluger, Jeffrey. "Global Warming: The Culprit?". *Time*, 3 de outubro de 2005, pp. 42-6.

Kotze, P. B. "The Time-Varying Geomagnetic Field of Southern Africa". *Earth, Planets, Space* 55 (2003): 111-16.

Lagasse, Paul, org. *The Columbia Encyclopedia*, 6ª ed. Nova York: Columbia University Press, 2000.

Landler, Mark. "Scandals Raise Questions over Volkswagen's Governance". *New York Times*, 7 de julho de 2005. nytimes.com/2005/07/07=business/world business/07Volkswagen.html.

LeBeau, Benny E. "Letters to the Spiritual Peoples of Mother Earth—November 17, 2003". Eastern Shoshone, Wind River Indian Reservation, janeiro/fevereiro de 2004. themessenger.info/archive/JanFeb2004/LeBeau.html.

Leoni, Edgar. *Nostradamus and His Prophecies*. Mineola, NY: Dover Publications, 2000.

Levry, Joseph Michael. "The Next 7 Years: The Heavenly Re-Positioning to Awaken Human Beings". *Rootlight*, 2004. rootlight.com/next7years intro.htm.

Lindsey, Hal. *The Late, Great Planet Earth*. Grand Rapids, MI: Zondervan, 1977.

Locke, W. W. "Milankovitch Cycles and Glaciation". Montana State University tutorial, primavera de 1999. homepage.Montana.edu/~geo1445/hyperglac/time1/milankov.htm.

Lovelock, James. "A Book for All Seasons". *Science* 280, nº 5365 (8 de maio de 1998): 832-33.

Lovelock, James. *Gaia: A New Look at Life on Earth*. Oxford: Oxford University Press, 1979. [*Gaia: Cura para um Planeta Doente*, publicado pela Editora Cultrix, São Paulo, 2006.]

Malmstron, Vincent H. *Cycles of the Sun, Mysteries of the Moon: The Calendar in Mesoamerican Civilization*. Austin: University of Texas Press, 1997.

______. "Izapa: Cultural Hearth of the Olmecs?". *Proceedings of the Association of American Geographers*, 1976, 32-5.

Margulis, Lynn e Dorion Sagan. *Microcosmos: Four Billion Years of Microbial Evolution*. Nova York: Summit/Simon & Schuster, 1986. [Microcosmos - Quatro Bilhões de Anos de Evolução Microbiana, publicado pela Editora Cultrix, São Paulo, 2004.]

McGuire, Bill. *A Guide to the End of the World*. Nova York: Oxford University Press, 2002.

McKenna, Terence. "Temporal Resonance". *ReVision* 10, nº 1 (Verão de 1987): 25-30.

McKenna, Terence e Dennis McKenna. *The Invisible Landscape: Mind, Hallucinogens, and the I Ching*. San Francisco: HarperSanFrancisco, 1993.

McKie, Robin. "Bad News — We Are Way Past Our 'Extinct by' Date". *The Guardian*, 13 de março de 2005. education.guardian.co.uk/higher/research/story/0,,1437163,00.html.

NOAA (National Oceanic and Atmospheric Administration). "Astronomical Theory of Climate Change", setembro de 2002. ncdc.noaa.gov.

Pasichnyk, Richard Michael. *The Vital Vastness: Our Living Earth*. San Jose, CA: Writer's Showcase, 2002.

______. *The Vital Vastness: The Living Cosmos*. San Jose, CA: Writer's Showcase, 2002.

Peck, Elisabeth S. e Emily Ann Smith. *Berea's First 125 Years: 1855-1980*. Lexington: University Press of Kentucky, 1982.

Peterson, Scott. "Waiting for the Rapture in Iran". *Christian Science Monitor*, 21 de dezembro de 2005. csmonitor.com.

Phillips, Tony. "Jupiter's New Red Spot", 15 de novembro de 2004. science.nasa.gov/headlines/y2006/02mar_redjr.htm? list47951.

______. "Long Range Solar Forecast: Solar Cycle Peaking Around 2022 Could Be One of the Weakest in Centuries", 10 de maio de 2006. science.nasa.gov/headlines/y2006/10may_longrange.htm?list752889.

______. "A New Kind of Solar Storm", 10 de junho de 2005. science.nasa.gov/headlines/y2005/10jun_newstorm.htm.

______. "The Rise and Fall or the Mayan Empire", 15 de novembro de 2004. science.nasa.gov/headlines/y2004/15nov_maya.htm.

______. "Sickening Solar Flares", 27 de janeiro de 2005. science.nasa.gov/headlines/y2005/27jan_solarflares.htm.

______. "Solar Minimum Explodes: Solar Minimum Is Looking Strangely Like Solar Max", 15 de setembro de 2005. science.nasa.gov/headlines/y2005/15sep_solarminexplodes.htm.

______. "X-Flare", 3 de janeiro de 2005. spaceweather.com/index.cgi.

______. "Radical! Liquid Water on Enceladus", 9 de março de 2006. science.nasa.gov/headlines/2006/09/mar_enceladus. htm.

Pierce, Brian J. "Maya and Sacrament in Bede Griffiths", 3 de março de 2006. bedegriffiths.com/featured-article.html.

Posner, Richard A. *Catastrophe: Risk and Response*. Nova York: Oxford University Press, 2004.

Rampino, M. R. e B. M. Haggerty. "The 'Shiva Hypothesis': Impacts, Mass Extinctions, Galaxy", resumo de artigo em *Earth, Moon, and Planets* 72 (1996): 441-60. pubs.giss.nas.gov/abstracts/1996/Rampino/Haggerty2.html.

Rees, Martin. *Our Final Hour: A Scientist's Warning: How Terror, Error and Environmental Disaster Threaten Humanking's Future in This Century — On Earth and Beyond.* Nova York: Basic Books/Perseus, 2003.

Rilke, Rainer Maria. "Duino Elegies", A. S. Kline's Poetry in Translation, 18 de agosto de 2006, www.tonykline.co.uk/PITBR/German/Rilke.htm#Toc509812215.

Rincon, Paul. "Experts Weigh Supervolcano Risks", BBC News, 9 de março de 2005. news.bbc.co.uk2hi/science/nature/4326987.stm.

Roach, John. "Stronger Solar Storms Predicted; Blackouts May Result", *National Geographic News*, 8 de março de 2006. nationalgeographic.com/news/2006/03/0306_060307_sunspots.html?source=rss.

Roads, Duncan. "Mother Shipton's Complete Prophecy". *Nexus Magazine* 2, nº 24 (fevereiro/março de 1995): 17-21.

Rohde, Robert A. e Richard A. Muller. "Cycles in Fossil Diversity", *Nature* 434 (10 de março de 2005): 208-10.

Rottman, Gary e Robert Calahan. "SORCE: Solar Radiation and Climate Experiment". Laboratory for Atmospheric and Space Physics (LASP), University of Colorado, and NASA Goddard Space Flight Center, 2004.

Russell, Peter. *Waking Up in Time: Finding Inner Peace in Times of Accelerating Change.* Novato, CA: Origin Press, 1992.

Rymer, Hazel. "Introduction". In *Encyclopedia of Volcanoes*, org. por Haraldur Sigurdsson et al. San Diego: Academic Press, 2000.

Sagan, Carl e Richard Turco. *A Path Where No Man Thought: Nuclear Winter and the End of the Arms Race.* Nova York: Random House, 1990.

Schoonakker, Bonny. "Something Weird Is Going on Below Us: Satellites in Low-Earth Orbit over Southern Africa Are Already Showing Signs of Radiation Damage", *Johannesburg Sunday Times* (South Africa), 18 de julho de 2004, p. 14.

Sharer, Robert J. e Loa P. Traxler. *The Ancient Maya*, 6ª ed., Stanford, CA: Stanford University Press, 2006.

Sharpton, Virgil L. "Chicxulub Impact Crater Provides Clues to Earth's History". American Geophysical Union, *Earth in Space* 8, nº 4 (dezembro de 1995).

Sheldrake, Rupert. *A New Science of Life: The Hypothesis of Morphic Resonance.* Nova York: Jeremy P. Tarcher, 1981.

Smith, Robert B. e Lee J. Siegel. *Windows into the Earth: The Geologic Story of Yellowstone and Grand Teton National Parks.* Nova York: Oxford University Press, 2000.

Solanki, Sami K. "The Sun Is More Active Now than Over the Last 8,000 Years", Science Daily, 1º de novembro de 2004. sciencedaily.com/releases/2004/10/041030221144.htm.

Solanki, Sami K. e Natalie Krivova. "How Strongly Does the Sun Influence the Global Climate?". Max Planck Institute for the Advancement of Science, 2 de agosto de 2004. mpg.de/English/illustrationsDocumentation/documentation/pressReleases/2004/press.

______. "Solar Variability and Global Warming: A Statistical Comparison Since 1850". *Advanced Space Research* 34 (2004): 361-64.

Solara. *11:11: Inside the Doorway*. Eureka, MT: Star-Borne Unlimited, 1992.

Strong, Maurice. Introdução a *Beyond Interdependence: The Meshing of the World's Economy and the Earth's Ecology*, orgs. Jim MacNeil, Peter Winsemius e Taizo Yakushiji. Nova York: Oxford University Press, 1991.

Sullivant, Rosemary. "Researchers Explore Mystery of Hurricane Formation", *Earth Observatory*, 23 de setembro de 2005. jpl.nasa.gov/news/features.cfm?feature=942.

Thompson, Lonnie. "50,000-Year-Old Plant May Warn of the Death of Tropical Ice Caps". *Research News*, Ohio State University, 15 de dezembro de 2004. osu/edu/archive/quelplant.htm.

Trombley, R. B. "Is the Forecasting of the Eruption of the Yellowstone Supervolcano Possible?". Southwest Volcano Research Centre, 2002. getcited.org.publ/103379403.

Unger, Craig. "Apocalypse Soon!". *Vanity Fair*, dezembro de 2005, pp. 204-22.

Upgren, Arthur R. *Many Skies: Alternative Histories of the Sun, Moon, Planets, and Stars*. New Brunswick, NJ: Rutgers University Press, 2005.

Vernadsky, Vladimir I. *The Biosphere*. Trad. por David B. Langmuir. Nova York: Copernicus/Springer-Verlag, 1998.

Votan, Pakal e Red Queen. *Cosmic History Chronicles: Vol. 1, Book of the Throne: The Law of Time and the Reformulation of the Human Mind*. Watertown, NY: Foundation for the Law of Time, 2005.

Ward, Charles A. *Oracles of Nostradamus*. Whitefish, MT: Kessinger Publishing, 2003.

Wells, Jeff. "Unholy Mess Brewing on the Temple Mount". Rigorous Intuition, 17 de janeiro de 2005. rigorousintuition.blogspot.com/2005/01/unholymess-brewing-on-the-temple-mount.html.

Whitehouse, David. "Sun's Massive Explosion Upgraded", BBC News, 17 de março de 2004. news.bbc.co.uk/2/hi/science/nature/3515788.stm.

Wicks, Charles W. et al. "Uplift, Thermal Unrest and Magma Intrusion at Yellowstone Caldera". *Nature* 440 (2 de março de 2006): 72-5.

Wilcox, Joan Parisi. *Keepers of the Ancient Knowledge: The Mystical World of the Q'ero Indians of Peru*. Boston: Element Books, 1999.

Wilhelm, Richard e Cary F. Baynes, trads., *The I Ching, or Book of Changes*. Princeton: Princeton University Press, 1967.

Witztum, Doron, Eliyahu Rips e Yoav Rosenberg. "Equidistant Letter Sequences in the Book of Genesis". *Statistical Science*, vol. 9, nº 3, 1994, 429-38.
Wolfe, Steven M. "The Alliance to Rescue Civilization: An Organizational Framework". Ensaio apresentado à Space Frontier Foundation, Fourth Annual Return to the Moon Conference, Houston, TX, 20 de julho de 2002.